세상을 바꾸는 메타버스

한국메타버스연구원

공 저 강진교 고연심 김수연 김진영 문형남
박민정 심규진 이경화 한수희

감 수 김진선

한국메타버스연구원

미디어 북

세상을 바꾸는 메타버스

초 판 인 쇄	2021년 12월 02일
초 판 발 행	2021년 12월 10일
공 저 자	한국메타버스연구원 강진교 고연심 김수연 김진영 문형남 박민정 심규진 이경화 한수희
발 행 인	정상훈
디 자 인	신아름
펴 낸 곳	미디어북

서울특별시 관악구 봉천로 472
코업레지던스 B1층 102호 고시계사

대 표 02-817-2400 팩 스 02-817-8998
考試界 · 고시계사 · 미디어북 02-817-0418~9
www.gosi-law.com
E-mail : goshigye@chollian.net

판 매 처	미디어북 · 고시계사
주 문 전 화	817-2400
주 문 팩 스	817-8998

정가 20,000원   ISBN 979-11-89888-23-7   03320

미디어북은 고시계사 자매회사입니다

새로운 세상으로의 시작

Preface

전 세계적으로 불고 있는 바람 '메타버스(Metaverse)'. 10대들의 게임으로부터 불어오기 시작한 이 바람이 코로나19 팬데믹의 기승에 편승해 함께 솟아오르고 있다. 메타버스란 말이 하루가 멀다 하고 SNS와 뉴스부분을 장식하더니 이제 코로나19 시대 가장 핫한 키워드로 자리매김했다. 순천향대학교의 입학식을 시작으로 언론에 심심치 않게 떠오르던 메타버스 이름이 이제는 연일 핫뉴스 부분을 장식하고 있다.

그중에서 가장 큰 파장은 페이스북의 사명을 '메타(META)'로의 전환이다. 17년간 SNS 업체로 자리를 지켜왔던 페이스북 창시자이며 최고 경영자 마크 저커버그는 소셜미디어 업체의 아성인 페이스북이라는 거대한 이름을 버리고 '메타버스 기업'으로 전환을 선포한 것이다. 다시 페이스북의 명성을 되찾기라도 할 것처럼 메타버스 기업으로 세계 정상에 우뚝 서고자 이미 여러해 전부터 기업들과의 합병을 서두르면서 메타버스 산업에 발을 내딛었다. 그래서 페이스북의 메타로의 전환은 이미 메타버스 산업을 장악하겠다는 수순에 불과하다.

한편 미국 IT 매체인 와이어드의 전 편집장이자 테크 미래학자인 케빈켈리는 팬 천명만 있으면 누구든 성공적인 크리에이터의 삶을 살 수 있다는 '1000명의 팬 이론'을 제시했으며, 실리콘밸리의 벤처캐피탈 a16z의 마크 안드레센은 이를 '인터넷의 제3물결'이라고 했다고 한다.

즉 크리에이터가 제작한 콘텐츠를 구입하기 위해 기꺼이 지갑을 여는 팬이 1,000명만 있어도 크리에이터는 충분히 먹고 살 수 있다는 이론이다. 또한 제 3의 물결에서는 사용자와 크리에이터가 직접 연결돼 있어 크리에이터의 수익이 사용자의 손에서 바로 걷힐 수 있게 된 것을 의미한다. 크리에이터가 을이 되어 갑이었던 플랫폼에 의존하는 구조가 아닌 크리에이터의 전문성이나 역량이 중요시 되는 시대가 되면서 갑과 을이 뒤바뀌는 현상이 벌어지고 있다.

메타버스 시대에 크리에이터의 역할은 메타버스 플랫폼들의 중심에 입지하고 있다. 크리에이터들은 메타버스의 플랫폼들을 활용해 경제활동을 하고 있고 이들 크리에이터들의 활동이 플랫폼을 활성화 시키는데 큰 몫을 차지하고 있다. 이제는 과거 플랫폼의 갑질을 수용할 수밖에 없는 입장이 아닌 다양한 플랫폼에서 크리에이터의 역량과 플랫폼들의 활용 목적에 따라 이들은 빛이 난다.

이 「세상을 바꾸는 메타버스」는 두 개의 파트로 나눠져 있어 파트1은 이론이며 파트2는 실전 편으로 구성돼 있다. 이론부분에서는 메타버스 세계 속 떠오르는 직업 '크리에이터 & 공간디자이너'를 시작으로 메타버스 어디에? 메타버스 시장성, 상업성과 패러다임 변화, 창업이 메타버스를 만났을 때, NFT 이제 시작이다! '포노 사피엔스'에서 '메타 사피엔스', 메타버스 산업이 가져올 미래와 기회로 돼 있다.

메타버스 시대에 새로운 직업과 수익창출에 대해 크리에이터라는 직업의 필요성을 시작으로 사회 전반에 걸쳐 다양한 분야에서의 활용사례를 중심으로 살펴봤다. 또한 창업으로써의 메타버스와 요즘 화두로 등장한 NFT, 메타 사피엔스 그리고 메타버스 산업의 미래까지 살펴보고 있다.

실전부분에서는 우리의 놀이터 이프랜드(ifland), 제페토 사용법 따라 하기, 현장에서 바로 활용할 수 있는 게더타운(Gather Town) 간편 사용설명서(기초편)로 짜여 있다. 국내에서 활용하는 메타버스 플랫폼에는 네이버Z의 제페토(ZEPETO), 이프랜드(ifland), 게더타운(Gather-town)이 있다. 실전 편에서는 각 플랫폼 마다 활용 가능한 실전 노하우를 자세히 담고 있어 사용 목적에 따라 적합한 플랫폼을 선택해 활용하면 도움이 될 것이다.

한국메타버스연구원은 메타버스를 전 국민에게 널리 알리고자 메타버스 강사양성과정을 진행하고 있으며 그 일환으로 「세상을 바꾸는 메타버스」를 발간하면서 메타버스 세계에서의 창직과 수익창출에 도움이 되고자 한다.

이제 메타버스에 대해 알고는 싶은데 어렵게만 혹은 컴퓨터를 잘하는 사람들에게만 필요한 부분이 아닌가 하는 생각을 했다면 이 책을 읽어보면 새로운 꿈이 생기는 것을 느끼게 될 것이다.

끝으로 이 책의 감수를 맡아 수고하신 파이낸스투데이 전문위원, 이사이며 현재 한국메타버스연구원 행정부원장이신 김진선 교수님께 감사를 드리며 미디어북 임직원 여러분께도 감사의 말씀을 전한다.

2021년 12월

한국메타버스연구원 **최 재 용** 원장

공저자 소개

한국메타버스연구원 원장
최 재 용

10년 전부터 한국소셜미디어진흥원 원장으로 메타버스 라이프로깅 세계인 유튜브·블로그·페이스북 강의를 하며 300명의 강사를 양성했다. 또한 과학기술정보통신부 인가 사단법인 4차산업혁명연구원 산하 한국메타버스연구원을 이끌며 메타버스를 알리고 있다.
(mdkorea@naver.com)

전남과학대 평생교육원 전담교수를 거쳐 현재 한국메타버스연구원 광주지회장, 지도교수, 연구원으로 활발하게 활동하고 있다. 또한 불교공뉴스 호남지사장, 소상공인시장진흥공단 온라인마케팅 강사, 호남백과사전 대표로 사진·영상·드론항공 촬영, 온라인마케팅·판매대행·홍보컨설팅과 전국을 대상으로 홍보마케팅 교육 및 강연을 펼치고 있다.
(thepazzikang@naver.com)

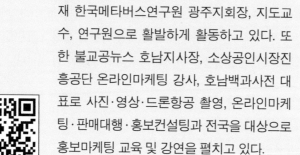

강 진 교

고 연 심

한국메타버스연구원 지도교수, 수석연구원, 경기 북부 지회장을 맡고 있다. SNS 블로그 교육 전문강사로 활동 중이며 현재 메타버스 활용법 (제페토, 이프랜드, 게더타운 실습) 강의와 단국대학교 문화예술학 박사과정 중에 있다. (emas7788@naver.com)

한국메타버스연구원 지도교수이자 케이미디어스쿨 대표이다. '대한민국을 메타버스 강국으로 만들겠다'는 사명으로 메타버스 강의활동을 펼치고 있다. '제3회 메타버스 강사 경진대회'에서 대상을 수상했으며 3기 전체 수석 졸업을 했고, 인플루언서로 다양한 SNS 활동 및 방송 활동을 겸하고 있다.

(kimsuyeon113@naver.com)

김 수 연

김 진 영

현재 한국미래비전개발원 원장과 김진영공감 스피치&아카데미를 운영하고 있다. KBS_N 잡러스타트업 크리에이터로 활동하고 있으며 KBS스포츠과학예술원 지도교수로도 활동 중이다. 또한 한국메타버스연구원 지도교수이자 경북지회장으로 대학교 관공서 기업 등에서 메타버스 이해와 활용 실습에 관한 강의와 컨설팅 프로젝트 등을 진행하고 있다.

(jinyeongsee99@daum.net)

현재 숙명여자대학교 경영전문대학원 교수이며 ICT(정보통신기술)와 ESG, 메타버스 전문가이다. (사)4차산업혁명실천연합 공동대표, (사)지속가능과학회 공동회장, 국가ESG연구원 원장, 한국AI교육협회 회장, (주)웹발전연구소 대표, (사)대한경영학회 회장(2022)을 맡고 있다. 2021년 4월 21일 과학·정보통신의 날 기념식에서 근정포장을 수훈했다.　(ebiztop@gmail.com)

문 형 남

박 민 정

사회복지학을 전공했으며 철학박사이다. The 행복충전교육연구소장, 한국가창학회 교육이사/지도교수 그리고 현재 한국메타버스연구원 수석연구원, 지도교수로 활동하고 있다. 저서로는 고객을 유혹하고 매출이 증대되는 SNS길라잡이, 돈복 들어오는 노래 꿀Tip 4가지, 끼있는 힐링이 있다.

(agassy0917@naver.com)

한양대학교에서 교육공학 박사과정을 수학했으며 현재 김해의생명산업진흥원 창업지원팀장으로 재직 중이다. 「어른 동화(2017)」, 「성냥 팔이 소년(2017)」, 「상처 받고 싶지 않은 내일(2018)」, 「개미인간(2021)」을 펴냈다.

(contents_de@naver.com)

심 규 진

이 경 화

한국메타버스연구원 광주광역시지회 부지회장으로 메타버스 관련 강의아 제페토, 이프렌드, 게더타운 등 플랫폼 이용 교육 및 게더타운 맵 제작 프로젝트를 진행하고 있다. 특히 메타버스 강사 양성과정 2기 수료와 인증 강사로 온라인홍보마케팅전문가로 관련 강의와 중소상공인의 마케팅을 돕고 있다.

(xmoonxlightx@naver.com)

디지털역량강화 교육을 하는 디지털배움터 강사, SNS소통연구소 양산지국장으로 시니어 스마트폰교육, 블로그, 인스타그램 등의 SNS 강의를 하고 있다. 한국독서협회 울산경남지부장, 수학교습소 운영과 동시에 한국메타버스연구원 소속의 연구원과 지도교수로 메타버스 교육에 다양하게 참여하고 있다.

(heyday0114@naver.com)

한 수 희

감수자 **김 진 선**

'i-MBC 하나더 TV 매거진' 발행인, 세종대학교 세종 CEO 문학포럼 지도교수를 거쳐 현재 한국메타버스연구원 행정부원장, 파이낸스투데이 전문위원/이사, (사)4차산업혁명연구원 공동대표, 한국소셜미디어전문가협회 감사, SNS스토리저널 대표로 전국을 대상으로 출판 및 뉴스크리에이터 과정을 진행하고 있다.

Contents

CHAPTER 3. 메타버스 시장성, 상업성과 패러다임 변화

CHAPTER 4. 창업이 메타버스를 만났을 때

CHAPTER 5. NFT 이제 시작이다!

CHAPTER 6. '포노 사피엔스'에서 '메타 사피엔스'로

CHAPTER 7. 메타버스 산업이 가져올 미래와 기회

CHAPTER 3. 현장에서 바로 활용할 수 있는 게더타운(Gather Town) 간편 사용설명서 (기초편)

PART **1**

이 론

Chapter

1

메타버스 세계 속 떠오르는 직업
'크리에이터 & 공간디자이너'

최재용

Chapter
01

메타버스 세계 속 떠오르는 직업
'크리에이터 & 공간디자이너'

Prologue

코로나19로 인해 우리나라뿐만 아니라 전 세계적으로 경제를 바닥으로 끌어내리면서 몇 달 이러다 말겠지 했던 일이 벌써 2년을 이어가고 있다. 소상공인들은 물론 사람이 모여야 장사가 되는 즉 밥벌이가 되는 직업은 거의 폐업의 위기에 놓였다. 아니 많은 소상공인들이 이미 폐업의 대열에 줄을 섰고 아직도 그 후유증에서 벗어나지 못한 삶을 살고 있다.

특히 대면으로 이뤄지던 일들이 사람 모이는 것을 서로 꺼려하는 말 그대로 코로나19 전쟁에 돌입하자 강사, 연예인, 체육인, 식당, 공연장, 경기장 등 수 많은 직업에 종사하는 이들이 직업을 버리고 말았다.

그런 와중에 비대면의 날개를 달고 다시 비상을 시작한 것이 있다. 바로 '메타버스(metaverse)'가 그것으로 전 세계가 이에 열광하면서 서로 치열한 경쟁에 돌입했다. 17년간 SNS 업체로 세계적으로 독보적인 자리를 지켜왔던 페이스북 창시자이며 최고 경영자 마크 저커버그는 페이스북이라는 거대한 이름을 버리고 소셜미디어 업체에서 '메타버스 기업' 즉 사명을 '메타(meta)'로 바꾸고 메타버스에서도 세계적 우위를 차지하겠다는 굳은 결의를 선포한 만큼 본격 경쟁구도가 시작됐다.

이제 비대면이 모든 사람들의 삶의 터전을 송두리째 빼앗으면서 절망으로 곤두박질 칠 때 그 이면에 메타버스는 꿈틀대며 용솟음을 시작한 것이다. 메타버스로 인해 이제 우리는 다시 일어설 때가 된 것이다.

메타버스로 인해 다양한 분야의 기술이 발달될 것이고 이를 위해 더 많은 인재들이 필요하다. 국가와 지자체, 기업들의 전폭적인 지원과 연구개발이 뒷받침 돼야 세계적인 메타버스 전쟁에서 살아남을 수 있는 것이다.

다행히 우리나라도 메타버스를 도입하기 시작했으며 교육계·지자체·기업·엔터테인먼트·의료·국방부문 등 여러 부문에서 메타버스 도입 및 활용을 서두르고 있다. 한국메타버스연구원 역시 이런 시대적 흐름에 부응해 메타버스를 전 국민들에게 널리 보급하기 위해 밤낮 없이 인재양성에 매진하기 시작한 것이다.

메타버스 플랫폼 중에서 국내에서 가장 많이 활용하고 있는 분야가 바로 이프랜드, 제페토, 게더타운이다. 이 세 가지 분야는 활용만 하는 것이 아니라 이를 활용한 창직과 수익창출이 가능한 경제구조를 갖고 있어 시대적 트랜드에 민감한 이들이 앞 다퉈 이 분야에 대한 새로운 크리에이터로서 출발을 준비하고 있다.

필자는 이와 같은 시대적 요청에 걸 맞는 인재양성을 하면서 더욱 확신을 갖게 된 것은 메타버스라면 비대면 속에서 또 다른 희망의 꽃을 피울 수 있을 것이란 믿음이다. 바로 메타버스가 도입되면서 새로운 직업의 등장과 이들로부터 수익모델이 만들어 지고 있기 때문이다.

그러나 모든 것은 때가 있다. 서둘러 메타버스에 매진하는 만큼 탄탄한 자리굳히기에 들어갈 것이다. 이에 본문을 통해 메타버스 시대 새로운 유망직업 '제페토 크리에이터'와 '게더타운 공간디자이너'에 대한 이야기를 히고자 한다.

1. 크리에이터란?

'크리에이터(creator)'란 말의 원래 의미는 '새로운 것을 고안하는 사람'을 가리키는 것으로 디자이너, 일러스트레이터, 게임 제작자 등 창조적 직업에 종사하는 자. 말 그대로 창작자, 창조자란 의미를 갖고 있다(출처 : 네이버 지식백과).

여기서 한 걸음 더 나아가 보자. '크리에이터 이코노미(creators economy, 창작자 경제)'란 말을 들어봤는가? 크리에이터 이코노미는 말 그대로 '크리에이터(창작자)'들이 광고에 의존하지 않고 생활하면서도 창작 활동에 전념하면서 이뤄지는 경제구조를 의미한다.

요즘 같은 위기의 시대에는 수익 창출이 바로 생존과 관련돼 있기에 고민하지 않을 수 없는 과제이다. 위기 속에서 살아남기 위해서는 본업은 물론 투 잡, 쓰리 잡 등 부업을 통한 수익 창출을 외면할 수 없다. 그래서 생겨난 것 중 하나가 1인 기업 '크리에이터'라는 직업이다.

블로그, 페이스북, 인스타그램, 유튜브에 이어 최근 라이브커머스에 이르기까지 다양한 플랫폼을 통해 크리에이터들은 수익 창출에 혈안이 되면서 이미 콘텐츠 전쟁은 시작됐다. 어떤 콘텐츠를 제작 혹은 창작하는가에 따라 수익이 결정되기 때문이다. 양질의 콘텐츠 생산, 구독자 확보, 수익창출 등 이 세 가지 과제는 크리에이터라면 누구도 여기서 벗어날 수 없다.

기존에는 1인 기업인 크리에이터들이 자신들이 제작한 콘텐츠를 다양한 플랫폼에 올리면 플랫폼은 이 콘텐츠를 보러 접속한 사용자들에게 광고를 노출하는 방식으로 수익을 내왔다. 그러나 플랫폼에서는 광고를 통해 들어온 수익을 전적으로 크리에이터들과 공유하지는 않는다. 그래서 크리에이터들은 수익 때문에라도 플랫폼에 의존할 수밖에 없었다.

크리에이터들은 같은 콘텐츠라도 수익은 더 많이 낼 수 있는 방법을 찾아야 했고 사용자들은 자신들이 좋아하는 크리에이터가 제작하는 콘텐츠를 지속적으로 볼 수 있는 방법을 찾기 시작하면서 '크리에이터 이코노미(creator economy)' 현상이 생겨났다.

즉 사용자들은 더 이상 플랫폼에 의존하지 않고 직접 크리에이터의 콘텐츠를 구독하고 후원하기에 이르렀고 크리에이터는 광고 수익에 의존하지 않고 자신들의 창작물을 통해 직접 수익을 내면서 자신만의 양질의 콘텐츠 생산에 매진할 수 있는 시대가 열렸다. 갑이었던 플랫폼에 의존하는 구조가 아닌 을이었던 크리에이터의 전문성, 창작능력 등 역량이 중요시 되는 시대가 되면서 갑과 을이 뒤바뀌는 현상이 벌어지고 있다.

이처럼 크리에이터들의 비중이 커지게 되자 최근 플랫폼의 역할은 최소화되고 이들의 권한과 역할을 확대한 다양한 서비스들이 등장하면서 크리에이터 이코노미에 힘이 실리고 있다.

이제 메타버스 시대가 열리면서 메타버스와 관련된 크리에이터 혹은 디자이너 등 관련 직업에 있어서도 다양한 직업군들이 생겨나고 있고 이들을 중심으로 경제활동 또한 활발히 진행되고 있다.

즉 제페토 크리에이터, 맵 디자이너, 공간디자이너, 월드 빌더, 제페토 PD, 제페토 디자이너, 메타버스 빌더, 메타버스 건축가, 아바타 의류디자이너, 아바타 드라마 PD, 아바타 캐릭터 디자이너, 메타버스 콘텐츠 크리에이터 등 처음 들어보는 다양한 이름의 직업이 메타버스로 인해 하나 둘씩 생겨나고 있다.

[그림1] 제페토 스튜디오 내 유명 월드(출처 : 홈페이지 캡처)

재미있는 사례로 직업 중 '얼굴성형사'라는 말을 들어봤는가? 직업차이나랩에 의하면 중국에서는 메타버스 신(新) 직업 '가상인물 얼굴 성형사'라는 직업이 생겨났고 이는 사람 얼굴이 아니라 주로 게임 아바타의 얼굴을 고객이 원하는 모습으로 성형을 해주는 직업이다. 디자이너들의 월 매출은 평균은 1만 위안(한화 약 183만원) 이상 버는 경우가 흔하며 6~7만 위안(한화 약 1,100만원)의 수입을 올리는 사람도 적지 않다고 한다. 거래는 보통 타오바오 등 온라인 커머스 사이트에서 이뤄지며 다른 서비스 상품처럼 유저들이 돈을 지불하면 게임에서 적용 가능한 얼굴데이터 파일을 건네받는 식이라고 한다.

[그림2] 타오바오에서 판매되고 있는 '가상 얼굴' 상품들
(사진 : 타오바오 캡쳐, 출처 : 차이나랩)

2. 청년들은 왜 메타버스 플랫폼 제페토로 몰리는가?

우리나라 청년실업률은 경제협력개발기구(OECD) 국가 중 5위 수준인 10.1%로 전체 실업률 대비 2.8배에 달한다는 보도가 있었다. 이와 같은 실업률을 뚫고 네이버Z의 제페토에는 게임 내 의상, 소품 등을 만드는 크리에이터가 생겨나고 있다.

2억 5,000만 명의 유저를 확보한 제페토는 이용자 중 80%가 10대이며, 이 중에서도 해외이용자가 90%를 차지하고 있고, 그중에서도 중국인 이용자가 70%를 차지한다. 제페토 플랫폼 회사의 이름 역시 '제트'인 것처럼 제페토는 Z세대(1990년대 중반~2000년대 초반 출생)를 공략하고 있다. 현재 중국·한국·일본 등 아시아 유저가 제일 많지만 북미·남미·유럽 등에서도 성장세를 보이고 있으며 특히 한류 콘텐츠에 관심이 많은 사용자들에게 인기라고 한다.

[그림3] 제페토(출처 : 홈페이지 캡처)

제페토는 Z세대가 역할 놀이에 관심이 많다는 점에 착안해 아바타를 통해 다양한 제페토 스튜디오, 빌드잇, 월드, 아바타 꾸미기 등 사용자 스스로 만들어가면서 체험을 할 수 있도록 열린 환경을 제공하고 있어 젊은 층으로부터 더 많은 인기를 끌고 있다.

예를 들면 아바타를 꾸미는데 크리에이터들이 만들어 놓은 가상의 의상, 액세서리, 가방, 신발, 소품 등을 유저들은 비용을 주고 구매를 한다. 마치 현실 세계에서 자신을 치장하고 꾸미듯이 나의 분신인 아바타를 남에게 더 멋진 모습으로 보이기 위해 혹은 현실에서 실현할 수 없는 상황을 가상세계 속에서나마 이뤄보고자 선 듯 구매를 한다.

제페토 크리에이터들은 바로 현실세계의 패션 디자이너와 같은 직업으로 상위권 크리에이터인 렌지의 경우 월 1,500만 원 정도 수익을 내는 것으로 이미 널리 알려졌다. 그리고 꼭 상위권이 아니더라도 꾸준히 아이디어를 발휘해 활동을 한다면 월 평균 300만 원 정도는 번다는 것이 현실이 됐다.

[그림4] 1세대 제페토 크리에이터 렌지(출처 : 제페토 스튜디오 홈페이지 캡처)

비록 크리에이터들이 만들어 놓은 이런 가상의 제품들을 비싼 고가제품으로 현실에서 돈을 왕창 주고 구매하는 것은 아니다. 그러나 이런 소소하게 유저들이 구입한 제품의 금액들이 모여 크리에이터들의 수익으로 차곡차곡 쌓이는 것이 현실이 됐다.

무엇보다 제페토의 강점은 비즈니스 모델로 타 메타버스 플랫폼 대비 캐릭터도 잘 만들어져 있고 아이템들을 사용자들이 직접 창작할 수 있다는 점이다. 이 말은 꼭 크리에이터라는 직업을 갖고 있지 않더라도 사용자 자신이 원하는 모습으로 캐릭터를 꾸밀 수 있다는 말이다.

또 그렇게 꾸민 제품들은 다시 수익창출로도 이어질 수 있기에 다른 메타버스 플랫폼보다 사용자들의 참여도와 호응이 높은 편이다. 메타버스가 그러하듯이 제페토 또한 이제 시작단계로 2011년 당시 유튜브에서 크리에이터들이 등장하기 시작한 때와 비슷한 상황이 재현되고 있다.

그러나 이제 유튜브 크리에이터는 너무나 과포화상태로 넘치고 또 넘쳐나고 있어서 경쟁이 치열할 수밖에 없다. 경쟁이 치열하다는 것은 그만큼 콘텐츠 전쟁이라는 의미이고 이 말은 그만큼 유튜브로 이제 돈을 번다는 것은 결코 쉬운 일이 아니라는 결론이다.

반면 제페토는 누구나 도전 가능하고 누구나 수익을 낼 수 있어 참여자들의 아이디어가 무엇보다 돋보이는 플랫폼이다. 네이버는 지난 2020년 4월부터 '제페토 스튜디오'를 통해 제페토 이용자가 직접 만든 아이템을 판매하는 시스템도 운영하고 있는데 직접 만든 아이템을 판매하는 크리에이터 수는 2020년 5월 6만 명에서 2021년 9월 70만 명을 넘어섰다.

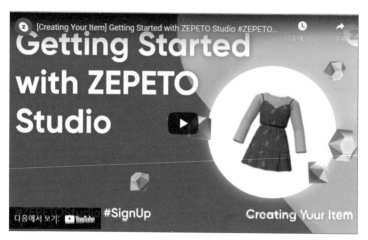

[그림5] 제페토 스튜디오에서는 다양한 아이템을 직접 만들 수 있다.(출처 : 제페토 홈페이지 캡처)

수익금 출금은 업로드 한 아이템이 판매될 경우 판매 수익은 5,000젬 이상이면 현금으로 출금 요청을 할 수 있다. 제페토는 아바타만 꾸미는 것이 아니라 빌드잇도 크리에이터의 수익으로 꼽을 수 있기에 젊은 층으로부터 제페토 크리에이터로 발돋움하기 위한 열전이 시작됐다.

제페토에서 직접 제작한 아이템의 평균 가격은 3~6젬이다. 1젬이 86원 꼴로 아이템 하나당 200~500원인 샘이다. 제페토 크리에이터는 굳이 디자인 전공자일 필요 없이 일반인 누구라도 가능하다는 것도 장점이다. 제페토 아이템을 제작하는 플랫폼 제페토 스튜디오가 제공하는 '템플릿 에디터' 서비스를 이용하면 누구라도 제품 제작이 가능하기 때문이다.

9월 기준 제페토 크리에이터 스튜디오는 이용자 70만 명, 스튜디오 크리에이터 150만 명, 스튜디오 내에 등록된 아이템은 200만개, 제페토 전문 제작팀이 아닌 일반 이용자가 만들어 판매된 아이템 개수만도 2,500만개에 달한다.

3. 유명 제페토 크리에이터 '렌지' 누구?

네이버 제페토에서 활동하는 제페토 크리에이터 1세대 렌지는 가상세계 속 아바타의 의상을 만들어 판매해 한 달 최소 순수익으로 1,500만원을 벌고 있다. 제페토는 국내에서 개발한 메타버스 플랫폼이나 전체 이용자가 2억 5,000만 명을 이미 확보했고 그 중에서도 해외에서 접속하는 글로벌 이용자들이 대부분을 차지한다.

주 이용 층으로는 10대 이용자 비율이 80%를 차지하고 있으며 그중에서도 90% 이상이 외국인이라고 하니 렌지가 해외에서도 유명해진 것은 이와 같은 구조 때문으로 당연한 결과이다. 그녀는 일본 현지 매체 인터뷰에서 10개월 만에 아바타 옷 100만 개를 만든 디자이너로도 소개가 됐다.

렌지의 제품들은 현재 약 130만개 정도 제작된 듯하며 작년 9월에만 해도 아이템 한 개당 22원~24원에 거래됐으나 현재는 전체적으로 제페토 물가가 조금 오른 데다 작업시간도 늘어나면서 의상 퀄리티가 높아지자 개당 300원~350원 사이에서 판매하고 있다.

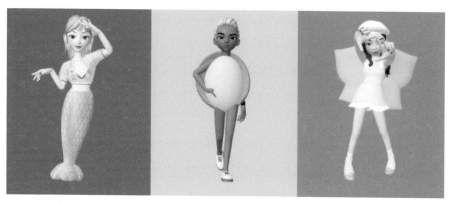

[그림6] 크리에이터 'lenge렌지'가 제페토 스튜디오에 선보인 패션 아이템
(사진 : 네이버제트, 출처 : 매일일보)

제품판매뿐만 아니라 렌지는 제페토 내 소속사 '매니지먼트 오(O)'를 운영하고 있고 기술도 가르치고 있다. 다른 크리에이터들과 협업을 통해 수익을 공유하고 판매 전략이나 노하우도 공유를 하고 있다고 한다.

렌지는 다음과 같은 조언을 했다. "컴퓨터 그래픽 작업이 기본이고 3D 모델링 기술을 배우면 더 좋습니다. 중요한 것은 처음부터 큰 수익을 올리기 어렵기 때문에 꾸준히 만드는 것이에요. 저는 서비스 출시와 동시에 디자인을 시작했지만, 쉬지 않고 만들었어요. 그렇게 하다 보니 팬이 하나둘 늘었고 다음 신상을 기다리는 분들이 생기기 시작한 거죠"라고.

4. 왜 게더타운인가?

게더타운의 경우 코로나19로 비대면의 일환으로 교육계에서부터 줌(zoom)을 대안으로 활용했지만 몰입도가 떨어지고 학습능률이 저하되는 단점이 드러나면서 점차 줌에 대한 피로도와 필요싱이 삼소됐다. 그 대안으로 비대면 학습법으로 몇 가지 대안들이 나왔지만 그 중에서도 메타버스 '게더타운(gather.town)' 등장하면서 비대면에서도 즐겁게 활용할 수 있는 기회가 주어졌다.

게더타운은 2020년 5월에 미국 스타트 업 '게더 (Gather)'가 창립한 회사로 클라우드 기반의 2D 영상채팅 서비스다. 마치 오프라인에서 만나는 것처럼 나의 캐릭터를 사용해 가상공간에서 직접 대화도 주고받을 수 있어 양방향 소통이 가능하고, 함께 회의도 할 수 있고, 자료도 공유할 수 있으며, 가까이 있는 사람끼리 비밀대화도 가능한 '활동형 온라인 플랫폼'이다.

프로그램을 설치하거나 특정 어플리케이션을 설치할 필요가 없고 회원가입 없이 공간을 만들고 사람을 초대할 수도 있다. 또한 맵에서 사용 목적에 따라 나만의 가상공간을 꾸밀 수 있기 때문에 더욱 몰입도가 높아지고 있고 사람들이 이리저리 왔다 갔다 하면서 맵 안에서 활동할 수 있어서 지루할 틈이 없다.

또한 사용 목적에 맞게 누구든지 제작이 가능하며 운영자의 설계에 따라 참여자들이 소그룹모임이나 단체 활동들을 할 수 있다. 게더타운의 이와 같은 장점으로 인해 많은 기업, 지자체, 학교, 단체 등에서 게더타운 맵 제작의뢰가 끊이지 않고 있다.

게더타운은 온라인 화상회의 플랫폼과 메타버스 요소가 함께 결합된 플랫폼이다. 접속을 하기 위해서는 '크롬'이 가장 최적화 돼있으며 모바일보다는 PC에서 사용해야 보다 많은 기능을 제한 없이 사용할 수 있다.

5. 게더타운 공간 디자이너

게더타운 맵(map)은 현재 여러 공공기관, 기업, 학교, 지자체 등에서 회의, 행사용으로 많이 활용하고 있어 맵 제작에 대한 의뢰가 끊이지 않고 있다. 또한 게더타운을 이용해 건물, 학원, 전원주택, 사무실, 놀이공원, 행사장 등 다양한 형태의 건축물을 메타버스 세상 속에서 3D를 활용해 얼마든지 기능과 목적에 맞는 멋진 공간을 만들어 낼 수 있다.

맵 위에 필요한 월드를 만드는 데는 현실세계가 아니라 가상공간이라는 점에 굳이 건축학 전공자가 아니어도 누구나 독창적인 아이디어와 상상력이 있다면 도전해볼 만한 가치가 있다.

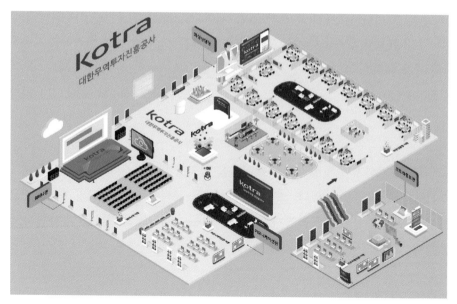

[그림7] 코트라대한무역진흥공사(출처 : 유진 한국메타버스연구원 프로젝트 팀장)

예로 건국대학교는 축제에서도 게더타운을 활용해 학교캠퍼스를 그대로 옮겨 놓고 학생들은 아바타의 모습으로 캠퍼스를 돌아다니며 친구들과 오랜만에 소통하며 즐거운 시간을 가졌다. 뿐만 아니라 게더타운은 입시설명회, 신입생 교육, 온라인 채용설명회 등 업무나 비대면 교육, 각종 행사나 이벤트, 세미나 등에 많이 활용하고 있다.

이미 많은 대학과 학교 등에서 등교가 어려워지자 게더타운을 통한 수업으로 오히려 대면수업보다 더 교육적인 효과와 참여의 효과를 보이고 있다는 결과가 발표되면서 게더타운을 활용하는 분야가 늘어나고 있다. 따라서 게더타운 환경 제작이리도 만만치 않기 때문에 게더타운 관련한 공간디자이너 역시 유망 직종으로 떠오르고 있다.

게더타운 맵 제작에 있어서 중요한 것은 공간구성과 오브젝트의 디자인, 편이성 등이다. 현새 낳은 기업들이나 학교, 지자체 등에서 게더타운을 이용해 교육 프로그램을 진행하고 있고 각종 행사, 입시설명회, 취업박람회 등 다양한 분야에서 게더타운의 활용가치가 높아지고 있는 추세이다.

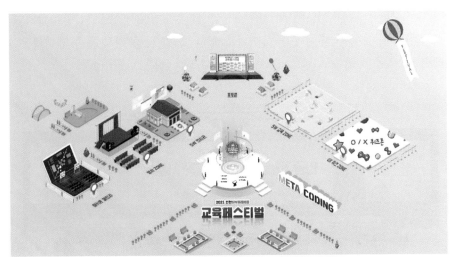

[그림8] 2021 인천 교육페스티벌
(출처 : 유진 한국메타버스연구원 프로젝트 팀장, 최재경 책임연구원)

게더타운 공간디자이너의 역할이 그만큼 중요해지기 시작한 것이다. 게더타운으로 맵을 제작했을 경우 지속적으로 관리와 업데이트, 효율인 적절한 콘텐츠 개발은 무엇보다 필수이다. 여기에 디자인 감각을 덧입힌다면 두말할 나위 없이 성공적인 맵 제작이 될 것이다.

그럼에도 아직 국내에서 게더타운 맵 제작을 전문으로 하는 디자인 업체나 회사들이 많지 않다. 정확히 정해진 금액도 없고 교육에 대해서도 이제 조금씩 싹이 돋아 오르고 있는 실정이다.

게더타운과 관련해서 떠오르는 유망 직업은 메타버스 플랫폼 이용 컨설팅과 메타버스 게더타운 행사전용 맵 대여 그리고 맵 제작 디자이너이다. 현재 한국메타버스연구원 프로젝트 팀에서 이와 같은 일을 동시에 진행하고 있어 주목받고 있다.

메타버스 플랫폼 이용 컨설팅은 메타버스 플랫폼을 연구하고 분석하면서 쌓인 노하우를 필요로 하는 분들에게 컨설팅을 진행하는 일이다. 플랫폼의 활용 목적에 맞는 최적의 플랫폼을 컨설팅하고 있으며 필요사항은 행사 목적, 기획의도, 이용인원, 대략적인 예산, 활용 방향, 플랫폼 이해도, 대행여부 등이다.

메타버스 게더타운 행사전용 맵 대여의 경우는 줌 화상수업대신 메타버스 플랫폼 중 게더타운을 이용해서 교육을 하는 곳이 늘어나고 있다. 또한 각종 행사 등을 게더타운에서 하는 기업, 기관, 단체, 지자체 등도 날이 갈수록 늘어나고 있는 추세이다.

[그림9] 2021 국립국어원 인공지능 언어능력평가 시상식 맵
(출처 : 유진 한국메타버스연구원 프로젝트 팀장)

이와 같은 수요를 직접 제작할 수 있으면 좋겠지만 시간을 아끼시기 위한 분들이나 행사를 위한 전용 맵이 필요하신 분들을 위해 맵을 대여하는 직업도 생겼다. 예를 들면 현수막 경우 맵에 최적화된 크기로 제작해서 행사장에 부착해 준다. 물론 가상공간에 마련된 행사장이다.

이와 같이 게더타운 역시 제페토처럼 컨설팅, 공간디자인 등에 인력이 턱없이 부족한 실정이어서 이 분야에 관심이 있는 젊은 층의 도전이 기대된다. 제페토 크리에이터는 수량으로 승부를 건다면 게더타운 공간디자이너는 맵 제작비가 만만치 않기 때문에 자신이 시간을 투자해서 열심히 배우고 노력한다면 웬만한 직장인 월급 그 이상의 수익이 보장되는 직업으로 관심을 가져도 좋은 분야이다.

Epilogue

　서울시 여성능력개발원은 지난 8월 10일부터 열흘간 4,476명의 서울시민이 참여한 가운데 '미래사회에 달라질 근로형태와 고부가가치 미래일자리에 대한 인식파악'을 주제로 한 설문조사 결과를 발표했다.

　조사 결과 서울시민의 65.1%는 '자신의 아바타를 활용해 가상세계 일터(메타버스)로 출근하기를 선호한다'고 응답했다. 이유로는 '가상세계에 근무하면서 동시에 집안일, 육아 등을 함께 할 수 있다'가 53.1%로 가장 많았다. 특히 20대 기혼 여성 응답자의 81%는 집안일, 육아 등을 가상일터로 출근하고 싶어 하는 이유로 꼽았다. 이어 '대면 의사소통보다 아바타 의사소통이 더 좋아서'가 19.9%, '가상세계 업무가 편리할 것 같아서'가 17.4%를 차지했다.

　이 65.1%의 수치가 의미하는 것은 코로나19로 인해 어쩔 수 없이 비대면으로 업무를 시작했지만 비대면의 편리함과 장점을 십분 활용하고자 하는 의지가 담겨 있고 이 수치는 앞으로 더 커질 수밖에 없다.

　이어 '아바타 디자이너'(40.6%)와 '메타버스 크리에이터'(37.8%) 등도 미래 유망 업종으로 떠오르고 있어 본문을 통해 크리에이터나 디자이너에 대한 필요성, 미래 전망은 충분히 파악이 됐을 것이라 생각한다.

　지난 7월 정부는 메타버스와 관련해 '한국판 뉴딜 2.0 추진 계획'을 발표하면서 오는 2025년까지 누적 총 사업비 220조 원 투입해 디지털 뉴딜, 그린 뉴딜, 휴먼 뉴딜을 3대 축으로 추진과제로 삼았다. 즉 메타버스 산업을 신산업으로 규정하고 뉴딜로 창출되는 직·간접적 일자리 수는 250만 개 정도로 전망했다.

　여기에 한 발짝 더 나아가 보자. 그렇다면 과연 크리에이터 이코노미의 미래 모습은 어떨까? 4차 산업혁명 시대의 크리에이터 이코노미에 블록체인 기반의 결제기술인 'NFT'의 도입이 예고되고 있다. NFT는 대체 불가능한 토큰으로 이를 통해 크리에이터들이 만든 창작물에 고유한 일련번호를 매겨 복제나 대체가 불가능한 디지털 자산으로 만들 수 있다. 또한

NFT를 통해 크리에이터와 팬이 직접 디지털 자산을 공유하고 후원이나 결제를 할 수 있는 시스템으로 결국 크리에이터들의 위상이 높아질 것이다.

그러나 그만큼 경쟁은 더 치열해질 것으로 보인다. 그러기 때문에 아무나 따라 할 수 없는 나만의 개성, 나만의 콘텐츠 창작이 선 필수조건이 됐다. 이제 다양한 서비스를 통해 크리에이터들의 위상도 높아지고 전문적인 활동 영역도 확대됐다. 사용자 또한 직접 자신들이 원하는 콘텐츠를 위해 쉽게 지갑을 열 수 있는 시대가 된 만큼 나만의 콘텐츠, 양질의 콘텐츠만이 살아남을 수 있는 유일한 방법이다.

크리에이터들은 이제 단 한 가지, 나만의 콘텐츠 즉 나만의 브랜드를 구축이 가장 시급하고 이와 같은 콘텐츠를 통해 정당한 수익구조를 만들어 갈 수 있는 시대가 열린 만큼 경쟁력에서 낙오되지 않기 위해서는 더 많은 노력이 필요한 시대가 됐다.

메타버스 제페토 크리에이터, 게더타운 공간디자이너로 이미 수익을 올리고 있는 사람들이 많고 아직도 늦지 않았으며 메타버스 세상은 가능성이 무궁무진하다. 따라서 크리에이터들이 창작 활동을 통해 수익을 창출하며 경제활동에 기여하는 시대는 이제 더 보편화될 전망이다.

또한 메타버스 공간에서 가능한 사업 분야가 폭 넓게 확대될 것이므로 구직자들은 메타버스 분야로 눈을 돌려서 자신의 적성에 맞는 새로운 메타버스 직장을 찾아야 할 것이다. 또한 그에 맞는 자격을 갖추기 위해 먼저 메타버스 교육은 기본이 돼야할 것이다.

자, 메타버스. '매일 타야하는 버스가 바로 메타버스'라는 재미있는 말이 있듯이 매일 메타버스 세계에 관심을 갖고 미쳐보자. 답은 바로 메타버스 세상 안에 존재한다.

[참고문헌]

- https://www.wowtv.co.kr/NewsCenter/News/Read?articleId=202111242507i
- https://kasper1030.tistory.com/741
- https://post.naver.com/viewer/postView.naver?volumeNo=31752884&memberNo=27908841&vType=VERTICAL
- https://economist.co.kr/2021/09/02/it/general/20210902091200378.html
- https://post.naver.com/viewer/postView.naver?volumeNo=32473631&memberNo=32660183&vType=VERTICAL
- The PR(https://www.the-pr.co.kr)
- http://www.m-i.kr/news/articleView.html?idxno=805330
- https://blog.naver.com/whdtn1877/222499779607
- http://www.segye.com/newsView/20211018517382?OutUrl=naver
- https://www.news2day.co.kr/article/20210902500071
- https://www.news2day.co.kr/article/20210719500208

Chapter

2

메타버스 어디에?

박민정

Chapter
02

메타버스 어디에?

Prologue

메타버스 탑승한다구? 아니다. 메타버스는 버스가 아니다. 스마트폰, 컴퓨터, 인터넷, 등 디지털 미디어의 새로운 세상이다. 현실을 초월한 가상세계를 말하며 지금 이 순간에도 계속해서 진화하고 있다.

영화 '레디플레이어 원'은 메타버스의 개념을 잘 보여주는 대표적인 사례라고 할 수 있다. 가상공간에서 온몸을 허우적대며 운동을 하고, 로버트 처럼, 초능력을 발휘하기도 하고, 돈을 벌고, 전쟁을 하기도 하고 또한 원하는 데로 인생을 즐기는 모습을 보았다. 그저 SF 영화로 여길 수만은 없는 현실이 눈앞에 있다. 가상이 현실이고 현실을 내가 원하는 대로 가상을 통해 경험하는 것, 그것처럼 지금 우리 세상에서도 시간과 공간을 초월할 수 있는 가상세계를 경험 할 수 있는 것, 바로 메타버스다.

또한 메타버스는 가상현실 즉, 아바타로 소통하는 세상의 삶이라고 할 수 있다. 예를 들면 일상생활에서 힘들고 불가능한 어떤 부분도 가상세계에서 경험해 볼 수 있는 것이다. 메타버스는 이미 사람들의 관심을 많이 받고 있는 분야로는 첫 번째 게임 시장이다. 현재 가장 많은 관심을 받고 매출이 발생되는 분야 이기도하다. 메타버스, 가상 현실세계의 대표주자라고 불리는 미국 게임업체 로블록스도 지난 3월 뉴욕 증시에 성공적인 상장을 마친 후 현재 시가총액 52조에 달한다고 한다.

향후 메타버스 시장은 2025년 2800억 달러로 성장할 것으로 전망한다는 것이 시장 조사 업체인 스트래지애널리틱스가 전망했다. 1990년대 중반에서 2000년대 초반에 걸쳐 태어난 젊은 세대 즉, 어릴 때부터 디지털 환경에서 자란 '디지털 네이티브(디지털 원주민)'세대라는 Z 세대가 그 중심에 있기 때문이다. 그들은 기존의 게임이나 SNS 대신 제페토, 포트나이트, 로블록스, 등, 메타버스 플랫폼에서 길들여져 자란 때문이기도 하다.

이들은 아날로그와 디지털 문화가 혼재된 환경에서 자란 밀레니얼 세대와 달리 어릴 때부터 디지털 환경에 노출돼 자랐다. 인터넷과 IT(정보기술)에 친숙하며, TV·컴퓨터보다 스마트폰, 텍스트보다 이미지·동영상 콘텐츠를 선호한다. 아울러 관심사를 공유하고 콘텐츠를 생산하는 데 익숙해 문화의 소비자이자 생산자 역할을 함께 수행한다. 한편, Z 세대는 1990년대 경제 호황기 속에서 자라난 동시에, 부모 세대인 X 세대가 2000년대 말 금융위기로 인해 경제적 어려움을 겪는 모습을 보고 자랐기 때문에 안정성과 실용성을 추구하는 특징을 보인다(출처 : 네이버 지식백과).

그리고 급속히 떠오르는 가상 부동산 시장을 말할 수 있다. 최근 투자 열풍이 불고 있는 가상 부동산 이야기이다. 이 지구를 그대로 보는 가상의 땅에 투자할 수 있는 플랫폼들이 등장했다. 전 세계 모든 지역의 지도를 10 제곱미터 단위로 나누어진 타일을 이용자들에게 판매하고 있다. 실제로 거래가 이뤄지면서 가상 부동산 시장은 그 수요가 어마어마하게 급속도로 발전하고 있다.

그 밖에도 연예인 대형 콘서트, 학교 입학식, 졸업식은 물론이다. 소집단 인원에서부터 수십 만 명의 입장도 가능한 것이 메타버스 가상공간이기 때문이다. 역시 Z 세대는 가상공간에서 우정, 사랑 등 다양한 관계를 형성하고 또는 거침없이 침묵 하는 것도 그들의 표현 방법이다. 1992년 메타버스라는 소설이 이미 나왔고, 2045년을 예측하는 영화 레디 플에이어원 이라는 영화가 가상현실을 이미 예측했지만 5G 상용화에 따른 정보통신 기술발달과 예기치 않은 코로나19 팬데믹으로 비대면 세상으로 치 닫으면서 메타버스는 점차 주목 받고 있다.

단순한 가상세계를 넘어서 현실과 가상의 구분이 무의미 해지도록 서로가 연결돼 있는 것이 핵심 개념이다. 메타버스의 영역은 점점 일상으로 확장 중이다. 면세점은 물론, 대학교, 프랜차이즈 업계 등 다양한 산업군에서 메타버스 수요가 늘어나면서 관련 기술·인재를 보유하고 있는 스타트 업들이 투자시장에서 스포트라이트를 받고 있다. 메타버스 열풍에 관련 스타트 업의 몸값이 치솟고 있다는 것이 이를 증명한다. 최근 가상·증강현실(VR·AR) 등 메타버스 관련 기술 스타트업들이 추가 투자 라운드를 앞당겨 진행하고 있다. 메타버스 가상현실이 기대된다.

1. 행사분야

1) T프렌즈 100명 메타버스에 모였다

코로나19로 비대면 문화가 시작되면서 교육현장은 물론 일반 기업체에서 재테크 근무와 교육을 Zoom이라는 비대면 화상회의에서 시작하고 발 빠르게 가상공간인 메타버스 가상공간으로 트렌드가 가속화 됐다. 이미 메타버스 세계 속인 가상공간에 익숙한 Z 세대가 비대면 가상공간을 익숙하게 받아들이면서 메타버스의 열기는 급속도를 가속화 됐다. 2021년 4월 마치 만화 영화를 보는 듯한 장면과 함께 놀라운 미디어 뉴스를 보았다.

[그림1] 100명 모인 T프렌즈 행사(출처 : 유튜브 캡처)

T프렌즈 '2021 T-Talk'에 친구들 100여명이 온라인에 아바타로 등장하기 시작했다. 점프 버추얼 밋업(Jump Virtual meetup) 콘퍼런스홀로 SKT가 제공하는 메타버스 공간이다.

점프 버추얼 밋업은 최대 120명이 동시에 접속할 수 있는 콘퍼런스 홀을 비롯해 T팩토리와 카페 등 다양한 공간을 제공하는 물론 가상현실 공간인 메타버스 앱이다. 각각의 공간에는 문자, 음성, 채팅 등 감정을 모션으로 표현하고 소통할 수 있도록 만들어졌으며, pdf 화면을 공유하며 함께 가상현실을 체험 할 수 있게 준비한 공간이다. 이날은 SKT 메타버스에 관해 이야기를하고 가상공간, 가상현실에 대한 궁금증을 풀어 주는 시간으로 SKT 프렌즈를 초대한 것이다.

2) 언론 미디어 메타버스 가상공간으로

강원도민일보, 강원도민TV는 2021년 10월 초 가상공간인 메타버스 스튜디오를 개설하고 뉴스를 시작했다. 가상 초월을 의미하는 메타버스 가상공간에서 보여주는 뉴스는 강원도의 현안과 이슈인 화제의 인물 뒷이야기 등 지면으로 다 담지 못한 다양한 내용을 아바타를 통해 재미있고 알차게 소개하는 것을 볼 수 있었다. 아바타와 함께 구성된 뉴스를 시청해 보니 생동감 있고 시선이 가고 관심이 간다. 특히 영동권역 뉴스는 사투리 버전과 함께하는 케릭터 등을 제작해 재미있게 전달하려는 의도를 더했다.

[그림2] 강원도민TV 강원메타버스 뉴스(출처 : 강원도민일보 유튜브캡처)

참 신기하고 신선하고 또 보고 싶어지는 뉴스다. 약 6분 남짓한 메타버스로 구성된 뉴스를 보면서 각기 다른 네 명의 아나운서 아바타들을 보는 것도 재미나고 신선했다. 문득 가상공간에서는 내가 원하는 대로 이미지를 만들고 옷을 입히고 키도 크게 하고, 의도하는 대로 키를 크게도 키를 작게도 하고, 헤어스타일도 길게, 짧게, 빨갛게, 하얗게 얼굴도 개성 있게 해 볼 수 있다. 아바타로 나올수도 있는 가상 현실이기에 대기업이나 공기업 입사의 필수 항목인 용모단정의 틀을 깨고 실력이 아닌 외모로 판가름되어지기도 하는 외모 지상주의에서의 소외감에서 누군가에게는 희망이 될 수 있다는 또 다른 생각을 해 본다. 메타버스에선 내가 의도하는 모든 것을 경험 할 수 있다.

3) 부산인터넷방송국 메타버스 전시관 개관

5G 기술 등의 발달과 코로나19로 비대면·온라인 생활 추세가 가속화하면서 메타버스 구축 기술이 미래 선도 기술로 각광받고 있다. 소프트웨어 개발 전문 회사인 부산 인터넷방송국은 모바일 증강현실(AR), 전자 (디지털)카탈로그, 인공지능(AI), 웹·앱 프로그램 등 ICT 개발을 전문으로 하고 있다.

지난 2021년 10월 21일 부산인터넷방송국에서는 메타버스 전시관을 오픈했다. 부산인터넷방송국은 가상공간 메타버스에 회사건물을 그대로 옮겨 놓았으며 1층 1관과 4층 2관에 포트폴리오 전시관을 구현하고, 3층은 실제 사무실 공간을 배치하고, 5층에는 하늘 공원을 만들어 내방객들에게 쉼터와 볼거리, 그 외에도 전시 공간을 마련했다. 그리고 야외에 페스티벌존, 드라이빙존, 벚꽃 존 등 다양한 체험공간을 둬 눈길을 사로잡았다.

[그림3] 부산인터넷방송국 메타버스 전시관 4·5층 모습(출처 : 부산제일경제)

우리가 알고 있는 지금까지의 전시실과, 관람실 등 시·공간적 제약에서 확연히 다른 가상공간에서는 언제 어디서나 누구든 전시를 체험하고 체험한 내용을 공유할 수 있다. 또한 소규모 회의실과 대 회의실 등이 갖춰져 있어, PPT를 공유해 쌍방향으로 회의·교육·소통이 가능하다.

부산 인터넷 방송국은 코로나19로 대면이 부족하고 소통이 단절된 현실세계에서 가상세계에서의 만남을 실현하는 등 다양한 소통 방식을 시도하고 있음을 강조했다. 금번 부산 인터넷 방송국 전시관은 메타버스 업무 추진 연구의 첫 성과물로써 의의를 크게 두고, ICT 융·복합 기술과 지역 맞춤형 관광 콘텐츠를 결합해 혁신적인 지역문화 관광 서비스를 점차 고도화된 기술 확대로 발전 할 것이 분명하다.

2. 부동산분야

1) 가상부동산에 부는 메타버스 열풍

메타버스에 대한 시장의 관심이 높아지고 있다. 삼성, 미래에셋, KB, NH아문디자산운용 등 대형 자산운용사들은 메타버스 ETF 동시 상장을 앞두고 있는 상태다. 메타버스 열풍을 주도하는 자산상품 중 뚜렷한 성장세를 보이고 있는 건 '가상 부동산'이다. 메타버스는 가상세계를 기반으로 한 새로운 경제 산업으로 주목받고 있다. 가상세계에서 이뤄지는 다양한 활동이 새로운 경제활동의 한 축이 될 가능성이 높아지고 있다.

눈을 뜨니 메타버스 가상현실세계, 현실가상세계를 살고 있다. 현실세계에서 부동산의 인기를 반영하듯 가상 부동산 시상도 호황을 맞고 있는 것이 뚜렷하다. 글로벌 가상 부동산의 선두에 서 있는 메타버스 플랫폼은 '어스2(Earth2)'라고 불리는 프로그램이다. 말 그대로 두 번째 지구를 가상세계에 구현한 플랫폼이다.

아하, 두 번째 지구! 어스2는 구글 어스를 기반으로 설계된 가상 부동산거래 플랫폼으로 여기에 참가하는 이들은 지도상 표시된 가상세계 속 부동산을 구매하고 차익의 수익을 내는 방식으로 투자를 하고 있다. 가상 부동산 세계의 부동산가격 추세는 현실 부동산과 크게 다르지 않다. 2020년 11월 서비스를 개시할 당시 모든 부동산 타일(10x10m) 당 가격은

0.1달러로 동일했지만. 2021년엔 미국 소재 가상 부동산 타일 당 평균 가격이 60달러를 넘어가기도 했다. 현실 부동산과 다를 바 없이 거래되고 있다는 것이다.

현실세계와 다른 메타버스의 특징은 가상 부동산시장에서는 현실세계에서 구매할 수 없는 '세계 명소'에 위치한 타일을 거래할 수 있다는 것이다. 백악관이나 콜로세움 등 명소가 위치한 가상 부동산 타일가격은 천문학적으로 치솟았음을 알 수 있다.

2021년 9월 8일 기준 어스2가 제공하는 국가별 자산규모에 따르면 한국 국적 투자자가 보유한 가상 부동산 규모는 916만 7,035달러였고, 전체 2위에 해당하는 수치다. 1위는 '국적 불명 이용자'였다. 결론적으로 어스2 기준 가상 부동산에 가장 많은 비용을 쏟아 부은 건 한국 투자자라는 말이 된다.

한국의 메타버스 가상 부동산 열기로 '메타버스형 가상 부동산거래 플랫폼'에 도전장을 던지는 사례도 알 수 있다. 2021년 9월 10일 국내 기업 더퓨쳐컴퍼니가 제작한 '메타버스2' 서비스가 오픈됐다. 더퓨쳐컴퍼니 관계자는 "서비스를 론칭 한 뒤 많은 이용자의 성원에 힘입어 날마다 서버를 증설하고 있다"면서 "앞으로도 시스템 업데이트를 비롯한 쾌적한 게임 환경조성에 힘쓸 것"이라고 밝혔다.

2) 8필지 디지털 땅이 16억 원대

가상세계 속 디지털 공간인 '메타버스'에서 부동산이 거래되고 가격이 오르고, 내리고 하는 '메타버스 부동산'에 투자하는 펀드가 생겼다. 가상의 부동산에 선을 긋고 거래를 한다. 쫌 웃기고 말도 안 된다고 하는 것도 이뤄지고 있는 현실이 가상현실, 아니 현실이다. 투자 플랫폼인 '리퍼블릭(Republic)'의 디지털 부동산 펀드의 '리퍼블릭 렘(realm·영토)'이 그것이다. 리퍼블릭이 메타버스 속 가상공간에서 개발하고 분양하려는 '디지털 부동산' 중 하나는 휴양지 콘셉트로 작은 정원을 꾸며놓고 천막과 안락의자, 가족용 테이블도 배치했다. 아, 가상에선 얼마든지 멋지게 마음먹은 대로 할 수 있다는 것을 보면 이제 그리 놀랄 일은 아니다.

디센트럴랜드(Decentraland), 더샌드박스(The Sandbox), 크립토복셀(Cryptovoxels), 솜니움 스페이스(Somnium Space) 등 여러 메타버스 속 가상공간을 대상으로 하는 펀드이다. 펀드 자금으로 현실세계에서 흔히 볼 수 있는 부동산의 '투자-개발-수익 창출' 모델이 게임 속 디지털 가상세계에 적용된 것이다.

이 공간들에 호텔, 상점 등을 지어 자산 가치를 높이겠다는 계획이다. 바·카지노 등을 개발하겠다며 유명 호텔 체인들과 협의도 하고 있다. 이 펀드는 초청장을 받은 99명만 가입할 수 있고, 투자 금액은 1인당 최소 2만 5,000달러(약 2,800만원)이다. 메타버스 가상공간에서 개인끼리 돈을 주고받고 거래를 한다는 것이 아직은 어색하고 말도 안 되는 상상이라고 하기에는 서두에도 언급했지만 코로나19 팬데믹으로 메타버스가 너무 빨리 와 버린 탓일까. 게다가 가상 부동산에서도 이렇게 투자 상품까지 나온 것은 처음이란다. 그만큼 가상세계 속 부동산 열풍이 뜨겁다는 것이고 현실이다.

[그림4] 메타버스 속 가상공간에 개발해 분양하려는 '디지털 부동산' 중 하나. 휴양지 콘셉트로 작은 정원을 꾸며놓고 천막과 안락의자, 가족용 테이블도 배치했다.(출처 : 리퍼블릭)

크립토복셀의 경우 올해 거래된 가상 토지의 평균 가격이 3,895달러(434만원)에 달한다. 지난해의 약 5배 수준으로 뛰었다는 것이다. 엑시 인피니티(Axie infinity)라는 가상 게임에선 8필지의 공간이 150만 달러(16억 7,000만원)에 팔리기도 했다고 한다.

한 메타버스 게임 전문가는 블룸버그에 "가장 인기 있는 공간은 이미 다 거래가 됐다"고 말했다. 이미 발 빠르게 좋은 땅은 다 매진이라니, 정말 놀랍다. (Bloomberg? 금융시장의 뉴스와 데이터, 분석정보를 서비스하는 미국의 미디어 그룹이다. 1981년 마이크 블룸버그가 뉴욕에서 설립하였고, 세계 금융가에서 신뢰받는 뉴스매체로 성장하여 91개국의 14만여 고객에게 전용 단말기를 통하여 정보를 제공한다. [출처 : 네이버 지식백과]) 그 예전, 아주 옛날 말죽거리라는 이름으로 거래되던 땅이 지금의 강남구 압구정동, 대한민국 최고의 땅값인 것을 감안 한다면 이것은 분명히 현실이다.

게임 이용자들이 메타버스에 머무는 시간이 점점 늘어나고 전시나 공연, 쇼핑, 친목 등 점점 더 많은 경제활동이 메타버스에서 이뤄지면서 디지털 부동산의 '가치'는 점점 높아질 전망이라고한다. 리퍼블릭 펀드가 쓸 만한 디지털 토지를 판별하는 원칙은 역사를 거슬러 압구정동의 이야기처럼 현실세계와 크게 다를 바 없다.

가상이냐 현실이냐, 펀드 측이 투자자들에게 하는 조언은 이렇다. 현실과 똑같다. "게임 속 공간의 가격 이력과 유동인구, 게임별 건축제한(구축할 수 있는 서비스의 제한)을 확인 하라"는 것. 즉, 멀리 보는 안목은 현실이나 가상이나 개인의 눈으로 보되 정확한 가치를 판단하는 것이 꼭 필요하다.

3) 메타버스에서의 부동산

요즘 새롭게 떠오르고 있는 단어 중에 하나가 제 2의 비트코인이라고 불리는 '가상 부동산' 이다. 가상화폐의 시초 격인 비트코인이 오늘 현재 7,000~8,000만 원 이라니. 비트코인이 진짜인가 가짜인가 말도 많았고, 확실한 비트코인의 존재를 믿기 시작한 것도 그리 오래되지 않았는데 이미 눈으로 보이지도 않는 가상 부동산 투자가 이미 국내에서도 급부상하고 있다는 소식을 들었다. 세상이 변했으니 '이거 진짜 사도되는 것인가?'라는 생각을 해 본다.

가상 부동산을 사고판다는 것은 전혀 새로운 형식의 플랫폼이다. 가상 부동산을 사들여 사람들이 그 곳에 건설도 하고 거래도 할 수 있고 그곳에서 나온 자원에 대한 이익금을 가질 수 있도록 하는 것이 최종 목표라고 한다. 아니, 이미 많은 사람들이 그렇게 하고 있다. 나도 가상 부동산을 샀다. 메타버스 가상 부동산에 관심을 가져보기 위해서이다. 버스 탑승 완료이다.

가상 부동산 거래는 지구의 모든 땅을 10제곱미터로 구분 해 놓고 땅을 매입 하도록 하는 것이다. 이 플랫폼은 2020년 11월에 출시됐다. 현재는 입소문을 타면서 많은 사람들이 이 곳에 투자를 하고 있다고 한다. 아주 옛날에 흐르는 대동강 물을 팔아먹었다는 봉이 김선달을 말한다면 구시대적 사람이 될까?

지구를 조각조각 금을 그어 놓고 파는 사람이 있고 사는 사람이 있다. 초기 시장이긴 하지만 어스2, 디센트럴 랜드 등 종류도 다양해지고 있다. 거래가 이뤄지면서 땅값이 오르고 있고 많이 팔리는 지역은 기본적인 단가가 상승 중이다.

가상 자산은 개인의 경험에 실감지수를 접목시킨 실감경제를 바탕으로 성장하게 되는데, 가상세계에서 소통하고 경험할 수 있는 경제적 요소들은 앞으로 더 다양해질 것으로 전망된다. 그러나 가상인 만큼 유동성에 따른 리시크가 있을 것이고 가상이기에 유동성에 따른 플랫폼 회사에서의 서비스 중단 사태가 우려되기도 한다. 그렇다보면 환금성이 신속하지 못할 위험성을 염두에 두는 것은 오로지 투자자 개인의 몫이 될 것이다.

[그림5] 가상세계로 번진 부동산 신드롬(출처 . tVN insight 유튜브 캡처)

대구 범어 네거리를 중심으로 대부분의 토지들이 이미 거래가 완료가 됐다고 한다. 32,000원 초기 땅값의 300배 넘게 올랐다는 것을 들으면 분명히 현실인데 믿겨지지가 않는다. 우리나라 땅은 아직까지는 지역별로 큰 차이는 없다고 하지만 서울과 부산, 대구 등 우리나라 대부분 지역에 평당 땅값이 평당 평균 3만 원대에 거래되고 있다. 현재 미국 뉴욕의 경우에 평당 6만 6,000원 정도, 두바이는 1만 3,000원 정도에 거래되고 있다고 한다.

코로나19로 급속히 변화된 비대면 시대와 5G 상용화의 발달로 인한 디지털 공간에서는 시간과 공간의 제약이 없는 이유로 수많은 기업들이 새로운 문화와 투자처가 필요하다는 이유와 가상의 잠재적 가치 때문에 그 가치는 시대의 흐름과 함께 메타버스 가상세계 플랫폼에 대한 기대는 점차 커지고 확산 될 것이라고 본다. 앞으로 건물과 도시가 세워 지면서 경제활동이 가능해 지고 이곳에서 또 다른 수익창출을 할 수 있다는 것이다.

미국 백악관의 경우에 지난해 11월 한 중국인이 200개가 넘는 타일을 사들여 지금 가격이 3,500만원으로 올랐고, 청와대 역시 한 중국인이 사 들였는데, 현재 1,600만원에 거래되고 있다는 것이다. 한 한국인 구매자가 독도 앞바다에 독도 love korea라는 문구에 맞춰서 독도를 구매했는데 몇몇 일본인 구매자가 더 비싼 값에 독도를 사들였다는 미디어 뉴스를 볼 수 있었다. 랜드마크가 있는 도심 지역들은 이미 대부분 거래가 완료된 지 오랜 상태라고 한다. 가상세계에서 소통하고 경험할 수 있는 경제적 요소들은 앞으로 더 다양해 질것으로 전망 된다.

3. 여행분야

1) 비대면 여행시대 열린다

집합 자체가 안되는 코로나 팬데믹으로 크게 타격을 받은 분야가 여행 산업인 것이 분명할 것이다. 해외는 물론 국내에서도 타 도시를 오가는 일 조차도 안 되는 현실이 있었다는 것은 앞으로도 길이 남을 역사의 한 페이지 일 것이다. 코로나19 직전 지인 모임에서 중국위해를 단체 여행하기 위해 여권을 만들던 시기가 있었다.

2019년 1월 말 코로나19 발발하고 몇 날 지나면 유행성 감기가 사그러들 듯이 괜찮아 질 것이라는 생각을 하며, 그래도 출발하자고 했던 순간이 있었다. 그때는 출국 금지가 없던 초기쯤이었으니, 지금 생각하면 아찔하다.

코로나19로 대다수가 집합을 하거나 단체로 교통수단을 이용하는 것 자체가 힘들어진지 벌써 2년이 다 돼간다. 여행자체가 힘들어지자 근래엔 지자체를 중심으로 메타버스 플랫폼에서 국내 관광명소를 둘러보는 새로운 여행 트렌드가 확산되고 있다. 여행을 앉아서 가상으로 한다고? 세상이 변했다. 마치 동물의 왕국을 앉아서 보고 있음을 연상하니 조금은 이해가 된다.

델타변이로 인해 코로나19 확진자 수치가 확연하게 떨어지지 않는 상황이라 아직은 관광객을 받아들이기 어렵다고 판단했기 때문이다. 때문에 국내 지방자치단체는 각종 메타버스 플랫폼에서 명소 둘러보기 상품을 속속 내놓았다. 국내 관련 기업 역시 해외 관광지를 가상세계에 구축해 소비자들의 욕구를 채우고 있다.

[그림6] 메타버스 기상공간 미디비스로 관굉위기 돌파. KBS 2021.08.09. 뉴스브리핑
(출처 : 유튜브 부케부캐 캡처)

2) 거동이 불편해도 메타버스 세계 여행은 OK!

비대면 공항 서비스의 수요 증가와 포스트 코로나 시대를 대비하기 위해 메타버스 플랫폼을 활용하려는 움직임이 생겼다. 코로나19는 어쩌면 가상세계 메타버스의 보편화를 앞당긴 셈이다. 비대면으로 국내, 해외여행은 얼마든지 가능하다. 집에서 모니터를 보며 여행한다는 것 아닌가. 참 재미있는 발상인데 이것이 또한 현실이다.

우리는 동물의 왕국을 그렇게 보았고, 다큐멘터리를 그렇게 경험하지 않았는가. 여행을 발로 걷지 않고 눈으로 담는 것 자체가 이미 메타버스 가상현실이었음을 안다. 가능하다. 메타버스는 거동이 불편한 사람도, 비행기나 배, 또는 어떤 교통수단을 쓰지 않고도 특수고글을 장착하는 도구를 쓴다면 금상첨화로 안방에서 실감 여행을 한다는 것이 현실이다. 기발하고 다양한 해외여행 서비스도 속속 생겨나고 있다.

지난 8월 말 제페토에서는 '전주 8월의 크리스마스' 행사를 개최해 '우리의 잃어버린 크리스마스(LOST CHRISTMAS)'라는 부제로 아쉽게도 작년 크리스마스를 경황도 없이 지나친 것이 아쉬워 지나간 크리스마스를 기억하며 한여름 밤의 크리스마스를 만끽해 주기위해서 준비 했다고 한다. 대한민국 관광의 도시, 그 중에서도 전주를 해외에 소개해 해외 관광객을 메타버스 세상으로 유입 시키고 대한민국의 관광도시 전주를 선보이는데 크게 기여했다.

전라도는 메타버스 관광 홍보에 가장 적극적이다. 전주시는 네이버 제페토와 협업해 전주한옥마을과 전주역 앞 첫 마중길 등 관광명소를 구축하고 있단다. 전주역 첫 마중길에서는 밤10시까지 20m 길이의 크리스마스를 상기하기에 충분한 루미나리에가 한껏 분위기를 돋우었다. 다른 도시도 마찬가지이지만 코로나 여파로 대부분의 대면 행사가 취소된 전주시는 특별히 MZ세대들을 위한 네이버Z에 메타버스 가상공간을 마련해 눈높이를 맞추는데 노력하는 모습을 보였다.

[그림7] 전주 8월의 크리스마스(출처 : 아시아경제)

3) 영암 기가마을 6주살기 - 메타버스 가상공간에서 환영회 가지다

　전라남도는 2022년까지 전남 관광홍보관에 메타버스 관광콘텐츠 공간을 확장 할 예정이라고 한다. 메타버스로 유치한 관광객을 실제 대한민국 전라남도 방문으로 연결해 전남 관광산업을 세계적으로 키우겠다는 계획이다. 전남 영양군은 젊은 층이 도시로 유입되는 것을 막기 위한 일환으로 '기가마을'을 가상공간 메타버스 플랫폼에 만들어 '청년 6주 살기 프로젝트'를 진행했다.

　가상공간 메타버스 플랫폼에서 환영회를 가지는 등 귀촌 체험을 할 수 있게 만들어 청년들로 하여금 큰 인기를 얻었다. 영암군과 영암 청년창업몰에 입점해 있는 문화창작소 '영암군 기가마을에서 6주 살기' 프로젝트 사업의 시작 인사를 처음 나눈 곳은 가상공간 메타버스였다.

[그림8] 전라남도 영암군의 '청년 6주 살기'에 참여해 '기가마을'에 입주한 청년들의 환영회

(출처 : newmaker 포토뉴스)

4) 직접 가지않아도 안전하게 즐기는 관광과 여가

모빌리티 플랫폼 쏘카는 현실 강화형 메타버스 플랫폼 '리얼 월드'를 제작한 유니크굿 컴퍼니와 '퍼퓸 오브 더 시티:목포' 라는 게임을 선보였다. 앞으로 대면으로 목포 관광을 연계할 게임으로 만들어 이용자는 전국 쏘카존에서 차량을 빌리고 리얼 월드 앱을 다운로드 한 뒤 목포역으로 이동하면 게임을 실행할 수 있다. 목포역에서 쏘카를 빌려도 된다.

이 게임은 가상세계의 조향사가 된 이용자가 거동이 불편한 지인에게 고향 목포의 향수를 만들어 달라는 의뢰를 받으며 시작됐다고 한다. 목포의 각 명소에 도착한 이용자는 주요 상징물과 GPS 증강현실(AR) 등을 결합한 미션들을 수행하면서 향수의 재료가 되는 에센스를 수집하게 되고 미션을 전부 수행하게 되면 쏘카 차량 대여료 60% 할인 쿠폰이 보상으로 지급되는 프로그램이다.

직접 가지 않아도 유달산 노적봉, 목포 근대 역사 문화 공간, 서산동 시화골목, 유달유원지 등을 이동하며 20여 개의 미션을 수행하는 게임이다. 박진희 쏘카 사업본부장은 "비대면으로 안전하게 즐기는 포스트 코로나 관광과 여가 방향성을 제안하는 프로젝트다"라고 이번 사업의 의의를 설명했다(출처:SOCAR blog 쏘카뉴스 2021.8.2.).

[그림9] 인천국제공항사가 만든 '방구석 해외여행' 앱.
/ 안드로이드 플레이스토어 갈무리(출처: 조선IT)

인천국제공항공사는 올해 6월 코로나19가 잠잠해진 이후 항공 수요가 예전처럼 활발해지는 회복시기를 위해 게임 앱을 개발했다. 게임은 인천공항 내 스마트 서비스를 안내하는 콘텐츠를 담은 것으로 이용자가 셀프체크인, 셀프백드랍 등 스마트 체크인 서비스를 수행하면 가상 해외여행 체험을 즐길 수 있다. 인천공항공사 관계자는 "앞으로 실제 공항 서비스와 연계해 웹 체크인, 식음료 시설 등을 이용할 수 있게 만들 계획이다"라며 "이용자가 가상공간에서 체크인카운터를 직접 수행하고 운영하는 메타버스 게임으로 확장시킬 계획이다"라고 밝혔다.

한편 조선미디어그룹의 IT 전문 매체인 IT조선은 메타버스의 이해를 돕기 위해 '메타버스 웨비나'를 개최했디. 8일 19일에 개최된 이민 행사는 메타버스라는 신기술을 이해하고 최근 트렌드를 파악해 디지털 시대를 앞설 수 있는 자리를 마련한 것이다. 메타버스 중심의 시장 변화 흐름에 맞춰 국내외 기업 현황과 미래 전망 등을 조망할 예정이다(출처:조선it).

5) 시간여행 첫 스마트 축제 기획

전라북도 군산에서는 '2021 군산 시간여행 축제 메타버스 인생샷 공모전'이 있었다. 참가대상은 대한민국 국적을 가진 모든 국민. 응모내용은 2021 메타버스 제페토의 가상공간에서 인생샷을 찍은 후 공모에 지원하는 것이다. 응모 방법은 어플리케이션 '제페토를 다운받고 2021군산 시간여행에 접속하고, 제페토 내의 사진기능으로 자신만의 개성을 담은 사진을 촬영하는 것이다. 사진과 함께 군산 시간여행 축제 홈페이지에서 공모전에 지원 신청하면 된다. 실제가 아닌 다양한 가상공간에서 실제와 흡사한 다양한 배경으로 이미지와 영상도 촬영할 수 있다.

[그림10] 군산 시간여행 스마트축제(출처 : 군산스마트축제 홈페이지)

4. 의료분야

1) 의료계도 메타버스 시동

(1) 분당 서울대학병원

최근에 언택트 시대가 되면서 의료계에도 온라인 헬스 케어가 병원마다 속속 도입 되고 있는 것은 이미 오래전의 이야기다. 최근엔 가상현실을 활용해서 교육도 받고 교육을 하는 것은 익숙한 이야기이다. 서울대학 병원의 9대, 10대 병원장을 역임한 전상훈 교수는 의료교육을 시키기 위해서 2011년 ATEP이라는 아시아 흉강경 수술 교육단을 만든 장본인이다.

전상훈 교수는 특히 코로나19 사태로 멀리 해외로 나가 교육하기가 어려워지자 새로운 곳을 만들었다는데 무엇일까? 얼마 전에 모 제약회사 기자 간담회에서 홀로그램을 도입해서 기자 간담회를 갖기도 하고 가상현실을 도입해서 수술교육을 하기도 해서 토의도 하곤

했는데 언택트 시대엔 갈수도, 올수도, 모일수도 없는 현실에서 가상현실 속에서 교실과 수술방을 만드는 개념이란다.

VR 헤드셋을 쓰고 와이파이가 되는 곳이라면 수강생 또는 연구자들은 다른 각각 다른 장소에 있어도 가상의 편안한 클래스 룸에서 강의를 듣는데 수강생, 강사 모두 각자의 아바타로 등장 한다는 것이다. 가상의 강의실에서 모션 조작을 통해서 손을 들거나 박수를 치거나 본인의 의사를 표현 할 수 있다는 것이다.

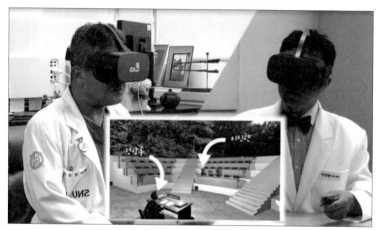

[그림11] 분당 서울대학교병원 흉부외과 전상훈 교수(출처 : 유튜브 톡투건강tv 캡처)

각자의 아바타를 사용하기 때문에 본인의 개성에 맞게 아바타를 꾸밀 수 있다는 것이 장점이기도 단점이기도 하다. 그러나 가상세계에선 시간과 장소를 초월 할 수 있는 것이 또한 장점이니 90세의 노인이 20대의 마음으로 살 수기 있고, 10대의 소년이 80대의 아바타와 친구가 될 수 있는 것이 가상현실이다. 아바타의 얼굴이나 고개의 각도에 따라서 집중을 하는지, 안 하는지 감지할 수 있다는 것은 그만큼 민감하고 정교하다는 것이다. 기존의 화상 강의보다 화면을 크게 볼 수 있는 PDF 교육자료 노출도 가능하다. 수술영상은 3차원 영상으로 볼 수 있다. 증강현실과 가상현실로 영상송출을 통해서 좀 더 실감나게 볼 수 있다고 한다.

(2) 서울 의사-남극 실시간 수술·협진 가능

가상현실(VR), 증강현실(AR), 혼합현실(MR) 등을 이용해 시공간 제약 없이 생활하고 소통할 수 있는 기술기반을 확장현실(XR)이라고 한다. 의료계에서 원격으로 진단을 하는 가상공간 메타버스는 확장현실(XR) 덕분에 실시간 협진이 가능해 졌다.

영화 '애프터 어스'에서는 주인공의 아들이 행성을 탐험하다 독충에 물린다. 곤충에게 물리자 경보가 울린다. 독이 퍼지며 붓고 상태가 나빠진다. 멀리 있는 아빠가 아들의 신체 데이터를 보면서 응급처치를 한다. 이것은 현실이다. 영하 40도 극한의 환경인 남극기지에서는 매년 다양한 환자가 발생한단다. 남극에 있는 의사가 고글을 쓴다. 상처를 바라보면 서울에 있는 의사에게 환자의 상태가 입체적으로 전달된다. 기지마다 의사가 있지만 모든 분야를 다 치료할 수 없고, 코로나19로 인해 의료후송도 어려워진 상태이기 때문에 급속도로 더 진화되고 빨라진 확장현실(XR) 덕분에 실시간 협진이 가능해 졌다.

메타버스는 현실이다. 우주공간, 극지, 전쟁터, 인간이 도달할 수 있는 어디라도 의료 행위를 원활하게 할 수 없는 어떤 경우에도 이런 기술이 충분히 적용 가능한 현실이다. 3차원 가상세계. 이것이 메타버스다.

[그림12] 서울-남극 의사들이 만났다.(출처 : JTBC News 캡처)

5. 교육계 열풍이 뜨겁게 몰려온다

1) 메타버스 열풍에 교육업계가 들썩인다

　코로나19로 교육현장도 빠르게 변하고 있다. 가상현실, 가상공간을 일컫는 메타버스를 활용한 실감형 교육이 더 빠르게 다가오고 다양해질 것으로 보인다. 비대면 교육의 수요가 급증하면서 메타버스를 접목한 교육시장도 확대되고 있다. 교육계에서도 메타버스, 가상현실 속에서의 교육으로 체질개선에 속도를 내고 있다는 것을 실감한다. 선생님 대신 AI 캐릭터와 공부하고 태블릿을 이용한 게임으로 학습한다. 가상세계를 접목한 교육은 이미 일상적인 콘텐츠가 됐지만 메타버스 열풍을 통해 한 단계 더 진화한 것이다.

[그림13] 메타버스열풍 교육계도 들썩(사진 : MTN 머니투데이 방송 사진캡처)

　교원그룹은 메타버스 콘텐츠 체험단을 모집하고 상품출시와 함께 전용 브랜드까지 신보일 예정이다. 메타버스를 통한 학습 환경을 만들고 초등학생들이 좋아하는 인기 있는 모델 캐릭터로 실사형 선생님을 만들어 학습 몰입도와 흥미를 끌어 낼 수 있도록 한 것이다. 게임처럼 재미있는 학습공간을 조성함으로써 학생들이 게임의 세계에 참여하고, 나만의 아바타를 꾸미고, 친구들과 만나고, 서로 응원하고, 소통하며 다양한 학습 경험을 할 수 있다.

　우리에게 이미 익숙히 잘 알려진 펭수는 메타버스의 원조 격이다. 펭수 유니버스를 만든 EBS는 교육부와 함께 메타버스 콘텐츠 제작사업을 시작했다. 초·중 등 7개 분야에서 제작된 160편의 콘텐츠는 학교 수업 현장에 보급 된다. 교육 회사 관계자는 메타버스 콘텐츠의 실효성이나 상품화 가능성에 대해 교육계에서는 긍정적으로 검토하고 있다.

교육에서 기술력이 차지하는 비중이 커지고 있는 단계라고 할 수 있다. 코로나19로 비대면 교육이 가속화 되면서 이미 디지털 환경에 익숙한 학생들에게 맞는 메타버스 교육의 가능성은 높게 평가되고 있다. 장기적으로는 메타버스 교육 콘텐츠가 전체 교육시장의 판도를 바꿀 수 있다는 전망이다. 펭하 펭수를 알 것이다. 이미 우리는 가상현실을 경험하고 살고 있었다는 증거는 다양하게 볼 수 있다. 이것이 이미 메타버스이다.

[그림14] [사진출처＝weekly.cnbenews 포토뉴스]

2) 순천향대학교 학생 소통, 진로, 심리건강 상담도 메타버스로

순천향대학교는 '2021년 8월 메타버스 소담소담(소통/상담) 페스티벌'을 개최했다. SK텔레콤의 가상현실 플랫폼인 '이프랜드(ifland)'를 이용한 메타버스를 기반으로 진행됐기에 관심을 모았다. 페스티벌은 7개 단과대학 51개 학과, 취업진로지원센터, 심리건강 상담센터 등 참가를 원하는 학생들은 자신만의 아바타를 생성하고 각 단과대학별 가상공간에 입장해 페스티벌에 참가하는 형식이었다. 특히 심리건강 상담은 가상한 아바타로 소통을 함으로써 노출을 꺼려하는 심리상담에는 더 크게 환영을 받을수 있을것이라고 예상된다.

세부 프로그램으로는 1,2학년 재학생들에게 단과대학별 운영일정에 따라 2학기 학사운영방법 및 대면 또는 비대면 강의 운영계획 방안과, 학과 집단상담 및 학교생활 정보제공 등의 소통 프로그램이다. 제목이 눈에 띈다. 소통상담의 의미를 가진 소담소담 페스티벌은 코로나19의 장기화로 대학과 학생, 학생과 학생 간 소통을 원활하게 하고 학생들의 최대 관심사인 진로와 취업정보를 제공하는것이며, 특히 코로나19 시대의 신입생, 저학년 대상의 학교적응을 위한 집단상담과 심리상담 등을 제공하는 소통과 상담, 소담소담 이름이 딱 와 닿는다.

특히 취업, 진로 지원센터의 진로 지원관 5명의 교수진은 단과 대학별 특성에 맞는 진로 설계 로드맵과 진로, 취업 프로그램인 진로 이즈 왓(what)과 학생들의 직업정보에 대한 관심 유도를 위한 직업명 퍼즐 맞추기와 대학생활, 진로고민 등 진로장벽 관련 학과별 집단상담을 제공하는 진로·취업프로그램의 진행으로 소통의 통로가 되어 큰 호응을 얻었다.

본 취지는 재학생들에게 취업지원 서비스를 제공함으로써 현실적이고 체계적인 진로설계 능력을 갖추고, 취업역량 강화를 통해 성공취업에 도움을 주고자 준비한 프로그램일 것이다. 심리건강 상담센터는 6명의 심리상담사가 1·2학년 재학생을 대상으로 센터활동 및 프로그램 소개와 코로나 블루, 스트레스, 대인공포 극복을 위한 심리검사와 메타버스 심리상담, 그리고 연애, 학업, 대인관계, 진로 등 고민상담과 흥미로움을 유발한 이름, 3시의 메타데이트 등 다양한 프로그램으로 심리 건강상담을 진행한다. 어쩌면 이 시대에 딱 와 닿는 프로그램임이 틀림없다. 학생들이나 교수나 대면하지 않고도 마음을 드러내는 심리 상담이기에 더욱 그렇다.

[그림15] 순천향대학교 소통 진로 심리건강상담 소담소담 메타버스로 (출처 : 베리스타 알파)

3) 순천향대학교 메타버스에서 신나는 입학식

처음을 기억한다. 학교 최초이다. 순천향대학교는 지난 3월 SK텔레콤과 점프VR 플랫폼을 활용해 메타버스에서 입학식을 거행했다. 또한 신입생 모집 입시설명회도 메타버스에서 개최하고 학생, 학부모, 선생님들로부터 좋은 반응을 얻었다.

순천향대학교의 메타버스 입학식은 대학 생활의 시작인 입학식과 오리엔테이션이 코로나19로 인해 축소 진행되는 등 대학 교육환경과 문화가 급격히 변화하는 상황에서 학생들이 메타버스 가상 대학캠퍼스에서 만나 소통하고 함께 즐기는 새롭고 이색적인 기회를 마련한 것이다. 상상이나 했을 일인가? 처음엔 가상공간인 메타버스에서 입학식을 진행한다고 해서 많은 사람들을 놀라게 했다. 그러나 game 문화에 익숙하고 가상세계를 이미 체험하고 있던 Z세대에겐 놀랄 일도 아니다.

순천향대학교 신입생들은 3차원 가상공간에서 입학선서를 하고, 인사를 나누고 축사를 듣고, 각자 개성 넘치는 아바타를 활용해 교수, 동기, 선배님들과의 상견례를 나누는 등 기존 오프라인과 온라인 환경을 넘어 가상공간에서의 특별한 경험이었다. 이는 코로나19라는 현실이 앞당겨준 비대면 소통의 도구로 앞으로 대학들이 가상현실로 주요 학사일정을 진행하는 '메타버스 캠퍼스' 시대의 출발점이 됐다고 해도 과언이 아니다.

메타버스 입학식은 순천향대학교 대운동장을 실제와 거의 흡사한 메타버스 맵으로 구현했다. 가상의 대운동장은 SKT의 대표 VR플랫폼인 점프VR '소셜월드'에 적용됐으며 입학식의 주 무대로 활용됐다.

[그림16] 순천향대학교 신입생 입학식 '점프VR' 內 3차원 메타버스 공간에서 진행
(사진 : SKT텔레콤, 출처 : 미디어센터 뉴스)

SKT는 약 2,500명의 순천향대 신입생들이 모두 입학식에 참여할 수 있도록 57개 학과를 기준으로 150여개의 소셜월드 방을 개설했다. 신입생들은 소속 학과에 따라 약 25명 내외가 한 방에 입장해 친근하고 아기자기한 분위기의 입학식을 경험했다. 모든 방은 동일하게 메타버스 대운동장 환경이 적용돼 입학식이 거행됐다. 대단히 놀랄일이었다. 학교 사상 처음이다.

SKT는 메타버스 입학식을 위해 특별히 순천향대 맞춤형 아바타 코스튬(의상)인 '과잠(대학 점퍼)'도 점프VR 어플 내에 마련해 학생들이 본인 아바타에 자유롭게 착용할 수 있게 하는 등 소속감을 주고 더불어 신선한 재미를 선사했다. 순천향대학교는 신입생들이 최적의 환경에서 메타버스 입학식에 참석하도록 VR 헤드셋, 신입생 길라잡이 리플렛, USB, 총장서한, 방역키트 등이 포함된 '웰컴박스'를 사전에 지급하는 등 입학식 분위기를 조성하는데 세심하게 준비를 했기에 학생이나 학부모, 교수들에게도 놀랍고 다행한 일이었다.

SKT와 순천향대는 국내 최초로 선보인 메타버스 입학식이 언택트 시대 ICT를 활용한 또하나의 모범 사례를 제시했기에 큰 의미가 있으며, 무엇보다 MZ 세대로 대표되는 대학생들의 메타버스 경험을 넓힘으로써 혼합현실(MR) 서비스 전반에 대한 이용자 증가와 활성화가 기대된다. 순천향대학교는 메타버스 입학식이 1회성 이벤트가 아니고 이제 향후 주요학사일정 및 강의, 커뮤니케이션 등에 활용할 플랫폼으로 '메타버스 캠퍼스' 시대를 열 것이다. 시대가 바뀌었다.

4) 부산 교육계에서도 '메타버스'를 접목한 교육과정이 속속 개설

지난해부터 유행한 코로나19로 부산 교육 분야에서도 오프라인 활동이 축소되면서 비대면 메타비스를 활용한 초·중·고 학교는 물론 대학교까지 메타버스는 새로운 문화로 이미 깊숙이 자리 잡고 있다. 부산시 교육청을 비롯해 부산 각 기관과 기업 그리고 학교에서도 메타버스를 활용한 교육 특히 체험교육을 서둘러 도입하고 있다. 나아가 교육용 '메타버스 가이드북'을 준비 중에 있으며 메타버스 교육 시범학교 12개교를 운영할 예정이란다. 대단히 놀랄 만큼 빠른 속도로 메타버스는 달리고 있다.

또한 부산 교육계에서는 메타버스 플랫폼을 활용한 교육콘텐츠를 제작하고, 공유할 수 있는 지원체계를 마련해나갈 계획이며 학생들이 1회성으로 끝나는 단순한 체험을 넘어 콘텐츠 생산자로서의 역량을 키우는 것이 목적이고, 비대면 메타버스의 장점을 보았으니, 메타버스의 진화는 점차 빠르게 진행될 것이 분명하다.

부산시 학교 교육현장에서는 이미 오래전부터 다양하게 전개되고 있다. 그중 덕원중학교에서 google earth를 활용한 프로젝트를 메타버스를 기반으로 진행하고 있으며, 한국조형예술고등학교에서는 코로나19로 여행이 어려운 시기로 디지털 트윈을 이용해 세계의 다양한 미술문화 유산을 탐방하고, 이것을 널리 소개하는 영상을 제작해 미술문화를 좀 더 이해할 수 있는 능력과 함께 디지털 활용능력을 기르고 있다.

부산시 교육청은 메타버스 활용교육에 힘찬 포부를 갖고 매진하는 가운데 올해 8월에 플랫폼 제작 부문의 세계적 선도기업인 '유니티테크놀로지스 코리아(유니티 코리아)'와 업무협약을 체결했다. 공공기관이 유니티 코리아와 협약을 맺은 것은 국내에서 이번이 처음이란다. 이에 따라 부산시 교육청 산하 각 기관과 학교에서도 메타버스를 활용한 교육 특히 체험교육을 서둘러 도입하고 있단다.

부산과학고등학교는 메타버스를 활용해 '해양 ICT 축제 (Ocean ICT Festival)'를 개최했다. 이 행사에서 학생들은 자신의 아바타로 등장해 해양문화, 해양관광 진흥, 해양생태계 및 환경보존, 해양자원 이용기반을 구축하고 해양선박 관련 기술 등 부산 해양과 관련한 탐구 결과를 발표했다. 어느새 대한민국 제2의 도시 부산 직할시에서 다양한 메타버스의 도입으로 4차 산업혁명과 함께 도약하고있다.

6. 엔터테인먼트도 메타버스에 탑승하다

카카오엔터테인먼트가 넷마블 에프앤씨의 자회사 '메타버스 엔터테인먼트'의 전략적 투자자로 참여한다. 넷마블에프앤씨와 함께 글로벌 버츄얼 아이돌 사업 등 공동으로 메타버스 콘텐츠를 개발하기 위해서란다. 넷마블에프앤씨는 지난 8월 지분 100%를 출자해 자회사 메타버스엔터테인먼트를 설립했고 이 회사는 가상현실 플랫폼 개발과 버추얼 아이돌 매니지먼트 등 게임과 연계된 메타버스 콘텐츠 제작과 서비스 사업계획을 밝힌 바 있다.

서우원 넷마블에프앤씨 대표는 "국내 엔터테인먼트 업계의 큰 축인 카카오엔터테인먼트가 든든한 파트너로 합류하게 돼 미래사업 전개에 큰 도움이 될 것으로 기대한다"라며 "글로벌 버츄얼 아이돌 사업과 메타버스 콘텐츠 개발에 공격적으로 나서겠다"고 했다. 넷마블은 개발 자회사 넷마블에프앤씨가 설립한 메타버스엔터테인먼트가 카카오 엔터테인먼트와 메타휴먼기술과 엔터테인먼트 시너지 효과를 위한 전략적 파트너십을 구축했다고 밝혔다(출처: 메타버스 엔터).

[그림17] 카카오엔터테인먼트＋메타버스 본격 진출(출처 : 카카오엔터테인먼트)

현재 캐릭터 개발을 진행 중인 메타버스엔터는 독자적인 세계관과 개성 가득한 캐릭터들로 구성된 아이돌 그룹을 내년 중 선보인다는 계획이다. 카카오엔터는 메타버스 프로젝트의 시작으로 K팝 버츄얼 아이돌 그룹을 꼽았다.

장기적인 시너지 모색을 통해 멀지 않은 가상현실 속으로 메타버스엔터에 카카오엔터의 전문 인력들이 뭉친다. 어떤 모습으로 드러날 것인지 K팝 아이돌 그룹을 시작으로 메타버스엔디는 카카오엔티의 웹툰·웹소설 등 스토리 IP 자산과 넷마블에프앤씨가 보유한 게임 캐릭터 등을 다방면으로 활용해 메타버스 사업을 키워갈 계획이란다.

카카오엔터테인먼트는 메타버스엔터테인먼트의 제3자 배정 유상증자에 카카오엔터테인먼트가 참여하는 형태로 메타버스엔터테인먼트의 신주 8만주를 이미 인수했고, 이를 통해 메타버스엔터테인먼트는 운영자금 120억 원을 조달하게 됐다.

넷마블 측은 "이번 투자로 메타버스엔터테인먼트의 메타휴먼 기술과 카카오엔터테인먼트의 엔터테인먼트 역량 및 노하우가 만나 시너지 효과를 기대할 수 있게 됐다"고 설명했다.

이에 이진수 카카오엔터테인먼트 대표는 "넷마블에프앤씨가 가진 최고의 캐릭터 제작 능력과 카카오엔터테인먼트의 글로벌 밸류 체인이 만나 새로운 세계인 메타버스에 또 다른 메타 아이돌을 시작으로 글로벌 엔터테인먼트 시장을 향한 도전을 멈추지 않겠다"고 말했다. 메타버스엔터테인먼트가 세계관과 캐릭터를 만들고, 카카오엔터테인먼트의 경우 엔터테인먼트 노하우 및 인프라를 활용해 글로벌 시장을 겨냥하는 것이 목표다.

[그림18] 메타버스엔터테인먼트(출처 : 메타버스엔터테인먼트)

메타버스엔터테인먼트는 최근 가상 걸 그룹 프로젝트 관련 채용 공고를 내고 메이브라는 프로젝트로 인공지능(AI) 4인조 걸 그룹 채용을 명시했다. 메타버스엔터테인먼트는 여성 인플루언서의 인스타그램 담당 스타일리스트와 포토그래퍼를 모집한다고 공고했다. 양사의 첫 번째 프로젝트로 글로벌 시장을 겨냥한 '가상 아이돌 그룹'을 만들 계획이다(출처: 메타버스엔터테인먼트).

7. 기업에도 메타버스 속속 가속화

1) 두산 BEARS 메타버스 플렛폼 '제페토'에 맵, 의상 아이테무 오픈

두산베어스는 네이버Z와 제휴를 통해 글로벌 메타버스 플랫폼인 '제페토'에 국내 프로스포츠 구단 최초로 가상현실 맵을 오픈하고 유니폼 아이템을 출시했다. 네이버Z가 운영하는 제페토는 현실세계와 가상세계를 혼합한 공간을 뜻하는 메타버스의 대표 콘텐츠다. 증강현실(AR) 기술을 활용해 가상현실(VR)에서 자신이 만든 자신만의 아바타로 다양한 사람들과 교류할 수 있는 플랫폼이다. 국내에서도 디지털 환경에 익숙한 Z세대를 중심으로 큰 인기를 모으고 있으며 점차 빠르게 가속화 되고 있다.

[그림19] 구단 최초로 가상현실 맵 출시 두산베어스(출처 : 두산베어스미디어)

베어스는 발 빠르게 변화하는 트렌드에 맞춰 차별화된 콘텐츠를 팬들에게 꾸준히 선보일 수 있도록 지속적으로 노력을 기울이고 있는 가운데 시대 흐름에 맞춰 빠르게 오픈한 제페토의 두산베어스 맵은 팬들이 야구장에서 가장 궁금해 하는 선수들만의 공간인 라커룸과 실내 연습장, 덕아웃, 로비 등으로 구성됐다. 라커룸에서는 역대 두산베어스의 우승 하이라이트 필름이 상영해 팬 들을 다시 한 번 더 추억 속으로 행복감을 느끼기에 충분한 공간을 연출했으며. 로비에서는 마스코트 철웅이와 셀카를 찍을 수 있었다.

실내연습장도 마련해 나의 아바타가 투구 동작도 할 수도 있다. 선수들만의 공간인 라커룸과 실내연습장 등이 가상현실에서 두산베어스 유니폼을 입은 팬들끼리 서로 소통할 수 있는 공간으로 흥미로운 공간이다. 유니폼 아이템도 출시했다. 두산베어스는 팬들에게 인기도가 높은 홈 유니폼과 올드 유니폼을 그리고 치어리더 의상과 모자까지 제페토 아이템 샵에서 구매 할 수 있게 했다(출처:두산베어스미디어).

2) 춘천커피도시 페스타 메타버스와 함께 출발하다

강원 춘천을 대표로 할 커피도시 서면 애니메이션 박물관 앞에서 '커피도시 페스타'로 개막했다. 춘천시가 주최하고 강원정보문화진흥원, 한국커피협회가 주관하는 이번 축제 개막식에는 지역 커피업체 대표 10여 명과 기관단체장 등 모두 49명이 초청돼 '춘천은 커피도시다'라는 브랜드를 선포하고 자축하며 개막식에 맞춰 춘천커피도시 메타버스 플랫폼 오픈식도 함께 열렸다.

가상현실, 가상공간, 아바타로 소통하는 메타버스 플랫폼을 통해 지역 5대 카페거리와 카페를 소개하는 '렛츠 커피 춘천'과 춘천 카페를 한 번에 볼 수 있는 '렛츠 카페' 110여 개의 카페를 걷는 '렛츠 메타버스'를 한자리에서 만날 수 있었다. 플랫폼은 별도의 앱 설치 없이 모바일과 인터넷에서 '춘천 커피도시 페스타'를 검색하거나 홈페이지에 접속하면 누구나 함께 할 수 있었다.

"춘천 커피도시 페스타는 국내 첫 메타버스 플랫폼 기반 온·오프라인으로 진행되는 ICT 페스타로 준비했다"라며 "사회적 거리두기에 따라 온라인 홍보를 강화했으며 박람회를 통해 브랜드를 알려 나가겠다"고 김흥성 강원정보문화진흥원장은 말했다.

이재수 춘천시장은 축사를 통해 "행사참여 관계자들의 노력에 감사를 드리며 춘천을 '커피도시', '카페도시'로 만들어 주실 것을 간곡히 부탁드린다"라고 힘줘 말했다. 황환주 의장도 "시 최고의 커피도시가 되도록 시의회에서 적극 협력하겠다"고 말했으며 김명섭 한국커피협회장은 "커피의 99%는 물이다. 송야댐을 가진 춘천이 최적의 커피도시라고 생각한다"라고 강조했다.

행사 기간에 맞춰 매주 토·일요일 애니메이션 박물관 일대에서 메타버스 가상공간에서 펼쳐지는 'Let's Coffee(렛츠 커피) 춘천 박람회'로 진행됐다. 또한 이 박람회에서는 세상에 하나뿐인 커피 만들기 체험을 비롯해 워터 소믈리에, 홈카페 마스터 등 흥미로움을 더하는 커피퀴즈와 감성커피 콘서트, 매직콘서트, 등 문화콘텐츠로 자리매김 할것이다. 메타버스 가상에서 커피향을 맡는다. 흥미롭지 않은가?

3) 네이버 제페토 투자유치, 메타버스 창작자 키운다

네이버가 메타버스 크리에이터 육성에 나선다. 이미 젊은 사람 세대에는 물론 가상세계의 알려진 이름 메타버스 플랫폼 '제페토'를 운영하는 네이버가 소프트뱅크 비전펀드2 등 외부 벤처캐피털(VC)로부터 투자를 유치하기 위해 논의 중인 것으로 확인됐다. 네이버 관계자는 "제페토 크리에이터 육성 펀드를 만들고 글로벌 성장에 속도를 내기 위해 외부 투자자들과 논의 중"이라며 "전 세계에서 유망한 제페토 창작자들을 지원하려고 한다"고 말했다.

네이버제트는 지난해 5월 스노우(네이버 자회사)로부터 분사, 네이버의 손자회사가 됐다. 2018년 출시된 제페토는 전 세계 165개국 이상에서 2억 5,000만 명이 이용하는 메타버스 플랫폼이다. 현실처럼 사회·경제·문화적 활동이 가능한 가상공간으로 주목받고 있으며, 올해 가입자가 작년대비 40%가량 늘었고, 이용자의 80%가 10대라고 하는 것은 향후 성장 가능성 크다는 평가이다.

네이버는 "제페토는 창작자들이 아이템뿐 아니라 콘서트, 노래방 등 재미있는 경험을 할 수 있는 툴을 제공하고 참여하는 형태로 발전시켜 나갈 계획"이라고 밝혔다.

탐험
새로운 월드를 딤힘아디 보면 현실 세계에서 느끼지 못한 새로운 재미와 영감을 발견할 수 있습니다.

소통
시롱긴를 소훨안 가상 월느에서 친구, 연인, 동료와 함께 소통하고 우정을 쌓을 수 있습니다.

놀이
부안안 월느에는 나냥한 놀이가 존재합니다. 협력하고 경쟁하며 끊임없이 즐길 수 있습니다.

[그림20] 제페토는 크리에이터들이 아바타 의상부터 3D 월드까지 직접 만들고 세계의 모든 유저에게 공유할 수 있도록 서비스를 제공하고 있다.(출처 : 제페토 스튜디오.)

유튜브가 자발적으로 콘텐츠를 만드는 창작자(유튜버)를 기반으로 폭발적으로 성장했듯 네이버Z는 이번 투자유치를 통해 '제페토 크리에이터 육성 펀드'를 만들 계획이다. 제페토의 메타버스 생태계도 '크리에이터'가 핵심이라고 보고 있기 때문이다. 제페토에서 활동하는 크리에이터는 10월 현재 누적 150만 명 이상, 매달 6만 명 이상이 제페토 용 창작물을 만들어 낸다. 이들이 만든 창작물은 이미 사용자들 사이에서 활발하게 거래되고 있으며, 제페토 판매 아이템의 80% 이상이 사용자들이 창작한 물품이고 의상의 경우 하루 7,000~8,000개씩 신제품이 올라온다(출처:네이버 제페토 스튜디오).

[그림21] 제페토 한강공원 CU점(출처 : 제페토 스튜디오)

"앞으론 크리에이터가 만든 아이템이 판매될 때마다 결제 수수료(30%)를 받는 플랫폼형 수익구조가 더 강화될 것"이라며 김대욱 네이버Z 대표는 "중앙일보 팩플과 인터뷰에서 크리에이터 경제를 키워 판매 수수료의 일부를 받는 사업 모델을 구상 중이다"라고 밝혔다

네이버 관계자는 "제페토는 전 세계에 사용자들이 골고루 퍼져 있다"라며 "특히 올해 성장세를 보인 동남아와 북미에서 확장을 모색할 예정"이라고 말했다. 투자 유치는 동남아와 북미 등 해외시장 공략에 필요한 자금조달 목적도 있다. 중국아 일본보다 최근 성장세가 가파른 지역에 집중 투자하겠다는 의미다. 특히 북미는 네이버의 웹툰·웹소설 플랫폼인 왓패드 스튜디오와 협업으로 지식재산권(IP)도 확보할 수 있어 제페토가 눈여겨 봐온 지역이다. 중국이나 일본보다 성장세가 가파른 지역에 집중 투자하겠다는 의미다. 특히 북미는 네이버 스튜디오와 협업으로 지식 재산권(IP)도 확보할 수 있어 제페토의 관심대상이다(출처: 네이버 제페토 스튜디오).

8. 꿈꾸던 가상현실이 실화 메타버스 다양한 사례와 전망

어릴 때 한번쯤은 푹 빠져보았던 컴퓨터 게임이 그랬고, 인터넷을 처음 접했던 아주 오래전에 싸이월드에서의 아바타들이 이미 메타버스 가상공간이고 가상현실이라는 걸 안다. SF 공상 영화를 별로 좋아하지 않는다. 만화 영화로만 생각했던 가상공간, 가상세계의 영화를 보면서도 무엇이든 초월하고 마음먹은 대로 이동하고 만들어지고 이뤄지는 공상 만화 영화를 보면서 '현실이면 얼마나 좋을까?'라는 생각이 이미 눈앞에 영화도 아닌, 꿈도 아닌 현실이다. 꿈이나 영화가 아닌 우리의 현실세계와 함께 공존하면서 메타버스 세상에서는 꿈이 현실이 될 수 있는 어마어마한 가능성이 있는 3차원 가상세계이다.

꿈꾸던 무한 가능성을 안고 최근 메타버스는 교육, 경제, 금융, 엔터테인먼트, 정치, 지자체 등 다양한 분야에서 가장 핫한 키워드로 이미 자리매김 하고 있다. 무한한 용도로 활용될 것이다. 메타버스는 이미 우리 주변에 깊숙이 자리하고 있다. 10대를 중심으로 MZ 세대들만의 게임으로만 여겨졌던 가상현실 게임시장은 우리나라 5G와 통신기술의 발달과 4차 산업혁명의 영향력으로 더욱더 그 가치를 인정받으며 나날이 발전하고 있는 이름, 메타버스다. 메타버스란 초현실 가상세계를 의미하는 Meta와 Universe의 합성어 이지만 다양한 사례와 놀라운 기능들을 보면 메타버스는 가상이 아닌 현실에서 그 필요성을 더 실감하고 활용도는 무궁무진하다.

코로나19로 우리의 일상생활은 대부분 비대면으로 전환된 상태이고 사람이 모이는 식당, 카페, 교육현장은 물론 대부분의 근로현장이 재택근무가 되면서 직장의 개념도 바뀐 지 오래됐다. 집안에서 PC와 스마트폰 사용이 가능한 개인의 어느 공간에서도 얼마든지 주어진 일을 수행 할 수 있다. 기차나 비행기를 타고 달려가지 않아도 내 집, 내 공간에서, 메타버스 플랫폼 안에서 가상의 내 모습을 한 아바타를 내세워 상대방 아바타와 대화하고 협업도 한다. 아침시간에 건물이 아닌 가상공간인 메타버스로 출근이 바뀌면서 시간과 비용절약은 물론 업무 형태의 변화, 직업의 전환은 이미 우리가 알고 있는 직방만은 아니다. 아마도 메타버스의 출현으로 기업에서는 직원채용의 형태에도 큰 변화가 예고된다.

SK텔레콤이 2021년 7월에 출시한 사용이 간편한 이프랜드는 누구나 쉽고 간편하게 메타버스 세상을 즐길 수 있다. 다른 플랫폼과 달리 모든 아바타의 의상도 무료로 이용할 수 있어 사용자의 경제적 부담을 크게 줄여 주고 있다. 주로 포럼, 강연, 페스티벌, 콘서트, 팬 미팅 등 많은 사람이 참여하는 행사 개최를 이곳에서 활용하고 있으며 다양한 곳에서 아바타의 모습으로 참여해 즐기고 있다.

메타버스 가상세계에서는 가상의 게임시장 뿐만이 아니라 경제 활동도 가능하다. 이미 1인 크리에이터가 급속히 성장하면서 메타버스 플랫폼 속에서 활용되는 다양한 아이템을 직접 창작하는 창작자로서 활발한 경제 활동이 펼치고 있다. 트렌드 분석을 보면 2021년 '메타버스' 키워드 검색이 매우 빠르게 상승하고 있음을 알 수 있다. SNS가 일방 소통이라면 메타버스는 쌍방향 실시간 소통이 가능한 플랫폼으로 메타버스 세상 속에 오랜 시간 머물게 하고 있다. 국내에서는 이프랜드(ifland), 네이버 제페토(ZEPETO), 게더타운(Gather.town) 등이 활용되고 있다.

네이버에서 출시한 제페토는 3D 아바타를 기반으로 캐릭터의 외모를 내 마음대로 만들고 의상 아이템도 꾸미고 바꿀 수 있다. 또한 가장 큰 매력으로는 월드와 내가 직접 아이템을 만들어 판매해 수익을 낼 수 있고 가상공간도 직접 만드는 크리에이터가 될 수 있다는 점이다. 지난 2020년 4월에 오픈한 제페토 스튜디오는 누적 가입자 수 70만 명, 누적 아이템 200만 개, 크리에이터 아이템 판매 개수 2,500만 개에 이르면서 월 1,000만 원 이상의 소득자가 속속 발생하고 있다. 코로나19 팬데믹으로 모든 대면 활동은 비대면으로 전환됐다. 사회적 거리 두기 방역 지침으로 인해 사람을 만나거나 누구를 초대하는 것조차 두려운 시점에서 대면을 고집할 이유가 하나도 없다. 메타버스는 이제 선택이 아닌 필수로 비대면 시대의 돌파구가 됐다.

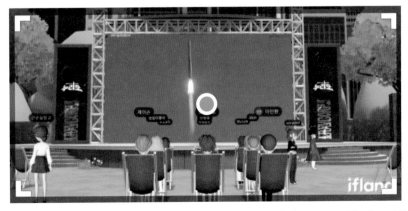

[그림22] 갤럭시 코퍼레이션X 이프랜드 누리호와 함께 메타버스 우주로(출처 : 서울경제)

2021년 10월 20~21 양일간, 국내 최초 메타버스 공간 '페르소나 플래닛' 아바타 기업 갤럭시 코퍼레이션이 SK텔레콤과 손을 잡고 메타버스 플랫폼 '이프랜드'에서 누리호 성공기원 행사를 진행했다. 페르소나의 부캐들은 지구에서 출발한 누리호가 '페르소나 플래닛'까지 무사히 도착하길 기원했다.

본 행사가 MZ 세대의 공감을 얻으며 성황리에 마무리됐다. 국내 최초 한류 연예인 IP 기반 부 캐릭터를 활용해 마블 스튜디오 방식의 사업을 도입한 갤럭시코퍼레이션과 다양한 메타버스 모임과 소통을 주도하며 대한민국의 대표 메타버스 서비스로 자리매김하고 있는 SK텔레콤의 만남은 개최 전부터 큰 화제를 모았다.

Epilogue

메타버스는 사회 전반에 걸쳐 다양한 용도와 목적으로 사용되고 있으며, 우리나라뿐만 아니라 전 세계 속에서 국가 차원의 전폭적인 지원과 연구가 활발히 진행되고 있다. 그만큼 인간의 삶 속에 메타버스의 활약에 대한 기대와 그 가치가 무궁무진 하다는 것이다.

게더타운은 클라우드 기반으로 실제처럼 가상공간에서 만나 대화도 하고 업무를 편하게 할 수 있도록 지원해 주는 온라인 플랫폼으로 모든 만남이 가능한 공간으로 기업, 지자체 등 가장 활용도의 범위가 큰 플랫폼이다. 캐릭터의 모습으로 움직이지만 화면을 통해 소통을 하고 교육현장을 구축할 수 있고 다양한 오브젝트를 이용해서 새로운 맵 제작이 가능해서 학교, 기업, 지자체, 협회나 단체 등에서 맵 제작에 대한 의뢰가 왕성한 플랫폼이다.

게더타운은 자신이 원하는 대로 환경을 구축할 수 있다는 장점이 있어 대학 축제, 기업, 전시회 등에서 자유롭게 활용되고 있다. 메타버스 세상에서 아바타들이 입는 옷, 액세서리, 신발, 가방 등 아이템만 만들어 올려도 내게 수입이 된다. 메타버스 세상에 젊은 층을 중심으로 열기가 더해지자 기업, 자동차 제조사 등 유명 명품 브랜드와 금융 은행까지 줄지어 속속 메타버스에 탑승을 하고 있다.

한편 메타버스의 주 이용 층이 MZ 세대임을 고려해 볼 때 통계청 2020년 12월 30일 기준 대한민국 인구 비율에 따르면 MZ 세대는 전체 인구의 43.9%이다. 즉 10명 중 4명이 MZ 세대이다. 그러나 앞으로 5년 후 주 소비층은 바로 MZ 세대가 될 것이고, 이들은 경제의 주축으로 성장해 이들이 바로 막강한 소비 세대가 될 것임을 기억해야 한다.

[그림23] 제페토 나만의 캐릭터 리라 박민정

대한민국 정부에서도 2021년 지난 7월 '한국판 뉴딜 2.0'에서 메타버스 관련해 2.6조 원을 투자하기로 발표했다. 이는 메타버스·클라우드·블록체인 등 신 산업을 육성해 개방형 메타버스 플랫폼 개발 및 데이터 구축을 지원한다는 내용이다. 이어 10월 25일 서울 영등포구 여의도 국회에서 열린 '2022년도 예산안 시정연설'에서 이를 발표했다. 메타버스는 꿈이나 영화가 아닌 우리의 현실세계와 함께 공존하면서 인간의 삶을 돕는 3차원의 가상세계이며, 메타버스 세상에서 나의 꿈도 현실이 될 수 있는 무한 가능성의 세계이다.

Chapter
3

메타버스 시장성, 상업성과
패러다임 변화

김진영

Chapter
03

메타버스 시장성, 상업성과 패러다임 변화

Prologue

보이는 것을 믿을지 믿는 것을 보게 될지는 이제 우리의 선택에 달렸다. 메타버스란 무엇인가? 왜 혁명인가? 혁명은 이미 시작됐다. 가상의 우주를 해석한 메타버스 왜 지금 대세일가요?

코로나19 이후로 세상은 급격히 변화하고 있다. 사람과 사람이 직접 대면하는 것이 어려워지자 ICT(Infomation& Communication Technology, 정보통신기술)를 활용해 일상생활을 연결하는 모습이 사회 곳곳에서 점점 늘어나고 있다. 현실세계와 같은 사회, 경제, 문화 활동이 이뤄지는 3차원 가상세계 즉 '메타버스(metaverse)' 세계가 시작됐다.

메타버스에 탑승 하시죠? 메타버스는 단순히 일시적인 트렌드가 아닌 새로운 문명을 받아 들여야한다. "도대체 메타버스가 몇 번 버스야?"하시는 분도 있을 건데 메타버스는 최근 급부상하고 있는 산업분야다. 물론 그 전부터 메타버스 플랫폼들이 없었던 것은 아니다. 하지만 2020년 시작된 코로나19로 인한 초연결 사회로의 가속화로 메타버스, 가상현실(VR), 증강현실(AR), 확장현실(XR), 인공지능 등 다양한 기술들이 현실세계로 빠르게 확산하고 있다.

메타버스가 꼭 필요해? 답은 'Yes'다 그래서 메타버스가 돈이돼? 네, 답은 물론 'Yes'입니다. 돈이 되기 때문에 지금의 대기업들이 너도나도 메타버스에 뛰어들고 있고, 메타버스는 미래의 인터넷이라며 그 속에서 많은 가능성을 보고 메타버스 기업이 되겠다고 나선 지금 메타버스는 이미 우리 삶의 터전으로 주목받고 있으며 무한한 기회와 가능성의 현실이 주목되고 있다.

코로나19로 인해 대면으로 이뤄져야할 일들이 모두 비대면으로 전환되면서 모든 산업체나 지자체 학교 등에서 메타버스 세상에 뜨겁게 발을 들이고 있는 메타버스. 현 상황은 MZ세대들이 디지털 기기에 익숙하다는 특징을 바탕으로 급변하는 초연결 기술에 매우 익숙하지만, 어른들도 변하지 않으려고 해도 변화를 강요받는 시대가 바로 요즘 시대다.

"함께 탑승하시져?" 이번 챕터를 읽으면 많은 사람들이 메타버스의 이해와 활용법, 메타버스 플랫폼이 널리 활용되고 있다는 것을 이 챕터를 통해 도움이 됐으면 한다. 메타버스라는 상상력이 만드는 미래 속으로 들어가 보자. 미지의 가상세계가 우리를 기다리고 있다.

1. 기회의 문 메타버스

1) 소설이 현실이 돼버린 메타버스 세상

메타버스는 인터넷의 다음 버전이다. 이미 사회, 문화, 경제활동을 충분히 영위할 수 있는 인터넷은 '나'라는 아이덴티티(정체성)를 녹여내고, 창조함으로써 스케일에 제한이 없는 공간을 만들고, 가상현실 고글을 착용하고, 나를 대신할 아바타로 접속하게 되는 또 하나의 현실 같은 세계를 의미한다.

메타버스에 대해서도 설명이 부정확한 경우가 많다. 대부분 메타버스를 '3차원 가상공간'이라고 하는데, 정확하게 설명하면 '공유 3차원 가상공간(shared virtual 3D space(world))'이고, 더 정확하게 표현하면 '공유 3차원 가상공간의 집합(collective shared virtual 3D space(world))'이라고 할 수 있다. 메타버스에 대한 책과 칼럼 등을 보면, 메타버스를 한 마디로 '디지털지구(Digital Earth)'라고 표현하는 경우도 많다. 이것도 메타버스를 과소평가한 표현이고, 메타버스는 '디지털지구'가 아닌 '디지털우주(Digital Universe)'라고 표현해야 한다[문형남(숙명여대 경영전문대학원 교수, 대한경영학회 차기 회장)].

2) 메타버스 시대를 선언한 엔비디아(NVIDIA)

반도체 업계를 주도하는 가장 핫한 회사 엔비디아는 메타버스가 발전하면서 가장 혜택을 받은 기업이기도 하다. 그래픽 카드로 시작해 인공지능을 넘어 4차 산업혁명을 이끄는 회사이다. 2020년 10월 6일 열린 GTC(Gpu Technology Conference) 기조연설에서 엔비디아 CEO 젠슨 황은 마치 영화의 예고편과 같은 말을 했다.

"이제는 메타버스의 세상이 됐다. 지금까지 20년 동안 놀라운 일이 많았다고 생각하는가? 앞으로의 20년은 SF영화와 다를 바가 없을 것이다. 메타버스의 세상이 다가온다. 그리고 현실을 시뮬레이션하는 것으로 우리의 미래를 그리겠다"라며 "미래의 메타버스는 현실과 아주 비슷할 것이고, SF소설 '스노 크래시'에서처럼 인간 아바타와 AI가 그 안에서 같이 생활해 나갈 것"이라고 말했다.

[그림1] 엔비디아CEO 젠슨황(Jensen Huang)(출처 : BLOOMBERG NEWS)

놀라운 사실은 젠슨 황 이전에도 혁신 기술을 선도하는 많은 기업의 리더가 영감의 원천으로 SF소설을 꼽았다. 세컨드 라이프를 만든 린든랩 CEO 필립 로즈데일은 "소설 '스노 크래시'를 읽고 내가 꿈꾸는 것을 실제로 만들 수 있다"는 영감을 얻었다고 말했다. 구글 창립자인 세르게이 브린은 닐 스티븐슨의 '스노 크래시'를 읽고 세계 최초의 영상 지도 서비스인 '구글 어스'를 개발했다.

"메타버스는 인터넷의 다음 버전이다"라고 포트나이트 게임 제작사인 에픽게임즈 CEO 는 말했다. 닐 스티븐슨은 '스노 크래시'의 집필을 위해 웨슬리언 대학의 스티브 호스트 박 사에게 컴퓨터와 뇌에 관한 조언을 받고, 수많은 고고학자들과 역사학자들에게도 자문을 구하며 소설의 완성도를 높였다.

'타임'지가 선정한 '가장 뛰어난 영문소설 100'에도 뽑힐 정도로 작품성과 재미를 두루 갖 춘 '스노 크래시'는 눈부신 상상력과 천재성을 가진 작가 닐 스티븐슨에게 박수를 보낸다. 거의 예언서적에 가까우며 현재와 미래의 세계를 잘 그리고 있는 전설 같은 SF 소설이다.

[그림2] 닐 스티븐의 소설 '스노우 크래시'(출처 : 네이버)

최근 사람들이 메타버스라는 세계에 관심을 보이기 시작한 것은 스티븐 스필버그 (Steven Spielberg) 감독의 영화 〈레디 플레이어원(2018)〉이 흥행에 성공한 후부터다. 동 명의 SF 소설을 원작으로 한 이 영화에는 '오아시스'라는 매력적인 가상세계가 나온다.

2. 메타버스의 시장성

트렌드에 민감해야 하는 대표적인 직업 하나가 강사다. 사회의 변화와 흐름을 따라갈 수 있고 그 변화를 읽을 줄 알아야 명강사다. 최근 커다란 관심을 받고 새로운 비즈니스 플랫폼으로 떠오르는 메타버스. 최근 이슈화 되고 실제 활용을 구현하면서 화제 거리가 되고 있는 메타버스의 시장성은 무궁무진하다.

얼마 전 막을 내린 비바테크(Vivatech 2021)에서 메타로 사명이 바뀐 페이스북 CEO 마크저커버그는 향후 메타버스 시장성에 대해 확신하며 페이스북에서는 이미 다양한 메타버스 관련 소프트웨어 개발을 추진 중이며, 가상현실용 헤드셋을 활용해 더욱 확장성이 있는 비즈니스가 가능하다고 설명했다. 메타버스 조직신설, 오큘러스, 퀘스트2 개발, 가상현실, SNS, 호라이즌 서비스를 제공하는 등 메타버스 세상은 더 빠르고 다채롭게 우리에게 다가올 것이다. 현재 메타버스 부문, 기술발전, 코로나19로 인한 사회상황, 미디어 이용자층의 변화를 포착한 기업들의 움직임이 맞물린 결과이다.

지금 대한민국도 메타버스 관련 산업의 열기가 뜨겁다. 5G 기술 상용화로 고도화된 메타버스의 실현 가능성이 증가하고 코로나19가 가져온 비대면 생활의 일상화로 언택트 (Untact 비대면) 문화에 익숙해져 다중이 모이는 이벤트를 가상현실로 대체하고 있다. 메타버스의 개념은 언뜻 보기에 어렵고 생소할 수 있지만 이미 우리의 삶 곳곳에 들어와 존재감을 드러내고 있다.

지난 미국 대선에서 조 바이든 대통령은 2001년 일본 닌텐도 EPD가 개발한 시뮬레이션 게임의 최신작 '모여봐요 동물의 숲'에서 바이든의 섬을 열고 선거 유세 활동을 펼쳤다. 바이든을 지지하는 게임 내에서 활용할 수 있는 4종류의 간판 디자인을 출시했고, 바이든은 아바타를 통해 젊은 유권자들과의 거리를 좁혔다.이 외도 메타버스 플랫폼은 정치활동 무대로 각광 받고 있다.국내에서도 정치인들의 기자회견 펜 미팅, 유권자들과의 소통 등이 가상공간에서 이뤄지고 있으며 이를 통해 청년세대의 관심과 호감도를 얻고 있다.

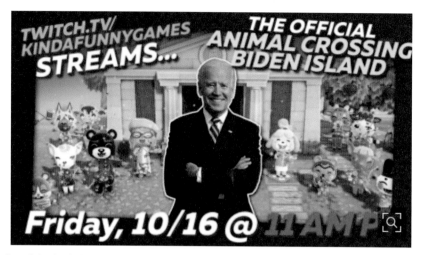

[그림3] 미 대선후보 조 바이든이 '모여봐요 동물의 숲'(출처 : 그렉 밀러 트위터)

SM소속 아이돌그룹 '에스파(aespa)'는 몇 명의 멤버로 구성돼 있을까? 정답은 8명이다. '에스파'는 현실세계에 존재하는 멤버 4명과 가상세계에 존재하는 제2의 자아인 아바타 멤버 4명이 합쳐진 그룹이다. 아바타인 '아이(ae)' 에스파와 현실에 존재하는 에스파 멤버 4명이 만나 모험을 떠난다는 독특한 세계관에 메타버스 개념이 접목돼 '메타버스 아이돌'로 불리기도 한다. 블랙핑크는 제페토에서 팬 미팅을 개최했다.

[그림4] 블랙핑크 버츄얼 팬 사인회(출처 : Youtube)

1) 창업과 창직이 가능한 메타버스 세상

아바타 의류 디자이너를 렌지를 아시나요? 아바타는 메타버스 세상에서 또 다른 나를 표현하는 중요한 수단이다. 이러한 아바타의 개성을 잘 드러나게 하는 의류를 디자인하고 판매하는 직업이 바로 '아바타 의류 디자이너'이다. 제페토 플랫폼에서 가장 활발하게 활동하고 있다. 디자이너들은 제페토 스튜디오를 이용해서 의류를 디자인한다. 제페토에서 디자인을 하고 있는 디자이너 수가 70만 명, 이들이 만들어낸 누적 아이템 수가 2,500만개 달한다고 한다.

그 안에선 실제 옷을 만드는 것도 아닌데 한 달 1,500만원 번다. 이게 정말 가능한 일일까? 네이버 메타버스(metaverse) 플랫폼 '제페토'에서 활동 중인 크리에이터 '렌지'는 캐릭터 의상을 만들어 판매한다. 이는 가상화폐 '젬(Zem)'으로 거래되며 현금화가 가능하다. 자신의 유튜브 채널을 통해 공개한 6개월(작년 12월~올해 5월) 간 매출은 9,000만원. 그녀가 밝힌 월 평균 수입은 1,500만원에 달한다. 렌지는 제페토 안에 디자이너를 위한 매니지먼트 회사까지 차리고 디자이너교육, 협업 등을 진행하고 있다.

[그림5] 네이버 제페토 크리에이터로 활동 중인 렌지는 각종 캐릭터 의상을 제작·판매해
월평균 1,500만원 수입을 올리고 있다.(출처 : 렌지 인스타그램 캡처)

지난 6월 글로벌 메타버스 플랫폼 '로블록스'에서는 이탈리아 명품 구찌의 '디오니소스 디지털 전용 가방'이 4,115달러(약 465만 원)에 거래됐다. 가상세계에서만 존재하는 한정판 가방으로 들 수도 만질 수도 없다. 그러나 실제 가방(약 3,400달러)보다 더 비싸게 팔렸다.

가상세계를 일컫는 메타버스 플랫폼에서 현실세계처럼 경제활동을 벌이는 사례가 늘고 있다. 캐릭터 의상, 신발 등 아이템을 제작하거나 직접 게임을 제작하는 등 창작활동이 실제 수익창출로 이어지는 것이다. 일부 아이템은 현실세계 가격보다 비싸게 팔리며 현실세계를 능가하고 있다.

[그림6] 제페토 아이템(출처 : 헤럴드경제)

여러 산업 현장 즉, 디지털 트윈 같은 것을 만들어서 그 안에서 신제품을 만들어 보고 오류를 고치기도 한다. 새로 개발된 로봇을 실제 임상에 적용하기 전에 시험적으로 메타버스에서 수술 시뮬레이션을 통해 재현함으로써 오작동을 점검하기도 한다. 이로써 시행착오를 줄여 정비질감과 수술의 안전성 및 성공률을 높일 수 있다. 위급상황에 대한 대피운련을 할 때에도 메타버스에서 먼저 테스트를 하는 건 어떨까? 지진, 화재 등 운전 교습도 메타버스 세상 안에서는 가능하다.

메타버스에서 가장 큰 비중은 사실 교육 부분이다. 젊을수록 새로운 기술을 받아들이는 게 빠르다. 역사 공부를 할 때 매번 단조롭게 외우는 것이 아니라 메타버스 세상에 만들어 진 조선시대를 한번 살아보는 건 어떨까? 메소포타미아의 기후를 느껴보고, 이집트 나일의 범람과 그 충적토에서 자라는 올리브나무를 보는 건 어떨까? 악티움 해전이나 적벽대전을, 1·2차 대전의 긴박했던 상황들을 관전해 보는 건 어떨까? 과학 분야는 말할 것도 없다. 실제로 하면 위험하니까 메타버스 세상에서 노벨처럼 다이너마이트도 만들어 보고, 조선시대 우리 조상들이 개발했다는 은 제련도 해보는 건 어떨까? 메터버스 세상에선 다 가능하다.

2) 메타로 변신한 발 빠른 페이스북

[그림7] 마크 저커버그 페이스북 최고경영자(출처 : 네이버)

지난 10월의 IT 산업에서 가장 큰 이슈 중 하나는 페이스북의 사명 변경이다. 글로벌 거인 SNS 업체인 페이스북이 메타버스에 힘을 싣고자 사명을 '메타(Meta)'로 변경했다. 마크 저커버그 페이스북 최고경영자(CEO)는 페이스북 커넥트 2021이라는 온라인 컨퍼런스에서 "우리 정체성에 관해 많이 생각해왔다"면서 "오랜 시간에 걸쳐 나는 우리가 메타버스 회사로 여겨지기를 희망한다"라고 설명했다.

페이스북은 그동안 오큘러스 등을 비롯한 가상현실 서비스에 주력해 왔다. 새로운 로고는 수학 기호(∞) 모양으로 무한대를 뜻한다. 또 페이스북과 인스타그램, 왓츠앱 등 이 회사의 간판 SNS는 그대로 유지되지만 앞으로는 메타란 우산 아래로 들어갈 전망이다.

저커버그 CEO는 "메타버스가 공상과학소설처럼 들리지만 이는 스마트폰이 가져온 모바일 인터넷의 계승자"라면서 "미래에는 모바일 기기가 더 이상 초점의 대상이 아닐 것"이라고 말했다. 또한 디지털 공간을 넘나들며 지인들과 소통하는 자신의 아바타를 소개하기도 했다. 회사 측은 메타버스가 비디오게임과 피트니스, 업무 등에 도입될 것으로 전망했다.

페이스북의 새로운 시도는 구글과 유사하다는 평가도 있다. 앞서 구글은 지주회사 알파벳을 만들고 자율주행 드론 통신 등을 연구한 바 있다. 알파벳 아래 구글을 두는 구조다. 페이스북은 별도 지주사를 설립하지는 않았다. 그러나 향후 메타버스 영역을 하나의 독립된 사업구조로 끌고 간다는 의미이다.

페이스북이 그저 이름만 바꾼 것이라면 '왜'라는 의문이 컸겠지만, 저 메타가 '메타버스(Metaverse)'의 메타라는 의미임을 알고 명쾌해졌다. 페이스북은 이제 '메타버스(Metaverse)'로 가는구나. 그러니까 SNS 대표 플랫폼이 또 다른 동력이자 모멘텀으로 '메타버스'를 정한 것이다. 저커버그가 "우리가 메타버스 회사로 알려지기를 바란다"라고 말한 것처럼 말이다.

3. 교육계에 불어오는 메타버스 바람

1) 순천향대학교 대규모 행사도 가상공간에서, 비대면 교육의 진화

코로나 19의 영향은 교육계에 막대한 영향을 가져왔고, 온라인 교육시장은 이미 메타버스 세상으로 들어왔다. 비대면 활동 일상화, 대학생을 위한 가상현실 속 '소통 공간' 띠오르는 메타버스. 순천향대학교는 대운동장을 메타버스 맵으로 구현해 세계 최초 버추얼 입학식을 지난 3월 개최했다. 학생들은 SKT가 만든 '점프 VR'의 플랫폼인 '소셜월드'에 입장해 맞춤형 아바타 코스튬을 입고 입학식에 참가했다.

2,300여 명의 학생들이 가상 대학 캠퍼스에서 공식 행사 관람, 교수·동기·선배와의 만남 등 오프라인과 온라인 환경의 한계를 뛰어넘는 경험을 가능케 했다. 등교를 하지 못하는 대신 가상공간에서 셀카도 찍고 친구들도 만난 것이다.

[그림8] 순천향대학교 버추얼 입학식(출처 : 네이버)

또한 순천향대는 5~6월에 고등학생 약 588명을 대상으로 'SCH 메타버스 입시설명회'를 열었다. 이어 사회 각계각층 주요 인사를 초청해 강연을 진행하는 교양 강의 '피닉스 열린 강좌'를 지난 9월부터 진행했고, 2021년 입시설명회도 이프랜드에서 진행했다.

[그림9] 순천향 대학교 입시설명회(출처 : 순천향대학교)

[그림10] 순천향 대학교에서 김승우 총장이 자신의 아바타로 입시설명회를 하고 있는 모습
(출처 : 순천향대학교)

원종원 순천향대 공연영상학과 교수는 "버추얼 입학식이 새로운 사례를 제시했다는 측면에서 큰 의미가 있다고 본다"라며 "MZ 세대(밀레니얼-Z세대)들의 메타버스 경험이 점점 활발해지는 만큼 앞으로 메타버스 시대가 빠르게 도래 할 것으로 기대된다"라고 설명했다.

메타버스가 미래 신산업으로 산업계에서 각광 받고 있고 기존 사업에 연계하는 업체도 늘어나고 있다. 이에 따라 정부는 메타버스를 핵심정책과제로 선정하고 지원사격에 나섰다. 정부는 한국판 뉴딜 2.0을 추진하기 위해 2025년까지 220조 원 대규모 재정을 쏟아붓기로 했다. 초연결·초실감 신산업분야를 집중 육성하고 이를 통해 다양한 메타버스 콘텐츠 제작지원 및 개방형 메타버스 플랫폼을 구축할 방침이다. 이어 메타버스 전문기업을 지난해 기준 21개에서 2025년 150개로 늘리는 것을 목표로 한다. 이처럼 정부의 전폭적인 지지로 메타버스가 산업계 전반으로 스며드는 가운데 대학가에서도 메타버스를 접목시키는 시도가 확산되고 있다.

2) SK텔레콤과 손잡은 고려대학교

SK텔레콤은 고려대학교와 차세대 스마트 캠퍼스 구축을 위한 협약을 체결했다. 메타버스 기반 캠퍼스 조성에 적극 나서며 메타버스 플랫폼 '이프랜드'로 영상 회의, 동아리 활동 등 대면 이상의 관계를 형성하고자 한다. 고려대는 지난해 코로나19로 시행하지 못했던 '고연전'을 지난 9월에 무 관중으로 진행했지만 메타버스 경기장에서는 역동적인 응원이 가능해 학생들이 함께 고연전을 즐길 수 있었다.

[그림11] SK텔레콤은 고려대학교와 차세대 스마트 캠퍼스 구축을 위한 협약을 체결했다.
사진은 정진택 고려대학교 총장(왼쪽)과 박정호 SK텔레콤 대표이사(오른쪽).(출처 : SK텔레콤)

고려대학교 신입생 지민군은 자신의 아바타를 만들어 '고연전'에 참여했다. "수업 시간 메타버스 캠퍼스에서 실험 수업을 듣기도 했지만, 코로나19로 자주 보지 못했던 선배와 동기들과 함께 스포츠 경기를 보며 단체 응원을 하는 것은 새로운 경험이었다"라고 말했다.

[그림12] 이프랜드 안에서 고연전을 펼쳤다.(출처 : SKT)

고려대와 연세대는 이번 고연전을 지난 9월 10~11일 서울 잠실실내체육관 등에서 진행했다. 메타버스 경기장에선 두 학교 학생들이 응원전을 펼쳤으며 메타버스의 첫 데뷔무대가 코로나19로 작년에 시행하지 못했던 고연전이었다. 고려대는 앞으로 메타버스를 교과활동과 동아리, 국제교류, 사회봉사 등 활동에도 적용한다는 계획이다.

스마트 에너지 캠퍼스 구축을 위해 SK텔레콤과 고려대는 올해 연말 도입을 목표로 블록체인 기반의 이니셜 앱으로 모바일 신분증 통합을 추진하며 고려대는 고연전을 넘어 메타버스에 다양한 분야를 적용할 계획이다. 스마트 폰만 있으면 학생들의 학위, 수강내역, 학점, 상벌 서류 또한 이니셜 앱을 통해 발급받는 등 입학부터 졸업까지 캠퍼스 생활 전반에서 이니셜 앱을 통해 인증하고 증명할 수 있게 될 전망이며 사회봉사, 국제교류 동아리 등에도 이를 지원한다.

3) 건국대 가상축제 전국 최초 메타버스에서 진행

코로나19로 인해 대학 생활의 꽃인 축제가 줄줄이 취소됐지만 건국대학교는 '메타버스'를 활용한 비대면 축제로 건국대 가상 캠퍼스에서 지난 5월에 '콘택트 예술제(KON-TACT)'를 개최했다. 축제는 가상현실게임 기업 '플레이파크'와 함께 구현한 가상공간 '건국유니버스'에서 진행됐다. 자신만의 아바타를 통해 학생들은 방탈출·퀴즈 등 다양한 이벤트 등 웹과 인터넷 등 가상세계와 현실세계를 최대한 반영해 뜨거운 반응을 보였다.

건국대 축제 유니버스는 온라인 서버에 캠퍼스가 그대로 구현돼, 각종 프로그램이 진행되는 가상공간이다. PC 버전, ios 버전, 안드로이드 버전 등으로 서버에서 로그인만 하면 학생별로 자신의 '아바타' 캐릭터가 생성된다. 카카오톡 초대 메시지로 건국대 재학생 및 졸업생들에게 관련 정보가 보내졌다. 아쉽게도 타 대학 학생들이나 외부인은 이용이 불가능하게 막아 뒀다. 건국대 이메일 계정 인증을 통해서만 이용이 가능하며 유일하게 건대 학생들만 즐기는 축제로 더 이슈가 됐다.

[그림13] 건국대학교에서 메타버스를 활용한 비대면 축제를 만들어 인기를 끌고 있다
(사진: 건국대 재학생 이준열 씨 제공, 출처 : CIVIC뉴스)

건국대학교의 비대면 축제의 특징은 단순히 건국 유니버스 풍경을 구경하는 것에만 그치지 않았다. 캠퍼스 곳곳에서 만들어진 재미있는 콘텐츠도 즐길 수 있고, 단과대 건물을 투어하는 등 재미난 즐길 거리가 곳곳에 마련돼 있었다. 건국 유니버스에서 진행됐던 프로그램을 살펴보면 가상공간 방탈출 콘텐츠, VVS(vivid vr showroom)인 1인칭 가상공간 갤러리, 다양한 종목으로 진행되는 e스포츠 대회, KEF(konkuk e스포츠 festival) 비대면으로 만나보는 동아리들의 열정, 각종 공연 및 전시회 등이다.

건국대 관계자는 "코로나19 여파로 인해 대면으로 만나는 것이 힘들어 메타버스를 활용한 축제를 진행했다"라며 "학생들의 반응이 좋았던 만큼 앞으로도 메타버스를 활용한 기획을 많이 할 것으로 보인다"고 말했다.

순천향대학교의 신입생입학식을 계기로 많은 학교에서 신입생입학식은 물론 재학생MT, 학술대회, 창업박람회, 축제, 비대면 수업등을 메타버스에서 진행하고 있다. 이를 통해 위드코로나시대가 되더라도 메타버스는 대학가에 깊이들어가 앞으로의 대학 교육에있어 많은 활용이될 것이다.

4. 메타버스의 성공적인 마케팅 활용 사례 등장

메타버스에 관련된관심도가 빠르게 증가하고 범위가 확대되고 있다. Z세대에게 '메타버스'는 곧 놀이터이자 사회적 공간이다. 가상세계에서 먹고, 자고, 놀고 공부하고, 심지어 돈까지 번다. 메타버스 속에선 귀여운 아바타를 만날 수도 있고, 증강현실, 시각 효과 등의 기술을 발돋움 삼아 현실처럼 생생한 현장을 경험할 수도 있다. 2020년 코로나19로 온라인으로 만날 수 있는 시대적인 변화 때문에 온택트가 가속화되면서 메타버스라는 단어는 더욱 주목받고 있다.

가상세계 플랫폼인 제페토는 네이버Z에서 출시해 전 세계 유저가 2억 명이 넘었다. 그중 80%가 10대다. 이에 엔터테인먼트 업계는 소속 아티스트의 신곡 발표와 국내외 팬과의 소통의 장소로 제페토를 적극적으로 활용한다. 하이브와 YG엔터테인먼트는 무려 120억 원을 네이버Z에 투자했다.

미국 잼민이들이 열광한다는 로블록스 게임은 지난 3월 기준 MAU가 1억 6,600만 명을 기록했다. 이 수많은 유저를 기업이 그냥 둘 일이 없다. 역시나 기업 콜라보도 진행하면서 게임회사도 SNS 처럼 광고·마케팅 플랫폼으로 거듭나고 있다. 하나하나 알아보기로 하자.

1) 가상공간에서의 산업 현장

산업 현장에도 가상현실이 사용됐다. 국내에서도 현대, 기아, 한화토탈, LG화학 등의 기업이 제품개발이나 산업현장에 가상기술을 도입하고 있다. '버추얼 개발 프로세스'를 적용해 현대·기아 차는 신차를 개발하는 과정을 공개했다. 디지털 데이터를 바탕으로 가상환경을 구축하고, 가상환경에서 실세과성을 검승하거나 제품을 개발하는데도 활용하고 있다.

[그림14] 가상공간에서 설계품질을 검증하는 과정(출처 : UPI 뉴스)

2) 이것은 공부인가 게임인가

미국 10대들의 놀이터 '로블록스(Roblox)'는 현실과 가상이 연결된 메타버스의 대표적인 사례다. 언뜻 보면 레고 놀이 같아 보이지만 이곳에선 게임을 즐기면서 창의력을 높이고 코딩 개념을 배울 수 있다. 게임 유저가 스스로 맵을 만들고 유통할 수 있기 때문에 돈도 벌 수 있는 곳이다. 실제로 로블록스는 교육자들에게 강의 콘텐츠를 제공하며 교육적인 게임이라고 홍보한다.

메타버스를 통해 게임회사도 광고·마케팅 플랫폼으로 거듭나고 있다. 기존 SNS들처럼 온라인 광고를 수익구조로 이끌어간다. 네이버에서 만든 제페토가 국내 토종 브랜드로 해외 10대까지 사로잡았다면 미국에서 열풍을 불러온 게임의 하나다. 미국 청소년들의 절대적인 지지를 받으며 로블록스는 지난 3월 기준 MAU가 1억 6,600만 명을 찍은 3D 게임이다.

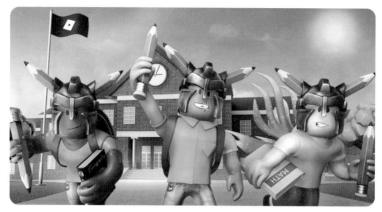

[그림15] 로블록스 교육허브(출처 : 로블록스허브)

3) 세계 여행하고 올게 엄마

　가장 좋은 방법인 학생 스스로 즐거움을 느끼며 집중하는 만큼 효과 좋은 공부법이 없다. '호두랩스'는 메타버스 게임으로 아이들이 가장 선호하며 어학연수를 떠나는 호두 잉글리쉬라는 서비스를 제공한다. 가상으로 만든 대륙을 탐험하면서 그 안에서 수백 명의 캐릭터와 영어로 대화하며 미션을 수행하는 방법이다. 해외에 직접 가지 않고도 집에서 편히 게임하며 세계 곳곳을 누비고 언어 및 문화를 배울 수 있다.

[그림16] 호두랩스(출처 : 호두 잉글리쉬)

4) 메타버스 채용설명회

코로나 바이러스로 사회적 거리두기와 마스크는 일상이 돼 버렸다. 당연했던 일들이 불가능해지고, 근무환경뿐 아니라 새로운 구성원을 영입하는 과정에서도 기존의 루틴을 크게 변화 시켰다. SK텔레콤은 올해 채용설명회에 메타버스를 도입했다. 시공간의 제약을 넘어 구직자와 실무진이 가상공간에서 아바타로 만난다. 팬데믹 시대, 사람들의 안전과 편의를 위한 것도 있지만 기업 브랜딩의 목적을 되살리는 계기를 마련하고 있다. '우리 회사는 이렇게 최첨단 디지털 영역의 선두를 달려!'라고 하며 회사를 소개하는 자리가 될 수 있다. 메타버스 세상에 맞춰 신입 채용 과정의 많은 부분을 새롭게 디자인한 것이다.

많은 기업에서 오프라인 컨텍포인트(Contact Point)의 부재를 메우기 위해 클럽하우스를 활용하거나 유튜브, 화상회의 솔루션을 통해 채용설명회를 개최했다. SK텔레콤에서도 기존에 운영해왔던 유튜브 채용설명회나 비대면 화상설명회를 강화해 지원자와의 소통에 많은 노력을 기울이고자 했다.

[그림17] SKT 채용설명회(출처 : SKT)

5) 오늘 집콕 쇼핑 귀찮으니까

비대면이 확산되면서 쇼핑업체나 패션업체들도 가상공간을 적극 활용하고 있다. 그 대표적인 예가 롯데홈쇼핑의 '핑거쇼핑'이다. 이 서비스는 정말 말 그대로 집에서 편하게 오프라인 매장을 쇼핑할 수 있게 메타버스를 구현했다. 운동화, 가구, 소파 등 동일한 화면으로 실제매장과 똑같이 볼 수 있다. 바닥을 터치하면 장소를 이동할 수 있고, 진열된 제품의 태그를 클릭하면 제품에 대한 가격과 상세한 정보도 알 수 있고 또한 구매까지 이어져 있어 아주 편리하다.

[그림18] 모바일 롯데홈쇼핑 집에서 방문하는 오프라인 매장(출처 : 롯데 홈쇼핑)

6) 해외 브랜드도 MZ 세대 마케팅

일찍부터 구찌니 루이비통, 샤넬 등 명품 브랜드에서는 모바일 게임이나 아케이드 게임을 활용해 MZ 세대에 맞는 마케팅을 펼치고 있다. 이 현상이 메타버스 공간으로 자연스럽게 옮겨지고 있고 마크 제이콥스와 발렌티노는 현실과 동일한 시즌 의상을 닌텐도의 가상현실 게임 '동물의 숲'에 출시했다. 구찌는 스포츠 게임인 '테니스 클래시'에 구찌 상품을 출시했을 뿐만 아니라 '구찌 오픈'이라는 테니스 게임도 개최해 화제를 모으고 있다.

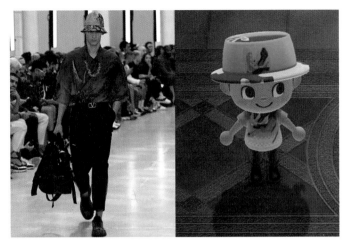

[그림19] '모여봐요 동물의 숲'에 출시된 발렌티노 제품(출처 : UPI 뉴스)

7) 핸드폰을 열고 안경을 좀 써볼까? 써보고 놔보고 즐기자

국내 스타트 업에서 개발한 '파라버스'란 앱도 재밌고 유용하다. 안경이나 주얼리 제품 등을 써 보고, 착용해 보고 매장에 가보지 않아도 증강현실을 이용해 가상으로 얼굴에 직접 착용해서 어울리는지 확인할 수 있다. 가구도 놔 보고 실제 사이즈의 가구를 집안에도 배치해볼 수 있다. 그림 작품도 즐기고 벽에 걸어보고 마음에 들면 구매까지 가능하다. 우리가 상상하는 모든 것이 우리 눈앞에서 펼쳐진다. 바로 메타버스 세상이다.

[그림20] 앱스토어 PARAVERSE

8) 또 다른 혁명 메타버스 삼성은 알고 있다

　리움 미술관에 전시돼 있는 추사 김정희 선생님의 친필로 쓰인 반야심경의 원본은 국가에서 보물로 지정한 작품이다. 삼성 가는 반야심경의 원본을 고화질로 촬영한 뒤 다시 책자로 만들어 홍라희 전 리움미술 관장이 이재용 삼성전자 부회장과 함께 방문한 해인사에 특별한 선물을 주고 왔다. 바로 '디지털 반야심경'을 선물했다. 홍 전 관장은 해인사 관계자들에게 '메타버스'를 언급하며 "가상공간에서 전시회도 가능해졌다"라고 말했다.

　반야심경은 불경 중에서 불교의 요체를 담은 반야심경을 즐겨 쓴 추사의 정교한 글씨체가 두드러진 작품으로 유명하다. 리움 미술관에서는 발빠르게 '메타버스관' 개관을 추진하고 있으며 가상공간에 미술품을 전시하고 VR 기기들을 이용해서 관람할 수 있다. 해외에서는 루브르박물관에서는 몇 년 전에 VR로 모나리자 작품을 감상할 수 있는 기술을 만들었다.

　이제는 유명한 미술작품을 보러 해외여행까지 가서 표를 사고 사람들이 몰려있는 이의 작품을 멀리서 감상하고 돌아올 필요없이 안방에서 편히 감상할 수 있는 메타버스 세상이 오고 있다.

[그림21] 홍라희 전 리움미술관장(왼쪽 첫 번째)과 이재용 삼성전자 부회장(오른쪽 두 번째)
해인사를 방문해, 기념촬영을 한 모습
(출처 : http://it.chosun.com/site/data/html_dir/2021/11/05/2021110500756.html)

9) 메타버스 활용법 키우는 DGB 금융

DGB 금융그룹은 메타버스 활용으로 디지털 문화 전파에 앞장서 눈길을 끌고 있다. DGB금융은 지난 21일 메타버스 플랫폼 '제페토'에서 그룹 계열사 최고경영자(CEO) 6명이 참석한 그룹경영현안회의를 진행했다. 참석한 대표들은 직접 자신의 캐릭터를 생성하고, 메타버스 전용 맵과 비대면 화상회의를 병행하며 계열사 간 최근 현안을 공유하는 시간을 가졌다.

제페토, 이프랜드, 게더타운 등 메타버스 플랫폼들은 공통적으로 '회의 플랫폼'으로 활용된다. 코로나19로 비대면 모임이 활성화 된 가운데 오프라인으로 실시하던 행사를 온라인으로 대체하는 것이다. 자신만의 개성을 드러낼 수 있는 캐릭터를 만들어 참여할 수 있다는 점도 모든 플랫폼의 공통점이자 장점으로 꼽는다.

DGB금융의 메타버스 시연 추진은 디지털 뉴 트렌드 경험도를 증대시켜 디지털 문화에 익숙한 메타버스 주 고객층인 MZ 세대를 공략하기 위해서다. 이 회사는 향후 메타버스 내 가상은행을 운영해 신규 고객이 접점 채널을 활용하는 방안도 고려하고 있다.

[그림22] DGB금융그룹 경영현안회의(출처 : DGB금융그룹 제공)

10) 메타버스에 오른 한강점CU

지난달 처음으로 네이버의 메타버스 플랫폼 '제페토(ZEPETO)'에 문을 연 'CU제페토한강점'이 인기를 끌고 있다. CU 제페토 한강점은 BGF 리테일과 네이버제트가 4개월이 넘는 기간을 거쳐 완성된 맵이다. 실제 점포처럼 구현하기 위해 BGF리테일 제페토 전담TF팀이 직접 점포 레이아웃과 집기 및 상품 모델링에 참여하기도 했다. 가상현실인 제페토의 한강맵CU에서 루프탑에서 한강을 바라보며GET 커피를 즐길 수 도 있고 1층에는 한강공원 인기상품 즉석조리라면, 버스킹 무대도 있다.

CU는 2호점을 오픈하는 것은 물론 협업 상품도 출시해 MZ 세대(밀레니얼+Z세대)에게 친근한 소비채널로 다가가겠다는 목표다. MZ세대가 주요소비층이자 미래 소비트랜드를 주도하기 때문이다.

[그림23] CU는 2호점(출처 : 오피니언뉴스)

CU는 지난달 'CU제페토한강점'이 입점한 후 한강공원 월드 맵의 방문자 수가 이전보다 2배 이상 증가하고, 인증샷 수도 8배 급증했다고 14일 밝혔다. 또 제페토 내 개인 소셜네트워크서비스(SNS)인 '피드'의 CU 관련 게시물은 2,900여 개, 조회 수는 270만 건을 넘었다. 제페토 내에서 아바타 아이템을 판매하는 CU 패션 아이템도 22만여 개가 판매됐다.

이 같은 인기에 CU는 제페토 2호점인 'CU제페토교실매점'을 연다는 계획이다. 제페토 2호점은 제페토 안에 구현된 가상공간 중 가장 많은 사람이 몰리는 '교실2'에 오픈한다. 가상현실에서도 진짜 편의점을 즐길 수 있다.

Epilogue

메타버스라는 가상공간은 무궁무진한 잠재력이 있다. 이제 우리에게는 가상세계가 새로운 공간으로 확장돼 펼쳐지고, 우리는 그 안에서 지금까지 경험하지 못한 새로운 삶을 살게 될 것이다. 코로나19로 비대면이 일상화된 사회에서 우리는 살고 있다. 제아무리 언택트를 내세운다 하더라도 사람은 사람에 기대어 사는 사회적 존재다. 그래서 그 눈을 '메타버스'로 돌렸다. 메타버스는 이제 단순히 가상의 세계가 아니다. 현실과 함께 살아가야 할 또 다른 세계가 됐다.

독립적이면서도 동시에 연결되고 싶어 하는 인간의 특성이 메타버스로 초점이 옮겨진 게 아닌가 생각한다. 디지털 지구, 가장 핫한 키워드이자 우리가 주목해야 할 앞으로의 미래, 메타버스에 대해 앞으로 관심을 갖는 계기가 되길 바란다.

지금 현재 코로나 시대를 예측할 수 없었듯이 우리는 미래를 예측하기는 힘들다. 현재 우리가할 수 있는 것은 현재를 바라보고 제대로 이해하는 것. 이 책은 그런 미래를 대비하고자하는 사람들에게 유용한 책이 됐으면 하는 바람이다. 인간의 존엄을 지키며 아름다운 사회를 개척하는 미래는 어떤 세계가 될지 미리 준비하길 바란다.

이미 많은 대기업들, 벤처기업들은 메타버스를 활용해 마케팅을 하고 돈을 벌어들이고 있다. 우리나라도 정부에서 나서서 국책사업으로 메타버스를 적극 지원하고 있고, 전 세계적으로도 이미 많은 기업에서 시도하고 그 기능과 가치에 기업들이 나서서 투자와 연구개발을 서두르고 있다.

우리는 이미 일상에서 메타버스란 것을 경험하고 있다. 현실을 벗어나기 위한 세계가 아닌 어울리기 위한 세계 메타버스, 메타버스 가상공간 안에서 새로운 가치를 만들어가는 법과 재미있는 상상들로 즐거움을 함께 나눌 수 있길 바라며 사랑하는 나의 어머님이 메타버스의 최첨단 건강 관련 의료혜택을 받으며 건강하게 오래오래 함께 해주시길 바라는 간절한 마음이다.

다가올 세계에 대해 알고 대비하는 것과 그렇지 않고 그 세계를 맞이한 후 그 안에서 내가 있는 곳은 어딜까?

[참고문헌]

- 토스 Editor's Note 9.1
- 세계일보
- 헤럴드경제
- http://it.chosun.com/site/data/html_dir/2021/11/05/2021110500756.html
- 오피니언뉴스(http://www.opinionnews.co.kr)
- 그렉 밀러 트위터
- 네이버백과사전
- BLOOMBERG NEWS
- UPI 뉴스
- 앱스토어 PARAVERSE
- 2022출 순천향 대학교 입시설명회
- CIVIC뉴스(http://www.civicnews.com)

창업이 메타버스를 만났을 때

심규진

Chapter 04

창업이 메타버스를 만났을 때

Prologue : 메타버스는 이미 출발했다

3차원 가상세계를 의미하는 메타버스(Metaverse)는 소설 「스노 크래시(닐 스티븐슨, 1992)」에서 처음 등장한 개념이라고 한다. 그리고 약 20년이 지난 어느 순간, 지구는 코로나19 팬데믹으로 비대면 시대라는 새로운 전환기를 맞이했다. 코로나19를 만난 기존의 지구는 디지털 지구를 잉태해 이제는 각자의 위치(place)에서 서로를 탐험(explore)할 수 있게 됐다. 지금은 더 이상 누가 오늘의 비대면 시대를 촉발했는지 중요하지 않다. 오히려 가상의 공간에서 또 다른 나를 통해 사람들과 원활히 소통하고 경제적 이익까지 창출하며 디지털 춤사위를 마음껏 발휘하는 것만이 답이다.

[그림1] 스노 크래시(snow crash) 책 표지

현재 대한민국은 정치, 경제, 문화 이 모든 것이 수도권에 집중돼 있지만 이제는 메타버스를 통해 지방에 거주하는 사람도 디지털 지구의 수도권 시민권자가 될 수 있다. 필자는 여기서 새로운 기회를 보았다. 저명한 학자들의 강의나 셀럽(celebrity)들도 메타버스에 올라타면 너도 나도 주인공이 될 수 있는 시대가 열렸다. 혹자는 메타버스가 버블경제(bubble economy) 같은 현상이 아니냐고 반문하지만, 이는 하나만 알고 둘은 모르는 사람들이 하는 말이라고 생각한다.

필자가 메타버스를 통해 새로운 미래를 볼 수 있다고 생각하는 이유는 두 가지이다.

첫째, 사회적 소통의 새로운 패러다임을 제시했기 때문이다. 위드코로나(With Corona) 시대에 우리에게는 새로운 소통공간이 필요하다. 코로나19의 심각성과 상관없이 우리는 회의를 해야 하며, 친목을 도모해야 하고, 새로운 만남을 이어가야 한다. 메타버스는 이것을 가능하게 해주며 학교가 폐쇄돼 학생들이 등교하지 못하는 상황에서도 교실 맵을 통해 친구들의 근황을 물을 수 있게 됐다. 이 얼마나 혁신적이고 유용한가. 하지만 메타버스에 대한 개념 이해 없이는 활용이 불가능하니 지금이라도 당장 학습해보는 게 어떨까.

[그림2] 제페토(ZEPETO)(출처 : 제페토 흠페이지)

둘째, 모든 영역에 빠르게 접목되고 있기 때문이다. 제페토 사용자 2만 명 시대. 이제는 대학교 입학식도 대기업 신입사원 교육도 메타버스로 진행하는 것이 낯설지 않다. 내가 속한 지역에서는 코로나 시대에 200명이 넘게 참가하는 페스티벌을 개최한단다. 물론 메타버스로 말이다. 부동산 플랫폼을 운영하고 있는 직방은 아예 오프라인 사무실을 폐쇄하고 '메타폴리스'라는 가상공간을 건설해 회사를 운영하고 있다고 하니 그 다음에 벌어질 일은 상상조차 되지 않는다.

메타버스는 이미 출발했다. 지금 탑승하지 않으면 조금만 시간이 지나면 시대에 뒤쳐진 사람이 돼버릴지도 모르겠다. 필자 또한 메타버스에 탑승하는 의미로 박사전공인 교육공학과 접목해 논문 주제를 정해보았다. 「비대면 시대 콘텐츠기업 투자유치를 위한 교육과정개발 – 메타버스(metaverse) 게더타운을 중심으로 –」. 다가오는 변화를 멀뚱멀뚱 쳐다만 보다가는 낙오하는 것은 시간문제다. 우리 다 함께 세상을 바꾸는 공간, 메타버스의 세계로 뛰어들어보자. 새로운 세상이 열릴 것이다.

1. 한국메타버스연구원에서 만난 메타버스의 세계

필자의 카카오톡에는 2,500명이 넘는 친구가 있지만 사람 냄새를 맡아본 지 오래다. 계모임 통장에는 돈이 차곡차곡 쌓여가고 있지만 해외여행의 꿈을 접은 지도 오래다. 코로나 19의 유행 그리고 완화, 또 다시 재유행이 반복되면서 대면 접촉은 먼 나라 이웃 이야기가 됐다. 그러다 어느 날 뉴스를 통해 '메타버스(metaverse)'라는 개념을 처음 접하게 됐지만 단순히 오락의 한 종류이겠거니 생각했다. 하지만 스타트 업 투자업계에서 메타버스가 화두라는 소식을 접하고 여기저기서 메타버스에 대한 수요가 급증하면서 창업지원 업무를 하는 사람으로서 공부해야겠다는 생각이 들었다.

메타버스 교육
메타버스 강사
메타버스 전문가 양성과정

인터넷에서 키워드 검색을 하다가 우연히 한국메타버스연구원이 있다는 것을 알게 됐다. 벌써 우리나라에 메타버스를 연구하는 단체가 있다니! 놀람과 동시에 강사 양성과정 모집요강을 보게 됐고 회사를 대표해 해당 과정에 참가할 수 있게 됐다. 교육과정은 매일 밤 8

시부터 10시까지 진행됐고 매일 새로운 과제가 교육생들에게 배포됐다. 수강생들은 대학교수, 목사, CEO, 회사원 등 정말 다양했고 한 사람도 빠짐없이 야간 교육에 참여하는 것을 보고 또 다시 메타버스에 대한 열의를 느낄 수 있었다.

1. 메타버스를 대표하는 영화 「레디플레이어원(감독 스티븐스필버그)」을 시청하고 메타버스 소개 영상을 만들어보세요.
2. 메타버스 개념 이해를 위한 강의교안을 만들어보세요.
3. NFT 개념과 활용에 대한 내용을 정리해보세요.
4. 강사 경진대회 발표 자료를 만들어보세요.

이렇게 매일 과제가 쏟아지는데 한 사람도 포기하지 않고 끝까지 완주하는 것을 보며 나 또한 포기하지 않을 수 있었다. 누군가는 꿈에 메타버스가 등장하기도 했다는데 나는 퇴근 후 집에서 육아를 하면서도 메타버스에 빠져 세 살배기 우리 딸도 '메타버스'라는 단어를 내뱉으며 아빠의 공부를 응원하기도 했다. 그렇게 스파르타식 메타버스 교육이 끝나고 지금 나는 누구를 만나도 메타버스에 대해서 자유자재로 설명할 수 있다. 우리나라에서 통용되고 있는 플랫폼 종류 및 활용은 물론 간단한 설계도 가능해서 조만간 우리 시에서 메타버스로 행사를 개최하고자 한다.

한양대학교 유영만 교수는 「공부는 망치다(나무생각, 2016)」라는 책을 출간했는데 요지는 공부를 한 번 하면 앎의 세계에 빠져서 과거로 돌이킬 수 없다는 뜻이다. 나는 요즘 메타버스에 빠져서 모든 영역에 메타버스를 접목시킬 방법을 구상하고 있고 틈만 나면 주변에 메타버스 전도사가 돼 이 세계로 사람들을 끌어들이고 있다.

2. MZ 세대와 메타버스

산업 전 영역에서 새로운 판도를 만들어가고 있는 MZ 세대[1]. MZ 세대는 과연 메타버스를 어떻게 바라보고 있을까? 메타버스 트렌드 리포트 2021에 따르면 MZ 세대는 메타버스 활용에 대해 긍정적 인식을 갖고 있다고 한다. 즉, 기업들이 메타버스를 활용해 마케팅을 하면 긍정적으로 반응하며 매장 투어나 쇼핑 등의 간접 경험을 선호한다고 한다. 그래서 우리 시에서 보육하고 있는 패션테크 기업 또한 메타버스를 활용해 신발을 구매하기 전 착용감을 메타버스로 간접 경험할 수 있도록 구상하고 있는 이유가 바로 그것이다.

또한 재밌는 사실은 MZ 세대는 메타버스 아바타를 생성할 때 본인과 비슷한 현실적 캐릭터보다는 본인의 외모를 기준으로 미화하거나 아예 다른 모습의 캐릭터를 생성한다는 것이다. 이러한 현상이 소위 요즘 말하는 '부캐(평소의 나의 모습이 아닌 새로운 또 다른 나)'를 뜻하고 있다. 그래서 인지 MZ 세대의 절반 정도는 발전된 메타버스 플랫폼 이용을 위해서 VR기기, AR글래스 등 관련 디바이스 구매 의향이 있다고 한다.

[그림3] VR기기를 활용한 체험 교육 현장

---

1) 1980년대 초~2000년대 초 출생한 밀레니얼 세대와 1990년대 중반~2000년대 초반 출생한 Z세대를 통칭하는 말(네이버 지식백과).

"오늘 VR기기를 직접 체험해보시니까 어떠세요?"

"늘 신문기사로 접하고 유튜브로만 봤는데 직접 체험해보니까 신기하긴 하네요."

"좀 더 적극적인 체험을 위해 관련 기기 구매 의사도 있으세요?"

"아, 그럼요. 하나 있으면 여러모로 유용하고 구매 금액보다 가치가 더 높을 것 같아요."

 VR·AR기기 체험을 하러온 MZ 세대에게 필자가 직접 질문해보았다. 체험에 적극적이며 역시나 긍정적인 반응이었다. 그리고 관련 기기 하나가 본인에게 가져다 줄 가치가 확실히 크다고 생각하고 있었다.

 그렇다면 MZ 세대들은 메타버스 관련 플랫폼이라고 하면 어디를 떠올릴까? 메타버스 트렌드 코리아 2021에 따르면 전체의 11.6%가 제페토를 떠올렸고 이어서 네이버(9.9%), 구글(6.8%) 수준이었다. 제페토를 네이버에서 만든 것임을 감안하면 MZ 세대들이 인식하는 대표적인 메타버스 플랫폼은 제페토라고 할 수 있다. 하지만 SK텔레콤의 이프랜드, 미국의 게더타운의 사용자가 점차 늘어나고 있고 특히 게더타운은 다양한 곳에서 활용되고 있어 향후 MZ 세대들이 인식하는 메타버스 플랫폼은 점차 변화할 것이라고 생각한다. 나아가 MZ 세대뿐만 아니라 50~60대 또한 메타버스 개념 일반화 및 관련 기기 보급에 따라 메타버스를 활용하는 주요 계층이 될 것이다.

3. 근데, 메타버스에도 유형이 있다고?!

 2007년 비영리 기술 연구 단체인 미국미래학협회(ASF, Acceleration Studies Foundation)에서 메타버스 로드맵이라는 보고서를 통해 메타버스 유형을 제시했다. 놀라운 사실은 이미 미국에서는 2007년도에 메타버스 로드맵을 발표했다는 사실이며 이 또한 한 개인이 독자적으로 발표한 것이 아닌 회의와 설문조사를 통해 전문가뿐만 아니라 대중의 의견을 수렴했다는 사실이다.

 [그림4]를 보면 메타버스 유형을 ① 증강현실 ② 라이프로깅 ③ 가상세계 ④ 거울세계 등 네 가지 유형으로 구분 지을 수 있다는 것을 알 수 있다. 그리고 X축은 이용자 중심의 관계적 측면, Y축은 테크놀로지와 현실과의 관계적 측면 말하고 있다.

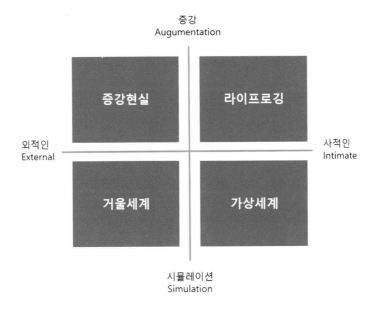

[그림4] 메타버스 네 가지 유형(출처 : ASF 인용)

보다 쉽게 설명해보자면 X축 좌측의 '외적인 기술'은 이용자는 현실에 있지만 기술을 통한 현실세계의 사물조작이나 환경변화를 불러오는 기술을 말한다. 반대로 우측의 '사적인 기술'은 메타버스 세상에 접속하는 이용자의 정체성을 말한다. 즉, 이용자가 메타버스 상에 어떻게 구현되는지에 대한 기술에 초점이 맞춰져 있는데 이를테면 아바타 같은 것이다. 제페토나 이프랜드의 3D 아바타를 생각하면 이해가 쉽다.

그리고 Y축의 '증강'은 현실세계 위에 새로운 정보를 쌓아올리는 기술을 말한다. 필자는 아이언맨을 정말 좋아해서 피규어도 수집하고 있는데 아이어맨은 적과 싸울 때 적이 이용하는 무기의 정보를 보면서 싸운다. 이것이 현실을 배경으로 하는 증강현실의 특징이다. 그리고 Y축의 '시뮬레이션'은 스티븐 스필버그 감독의 영화「레디플레이어원」을 생각하면 된다. 오아시스라는 가상현실 세상에서 펼쳐지는 세계가 시뮬레이션인 것이다. 미래에서는 현실의 물리적 상호작용과는 전혀 상관없는 또 다른 세상에 몰입하며 살아간다는 이야기인데 우리 모두가 맞이할 메타버스 세상을 가장 잘 묘사하고 있어 아직까지「레디플레이어원」을 보지 못한 분들이 있다면 강력 추천한다.

[그림5] 영화 레디플레이어원 포스터

자, 그렇다면 지금부터 네 가지 유형의 메타버스에 대해서 간략하게 알아보자.

1) 증강현실

누구나 한 번쯤 '증강현실'이라는 단어는 들어봤을 것이다. 이러한 유형의 기술을 통해 구현되는 것이 바로 AR(Augmented Reality) 기술인데, 여기서 'Augmented'는 '더해지는' 이라는 의미를 갖고 있다. 즉, 현실세계(Reality) 위에 스크린과 같은 디스플레이 장비를 이용해서 가상의 인터페이스를 더하는 것이다.

요즘 쉽게 우리가 접하고 있는 증강현실이 HUD(Head Up Display)인데 필자가 작년에 구매한 팰리세이드 차량은 운전자 앞 유리에 차량 주행과 관련된 정보를 표시해주는 기능이 있었는데 이것이 바로 대표적인 증강현실 기술이다. 요즘에는 자동차 브랜드에서 옵션으로 HUD를 많이 제공하고 있다.

2) 라이프로깅

다음은 '라이프로깅' 메타버스인데 현실에서 생긴 일들을 디지털 공간에 저장하고 공유하는 방식을 말한다. 대표적으로는 우리가 거의 매일 이용하고 있는 SNS(Social

Networking Service)가 그 예시이다. SNS를 이용하는 사람들은 모두 개인공간에 다양한 정보들을 기록하고 있는 것이다. 또한 나이키에서 출시한 '나이키 런 클럽'이라는 앱이 있는데 해당 앱을 실행하고 실제로 달리면 내가 달린 코스와 거리를 지도 위에 보여주고 속도까지 계산해준다. 이러한 라이프로깅 메타버스는 현재 우리가 상상하고 있는 메타버스와는 다소 동떨어져 있지만 라이프로깅을 통해 누적되고 있는 방대한 양의 데이터를 통해 새로운 창업 아이템이 만들어질 수 있다. 실제로 이러한 데이터는 추천 기반의 온라인 커머스(On-line Commerce)의 주요한 재료로 사용되고 있다.

3) 가상세계

'가상세계'는 일반적으로 가장 많이 알려진 형태의 메타버스이다. 화려한 그래픽 기술로 구현된 세상에 인터넷을 통해 접속하는 방식을 말한다. 이러한 가상세계는 가상현실(Virtual Reality) 기술로 만들어지는데 우리는 게임에서 이러한 가상세계 메타버스 유형을 자주 경험했다.

[그림6] 로블록스(출처 : 영상화면 캡처)

최근 IPO(기업공개)를 하면서 화제가 된 '로블록스'가 요즘 가장 핫한 가상세계라고 할 수 있다. 로블록스는 3차원 비디오 게임 서비스인데 이용자가 직접 캐릭터, 배경, 음악 등을 설정해 게임을 제작할 수 있고 다른 사용자가 만든 게임을 즐길 수 있는 온라인 블록 게임 제작 플랫폼이다.

로블록스를 통해서 나만의 메타버스 세계를 만들면서 게임을 할 수 있기 때문에 전 세계적으로 다양한 연령대에서 사랑받고 있는 가상세계이다. 로블록스에는 초등생 게임 개발자도 많이 활동하고 있다고 하니 향후 이들이 어떠한 세상을 펼쳐갈지 기대된다.

현재는 VR의 발달로 인해 가상세계 메타버스가 네 가지 유형의 메타버스 중에서 가장 발전한 유형이라고 할 수 있다.

4) 거울세계

아마 메타버스 유형 중 '거울세계'가 가장 낯선 형태가 될 것 같다. 필자 또한 메타버스 개념을 제대로 접하기 전에는 거울세계라는 용어를 몰랐다. 거울세계는 물리적 지구를 사실적으로 복제하고 그 위에 추가 정보를 덧붙인 메타버스 유형을 말한다. 대표적인 서비스로는 구글에서 만든 3D 지도 서비스인 구글 어스가 있다. 오랜 시간 축적된 위성사진을 모아 전 세계를 3D 공간으로 구현한 것이다.

이와 더불어 최근에 알게 된 콘텐츠가 있는데 바로 '어스2'이다. 어스2는 2020년 11월에 출시된 부동산거래 플랫폼인데 지구 전역을 블록화해서 가상 부동산을 구매할 수 있는 서비스를 제공하고 있다.

[그림7] 부동산거래 플랫폼 earth2(출처 : 영상 캡처)

현실에서도 인기 있는 지역이 어스2에서도 활발히 거래되고 가치가 상상을 초월할 정도로 뛰고 있다고 하니 분명 기존에 없던 새로운 세상이 열린 것만은 분명하다. 이러한 거울세계는 기업과 기관에서도 활발히 활용하고 있는데 이를테면 공장을 그대로 복제해 다양한 실험을 하거나 서울 전역을 3D로 구축한 것이 그 사례이다.

지금까지 ASF에서 2007년도에 발표한 메타버스 유형에 관해서 설명해보았다. 하지만 이것은 당시의 설명이자 학문적 구분과도 같은 것이며 현재는 점점 그 유형이 흐려지고 있다. 네이버에서 서비스하고 있는 제페토 사례만 보더라도 AR 기술을 바탕으로 아바타를 구현했지만, 가상세계에서 활동하며 SNS 기능을 통한 인플루언서 양성에 집중하고 있으니 라이프로깅 개념도 포함하고 있다. 또한 현실세계의 모습을 보다 새롭게 제페토 빌드잇을 통해서 거울세계를 구현하기도 한다. 오히려 이제는 메타버스 유형의 구분보다는 메타버스 서비스에서 활용되고 있는 콘텐츠와 기술에 대해서 이해하는 것이 바람직하다고 할 수 있겠다.

4. 메타버스, 창업생태계의 지각변동을 일으키다

1) 'G-메타버스 창업 페스티벌'을 준비하며

필자는 재직 중인 기관에서 50개사가 넘는 창업기업을 지원하고 있다. 여기서 지원한다는 뜻은 보육공간을 제공하거나 기업의 성장에 필요한 자금을 제공하는 것을 말한다. 때때로 입주하고 있는 기업 간 교류회를 주최하거나 그들을 위한 맞춤형 특강도 제공하는데, 코로나19 사태로 인해 상호 교류가 어려워진 것이 사실이다. 그래서 생각한 것이 메타버스를 활용한 창업 페스티벌이었다.

사회적 거리두기 제한 없이 한 번에 많은 사람들이 모여서 참여할 수 있고, 강의를 수강하는 것은 물론 얼굴 보고 교류까지 할 수 있는 기회이니 이 얼마나 축복된 순간인가. 정말이지 무릎을 탁치며 행사 포스터를 만들어서 홍보하기 시작했고 사전신청자를 약 100명가량 모집할 수 있었다.

[그림8] G-메타버스 창업 페스티벌 웹포스터

G-메타버스 창업 페스티벌에서 'G'는 김해를 뜻하며 향후 메타버스 프로그램의 브랜드화를 위해서 'G-메타버스'라는 네이밍(naming)을 하게 됐다. 또한 비록 비대면으로 진행되는 창업 페스티벌이지만 강사 수준이 전국 최고가 돼야한다는 생각에 한국메타버스연구원 최재용 원장, 케이미디어스쿨 김수연 대표, 악어디지털 임성준 이사 그리고 매년 트렌드코리아를 발간하는 최지혜 박사를 섭외했다.

"이거 신청하면 뭐 하는 거예요?"
"우리 다같이 VR 안경 끼고 만나는 건가요?"
"페스티벌이면 기업 부스라도 설치해야하는 거 아닌가요?"
"나는 메타버스에 대해서 하나도 몰라서 참여하기 어려울 것 같은데….'"

페스티벌이라는 말에 창업기업들은 사전 신청을 했지만 모두들 난감해하는 모습이 역력했다. 그래서 최대한 친절하게 이메일이나 전화를 걸어 안내했고 간단히 설명회를 개최하기도 했다. 생각해보니 나 또한 처음에는 뭐가 뭔지 하나도 몰라서 우왕좌왕했었다. 한국메타버스연구원의 스파르타식 교육 덕분에 단기간에 전문가가 될 수 있었지만 창업기업 대표님들은 바쁜 비즈니스로 인해 접할 기회가 없었으니 답답할 수밖에. 그래서 내가 속해 있는 김해의생명산업진흥원 같은 기관이 존재하는 것 아닌가라는 생각을 했다.

그래서 창업 페스티벌 당일 게더타운 메타버스 맵을 빨리 설계해야겠다고 생각했고 한국능률협회컨설팅의 도움을 받아 우리에게 적합한 메타버스 공간을 마련하게 됐다. [그림9]는 게더타운으로 설계한 G-메타버스 창업 페스티벌이 개최되는 대강당이다. 이곳에서 김해시장님의 인사말로 행사가 시작되며 시장님의 인사말은 이 공간에 접속한 모두에게 전달되도록 설계했다.

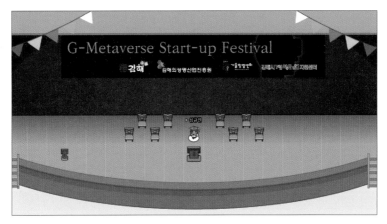

[그림9] 메타버스 게더타운 맵으로 구현한 대강당 모습

대강당을 보면 현수막은 G-메타버스 창업 페스티벌 맞춤형으로 준비했고 축제 분위기를 낼 수 있는 장식도 갖추고 있다. 이렇듯 메타버스 게더타운 플랫폼을 통해서 원하는 공간 분위기를 연출할 수 있으며 이를 통해 누구나 다수의 사람들과 함께 회의나 교류가 가능하기 때문에 사람들의 관심이 뜨거운 것 같다.

참고로 이 공간은 페스티벌이 끝난 후에는 김해시 소재 창업기업들이 항시 교류할 수 있는 공간으로 탈바꿈해 누구나 무료로 사용할 수 있도록 배포할 예정이다. 다음 [그림10]에서 보이는 공간은 로비인데 이곳은 대강당에서 시장의 인사말과 한국메타버스연구원 최재용 원장의 기조강연을 들은 기업들이 다음 장소로 이동하기 전에 잠시 머무는 곳이라고 생각하면 된다.

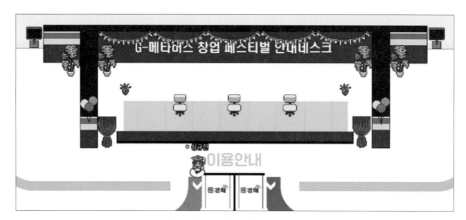
[그림10] 게더타운 로비

로비 공간에서 볼 수 있는 한 가지 특징은 G-메타버스 창업 페스티벌 안내데스크가 있다는 사실이다. 창업 페스티벌 당일 운영진이 실제 이곳에 상주하며 참가자들의 질문에 대응하기 위해 만들었다. 나 또한 최초로 게더타운에 접속했을 때 다양한 것이 궁금했기 때문에 헬프 데스크(help desk) 기능을 할 수 있는 공간이 반드시 필요하다고 생각했다.

[그림11] 게더타운 스피치 특강 강의장

코로나19로 인해 오랜 시간 동안 '스피치'를 주제로 특강을 진행하지 못했었다. 창업기업들에게 스피치가 중요한 이유는 기업인이 달변가가 될 이유는 없지만 자신의 비즈니스 모델을 잘 설명해야 투자도 받을 수 있고 좋은 직업을 채용할 수 있기 때문이다. 그래서 특별히 금번 G-메타버스 창업 페스티벌에서 선택강좌로 '창업기업을 위한 스피치 특강'을 준비했고, 당일 강의 참여자들 중 원하는 분이 있다면 개별 피드백도 진행하고자 한다. 바야흐로 이제는 온라인으로 스피치 강의를 듣고 개별 실습까지 가능한 시대가 열렸다. 바로 메타버스를 통해서 말이다.

G-메타버스 창업 페스티벌에서는 선택강좌를 2가지 실시하는데 해당 장소 뒤편에는 [그림12]와 같이 네트워킹 룸이 준비돼 있다. 8명 단위로 창업기업들이 자유롭게 네트워킹에 참여할 수 있고 8명끼리 얼굴을 보며 음성으로 대화가 가능하다. 만약 참여 중인 네트워킹 모임이 마음에 들지 않는다면 언제든지 다른 쪽으로 옮겨서 다른 기업들과 교류할 수 있도록 준비해뒀다.

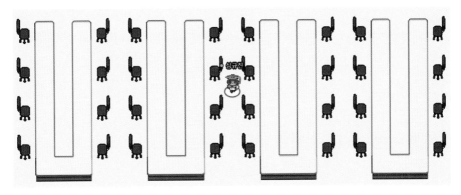

[그림12] 게더타운 네트워킹 공간

이번에는 최초로 진행되는 것이기에 김해시 소재 기업만 초대했지만 내년에는 메타버스 게더타운을 통해 서울의 유수한 기업들을 초대해 수도권과 지방의 물리적 거리를 허무는 네트워킹 파티를 시도할 예정이다.

스피치 특강에 이어 준비한 선택강좌는 바로 '투자유치 특강'이다. 기업의 지속가능한 경영이나 성장을 위해 반드시 필요한 영역이 투자이다. 올해는 코로나19 때문에 유독 오프라인 IR(기업투자 발표회) 행사가 적었던 한 해였다. 그래서 실제로 투자 받은 회사의 임원을 섭외해 투자유치 전략에 관한 특강을 진행하게 됐다.

내년에는 메타버스를 통해 기업 IR 행사를 진행하고 실제 투자까지 연계하는 프로그램을 기획하고 있다. 이때 수도권의 내로라하는 투자사의 VC(벤처캐피털리스트)[2]는 물론 미국에 거주하고 있는 투자사도 초대해 대한민국 로컬기업의 비즈니스 모델에 대한 피드백을 받아보고자 한다. 이 모든 것이 메타버스 덕분에 가능해졌다.

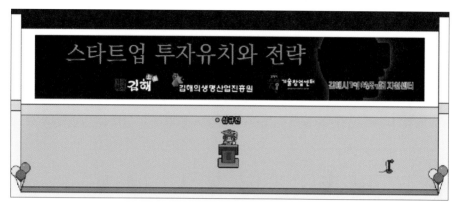

[그림13] 게더타운 투자유치 전략 특강 강의장

2) 두둥! 메타버스 입주기업을 모집합니다!

이 글을 쓰고 있는 지금, 아직은 G-메타버스 창업 페스티벌 개최 전이지만 나는 벌써 그 후를 상상해본다. (가칭)김해창업기획센터를 메타버스 게더타운으로 설립해 경상남도의 수많은 예비창업자를 모집할 예정이다. 당장 오프라인 공간이 필요하기 보다는 자신의 사업아이템을 구체화하고 분야별 멘토링을 통해 사업화가 필요한 청년들을 적극 모집하고자 한다.

이러한 메타버스 입주기업이 매력적인 이유는 오프라인으로 교육 및 멘토링에 참석했을 때 발생하는 이동시간을 절약하는 것은 물론 이름만 들어도 알 수 있는 기업으로부터 멘토링을 받을 수 있는 기회가 제공되기 때문이다. 이렇게 김해창업기획센터를 본격 운영하기 위해서는 대기업, 유니콘 기업이 된 스타트 업, 글로벌 투자사 등을 섭외하는 것이 필수적이라고 할 수 있겠다.

---

2) 유망 벤처 기업들을 발굴해 벤처 캐피털 회사로부터 자금을 이끌어 내어 기업의 성장을 돕는 투자 전문가 (네이버 국어사전 인용)

"회사 운영도 바쁜데 출근 도장을 찍는 것이 부담될 때가 있어요."
"더욱 많은 창업기업들과 교류하고 싶어요."
"국내 최고 전문가가 나의 멘토가 돼줄 순 없을까요?"

사실 메타버스 게더타운을 통한 입주기업 모집을 상상한 것은 창업기업들을 상담하면서부터이다. 지방에서 그들의 니즈(needs)를 충족시켜주기 위해서는 물리적 거리를 타파할 필요가 있었고 게더타운이 좋은 대안이 됐다.

그래서 내년 1분기 중에는 김해창업기획센터를 오픈해 경상남도에서 예비창업자, 초기 창업자를 모집하고자 한다. 정말이지 이제는 세상이 변화하고 있다는 것을 온 몸으로 체감하고 있고, 공공의 영역에서 수많은 기업들을 지원해야 하는 입장이라면 이러한 변화를 수긍하는 것은 물론 더 선제적으로 준비하고 대응해야 하지 않을까.

3) 페이스북이 사라졌다

[그림14] 前 페이스북CEO 마크 저커버그(출처 : AP뉴시스)

우리 모두는 마크 저커버그(Mark Zuckerberg)가 누구인지 잘 알고 있다. 근데 그는 더 이상 페이스북의 리더가 아니다. 지금 당장 네이버에서 마크 저커버그를 검색하면 Meta(메타) CEO로 검색되는 것을 알 수 있다. 이게 도대체 어떻게 된 일일까.

마크 저커버그가 세계 최대 소셜미디어인 페이스북의 성장 한계를 돌파하기 위해서 과감하게 사명을 변경한 것이었다. 저커버그는 페이스북 커넥트라는 가상·현실 행사를 개최해 meta로의 사명 변경 계획을 밝혔는데 기존의 페이스북, 인스타그램, 왓츠앱 등 애플리케이션 이름은 그대로 둔다고 한다.

[그림15] 메타버스에서 구현된 마크 저커버그(출처 : 페이스북)

이러한 페이스북의 변화를 두고 다양한 시선이 존재하는 것 같다. 하지만 한 가지 확실한 것은 페이스북이 사명을 변경하면서까지 새롭게 도전할만한 가치가 있는 시장이 '메타버스'라는 것이다.

커넥트 콘퍼런스에서 저커버그는 메타버스를 '인터넷 클릭처럼 쉽게 시공간을 초월해 멀리 있는 사람과 만나고 새로운 창의적인 일을 할 수 있는 인터넷 다음 단계'라고 정의했다. 이와 더불어 메타버스는 존재감을 느낄 수 있는 플랫폼이라고 덧붙였는데 아마도 미래에는 실제 만나지 않아도 마치 함께 있는 것처럼 존재감을 느낄 수 있을 것 같다. 저커버그의 저력은 단순히 소프트웨어 개발뿐만 이니라 메타버스를 위한 하드웨어 개발에도 집중하고 있다는 사실이다.

[그림16] 바다에서 성조기를 들고 동료와 함께 있는 마크 저커버그(출처 : 로이터연합뉴스)

2014년에 VR 기술개발을 하는 오큘러스를 인수했고, 이 때문에 페이스북이 VR 기술 및 기기 개발에 있어서 경쟁사보다 앞서 나가고 있다는 평가를 받고 있다고 한다 (paxnetnews, 2021-10-20). 이와 더불어 전 세계 최고 사양의 VR 기기인 프로젝트 캠브리아(Project Cambria)를 내년에 출시한다고 하니 저커버그 행보에 귀추가 주목된다. 향후 5년간은 AR 기기 완성에 더 투자하겠다는 페이스북, 아니 메타. 지금은 다소 불편하고 엉성해 보이는 스마트 글라스의 진화를 기다려봐야겠다.

과거 애플이 회사명에서 컴퓨터를 분리해 가정용 기기나 휴대폰 시장으로의 진출 움직임을 예고하거나 던킨이 회사명에서 도넛을 제거하고 커피 영역에 대한 도전을 선언한 것처럼 페이스북의 변화도 분명 예사롭지 않을 것이라 확신한다.

4) 2022년 메타버스 예산, 1,602억 원!

국회에 제출된 내년도 정부 예산안 중 메타버스 관련 사업 예산은 총 1,602억 원이라고 한다. 과학기술정보통신부에서 1,447억 원, 문화체육관광부가 155억 원을 각각 배정받았다고 하는데 이는 국회 심의단계에서 더 늘어날 수 있는 상황이다.

[그림17] 민관주도 메타버스 콘퍼런스(출처 : 메타버스 얼라이언스)

세부 예산 내역으로는 과기정통부는 청년 인재 관련 메타버스 허브, 지역 기반시설 확충 등 메타버스 플랫폼 사업과 공간사업에 예산편성을 요구했고 문체부는 K팝 등 한류 콘텐츠를 메타버스로 구현하는데 초점을 맞춰 예산을 요구한 상황이다.

이뿐만 아니라 주요 지자체에서도 메타버스를 준비 중인데 특히 서울시는 2억 명의 이용자를 보유하고 있는 제페토에 '서울창업허브월드'를 개관해 창업을 지원하고 있다. 또한 인천시는 쌍둥이 도시를 메타버스 공간에 구축할 계획이라고 하니 과거와 다르게 공공의 영역에서 오히려 더 빠르고 새롭게 생겨나는 기술을 습득해 구현하려는 움직임이다.

[그림18] Virtual Seoul(출처 : 서울시)

이렇게 정부, 주요 지자체에서 메타버스 관련 사업에 예산을 과감하게 편성한 만큼 내가 속한 김해시에서도 경상남도 차원에서 함께할 수 있는 메타버스 사업을 준비 중이며 나는 창업을 지원하는 입장에서 메타버스가 잘 구현될 수 있도록 다방면으로 지원할 예정이다.

여전히 메타버스를 우려의 시각으로 바라보는 분들이 많지만 필자의 생각에 과거의 VR/AR 돌풍과 다른 것은 메타버스를 통해 경제적 활동이 가능하고 여기에 NFT[3]가 더해지면서 새로운 산업으로 자리매김할 것이라고 전망한다.

---

3) 대체 불가능한 토큰(Non-Fungible Token)이라는 뜻으로 자산에 일련번호를 부여해 복제, 위변조를 막을 수 있어 소유권 입증이 중요한 콘텐츠 분야에 적용되고 있다(네이버 국어사전 재구성).

5. 메타버스를 활용한 교육과정 개발 모형 제안

필자는 박사과정에서 교육공학을 전공해 다양한 교육 프로그램을 개발한 바 있다. 최근에는 지역의 창업기업을 위해 'LADDER 모형(성장사다리 모형)'을 개발해 저작권을 등록했는데 해당 모형을 소개하자면 다음과 같다.

1) 창업기업의 성장사다리가 돼보자!

구분	과정	활동	산출물
L	경청 Listen	· 교육 : 전년도 참가자 또는 신규 참가 예정자 대상 설문조사·FGI(Focus Group Interview) 실시 · 사업화지원 : 전년도 우수 선정팀 FGI 실시 및 유망 콘텐츠기업 발굴 · 기타 : 타 지역 추진사례 조사 및 벤치마킹	설문조사 결과, FGI 보고서, 기업DB
A	분석 Analyze	· 경청(L) 단계에서 도출된 자료를 바탕으로 참가자/환경/과제 분석	사업목표 달성 전략
D	설계/기획 Design	· 세부 운영계획 수립 · 사업별 평가 및 종합 평가계획 수립	사업방침 운영매뉴얼
D	수행 Drive	· 일정별 사업추진 계획에 따라 사업운영 ☞ 실제 수행을 위해서는 운영매뉴얼이 필요하며 사업별 세부과업에 대해서 경청(L), 분석(A) 단계는 실시간 적용해 상시 개선될 수 있도록 운영	사업별 개선보고서
E	평가 Evaluate	· 사업목표 대비 달성 수준 점검 · 수행(D) 중 개선보고서에 따라 개선된 사례 정리 · 차년도 사업계획 시 반영해야 할 종합 개선점 도출	사업별 평가보고서 및 총괄평가서
R	개신 Revise	· 평가(E)에 따라 차년도 목표 재설정 · 그에 따른 추진전략 수립 및 예산편성	차년도 사업계획 요약

[표1] LADDER 모형(C-2021-006184)

(1) L(Listen)

세상에는 정말 다양한 창업 교육프로그램들이 있지만 과연 창업기업들의 수요조사가 충분히 이뤄진 프로그램인지 의문이 들었다. 과거의 창업경험과 현재의 창업지원 경험을 바탕으로 내린 결론은 프로그램 개발을 위해서는 먼저 창업기업의 이야기를 들어야 한다는 것이다. 하지만 비대면 시대에 다수의 창업기업을 직접 만나서 소통하는 것이 쉽지 않고 단순 설문조사는 정확도가 떨어지므로 무언가 즐겁게 그들과 소통하면서 니즈(needs)를 확인할 방법이 필요했다. 그래서 메타버스 게더타운을 활용해 현재 추진 중인 교육과정 개발의 취지와 방향성을 설명하고 그들의 의견을 들어보는 방법을 구상했다.

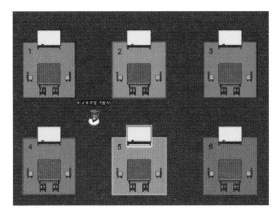

① 6개의 그룹으로 나눠 참가자간 주제별 토론을 가능하게 하고 토론이 끝나면 그룹별 대표자가 취합해 의견을 발표하는 방식
② 그룹을 나누지 않고 주제별로 자유롭게 토론하는 방식
③ 교육과정 개발자가 실시간으로 자료를 공유해 해당 자료에 대해서 의견을 구하는 방식

[그림19] 게더타운 그룹별 토론 현장

이렇게 게더타운을 활용하면 창업기업이 어디에 있든 25명 이내로는 무료로 접속해 창업기업의 니즈를 파악할 수 있어 매우 유용하다고 생각한다. 그리고 창업기업을 대상으로 확인할 사항을 예시적으로 구성하면 다음과 같다.

① 현 시점에서 가장 필요한 교육 분야는?
사업 아이템 구상, 사업계획서 작성, 시장조사/마케팅 전략, 투자유치 전략, 분야별 트렌드 교육

② 교육을 진행한다면 그 방식은?
오프라인 집합교육, 1대 1 컨설팅 또는 멘토링, 비대면 교육, 온오프라인 병행

③ 교육 후 필요한 사후관리는?

각 질문에 대해서 참가 기업 간 먼저 이야기를 나눠 볼 수 있도록 장려하고 이를 바탕으로 교육과정 개발자가 개입해 종합적으로 내용을 정리한다면 의미 있는 경청(Listen)이 될 것이라고 생각한다.

(2) A(Analyze)

경청한 내용을 바탕으로 이제는 교육과정 설계를 위한 분석을 해야 한다. 이를 위해서는 경청단계 시 취합한 내용을 공개해 교육과정 개발에 참여하는 사람들 간 토론이 필요하다. 이때 내부 전문가와 더불어 외부 전문가도 참여하게 되는데 게더타운을 활용해 쉽게 진행할 수 있다.

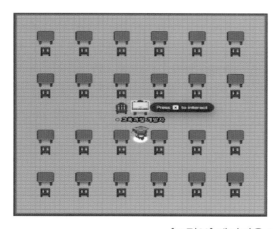

① 교육과정 개발에 참여하는 사람 모두 초대해 예시적으로 보이는 의자에 착석한다.
② 진행자가 경청(listen) 단계 시 취합된 자료를 설명하고 참가자/과제/환경을 분석한다.
③ 종합적인 토론을 통해 As-Is(현재 상황)와 To-Be(달성 목표)를 최종 정리한다.

[그림20] 게더타운 피드백 회의 모습

제대로 된 분석을 위해서는 게더타운 모임 시 진행자가 기초자료를 잘 준비해야 하며 상호 실시간 대화와 채팅창 활용을 적극적으로 독려할 필요가 있다. 분석 단계에서의 회의는 1~3회 정도가 적당하다고 생각하며 교육과정 개발자는 신뢰성 확보를 위해 최종 분석 결과를 공유해야 한다.

(3) D(Design)

현 상황의 진단과 달성 목표가 수립됐다면 이에 따른 세부운영계획을 수립해야 한다. 목표를 달성하기 위한 내용을 설계하고 이에 따른 교수 전략을 수립해야 하는데 이 또한 게더타운을 활용해 효과적으로 구성해볼 수 있다.

이를테면 '창업 아이디어에 따른 비즈니스 모델 수립'이라는 영역이 있다면 ▶ 창업아이템 이해 및 검증 교육 ▶ 비즈니스 모델 수립 실습을 세부 내용으로 정하고 참가자들에게 적합한 강사와 방식을 선택할 수 있다. 보통 기업 및 기관에서 교육과정을 운영할 때 현실적인 여건(물리적 거리, 비용)을 고려해 강사를 섭외해야 하지만 게더타운을 활용하면 양질의 강사를 저렴하게 섭외할 수 있다.

"OOO교수님, 혹시 11월 17일에 ~에 관한 주제로 강의 가능하신지요?"
"장소가 어디인가요?"
"김해입니다."
" … "

김해에서 수도권에 거주하는 유명한 강사를 섭외하기란 쉽지 않다. 하지만 최근 몇몇 분에게 게더타운을 통한 온라인 접속으로 강의를 요청드렸더니 비용이 저렴할 뿐만 아니라 일정을 맞추기도 훨씬 수월했다. 또한 단순 강의가 아닌 실습도 게더타운으로 얼마든지 가능하다. 강사가 실습 안내를 하면서 각자의 컴퓨터에서 비즈니스 모델과 관련된 내용을 작성하고 일정 시간이 되면 서로 자료를 공유해 상호 및 강사 피드백을 통해 내용을 고도화시키면 된다.

이렇듯 설계 단계에서는 세부운영계획(내용설계, 교수전략)을 수립하고 게더타운을 통한 교육 당일 혼란이 없도록 교육생들을 위한 매뉴얼만 잘 제작하면 된다. 게더타운을 통한 교육 시 매뉴얼에 들어가야 할 내용은 다음과 같다.

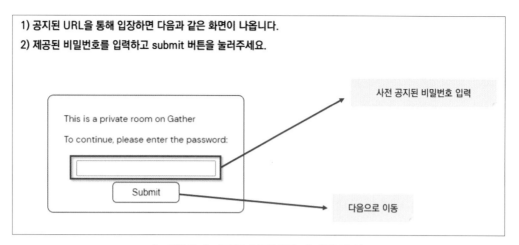

[그림21] 게더타운 입장방법 예시적 구성

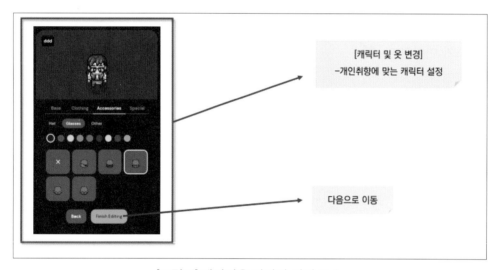

[그림22] 게더타운 아바타 설정 모습

① 게더타운 접속을 위한 브라우저(구글 크롬, 마이크로소프트 엣지) 안내

② 개인 컴퓨디 카메라 및 사운드 설정 안내

③ 게더타운 입장방법(해당 교육생만 접속할 수 있도록 비밀번호 설정 필수)

④ 게더타운에서 활용되는 기본 조작키(방향키, 상호작용, 이동 등)

⑤ 대강장, 세션별 강의장 등 공간별 활용 안내

오프라인 교육과 다르게 온라인으로 진행되는 교육이기에 ①~⑤와 같이 구체적인 안내가 없다면 교육 당일 혼선이 생길 수 있으니 매뉴얼 제작은 필수이며 교육에 참가하는 강사에게도 사전에 안내해 리허설을 진행할 필요가 있다.

(4) D(Drive)

실행 단계에서는 설계 단계에서 준비한 매뉴얼에 따라 실행하되 상시 개선점 파악을 위해서 게더타운 전 과정을 녹화할 필요가 있다. 온라인으로 교육이 진행되므로 보다 수월하게 녹화할 수 있으며 이후 모니터링 과정에서 개선점을 발견할 수 있다. 또한 실시간으로 교육생과 채팅 또는 1대 1 음성대화를 통해 그들의 피드백을 청취할 수 있으며 모든 내용을 종합해 평가 단계에서 분석을 진행하면 된다.

(5) E(Evaluation) → R(Revise)

이제 평가 후 개선하는 단계만 남았다. 오프라인으로 교육을 진행하면 교육 후 설문조사, 필기시험 그리고 사후평가(현업적용도 평가)를 진행하게 되는데 사실상 이러한 평가는 현장감이 떨어져서 정확하지 않다고 생각한다. 하지만 게더타운으로 교육을 진행하면 실시간으로 수렴한 교육생들의 의견과 녹화를 통한 강의 내용의 문제점 점검, 교육생 반응 등을 구체적으로 살펴볼 수 있어서 유용하다.

물론 온라인을 통한 교육의 한계는 교육생들의 집중도를 담보할 수 없다는 것인데 기본적으로 게더타운을 통한 교육은 필수교육이 아닌 선택과정을 대상으로 하고 있으며 이는 참여자들의 적극성을 전제로 하고 있다. 마지막으로 교육생, 담당자, 외부 전문가의 평가를 토대로 차후 교육 시 반영해야 할 개선점을 도출한다. 만약 동일한 교육을 다양한 사람들을 대상으로 몇 차시 운영하는 것이라면 그때마다 발생한 개선점을 항시 반영해 매 교육 시 교육과정의 질을 향상시킬 수 있다.

필자가 직접 LADDER 모형을 개발했지만 아직까지 게더타운을 활용한 교육과정 운영에는 적용해보지 못했다. 현재까지는 단순 강의만 운영해본 상황인데 내년도에는 창업기업별 맞춤형 교육 진행 시 LADDER 모형을 적용한 게더타운 활용 교육을 적극 추진해볼 생각이다. 만약 게더타운을 활용한 행사나 교육과정에 대해서 더 궁금한 점이 있다면 contents_de@naver.com로 적극 연락해주시길 바란다.

2) 창업기업은 오늘도 메타버스를 타고 싶다

얼마 전 필자가 속한 그룹을 대상으로 메타버스 특강을 진행한 적이 있다. 1시간 30분 가량 진행된 짧은 특강이었지만 참석자들의 반응은 뜨거웠다. 강의 중간중간 참석자들은 강의자료를 촬영하기 위해 휴대폰 카메라를 적극 활용했고 강의가 끝나자 강사를 중심으로 주변을 에워싸며 명함을 교환하기 위해 줄을 서기도 했다. 강사님을 보내드리고 창업기업 대표님께 질문했다.

"오늘 메타버스 특강 어떠셨어요?"
"개념을 전혀 몰랐는데 이제 확실히 뭔지 알게 됐고 이제는 내 사업 아이템에 어떻게 접목시킬지 고민 좀 해보려고요."
"아, 그러면 추가적으로 메타버스 실습 강의를 개최한다면 참석할 의향이 있으세요?"
"당연하죠. 하루 빨리 교육을 만들어주시면 좋겠어요!"

그리고 성장단계에 있는 창업기업 대표님께도 질문해보았다.

"메타버스를 활용할 아이디어가 있으신가요?"
"제 제품을 메타버스를 통해 노출시키고 구매 전에도 착용감을 간접적으로나마 느끼게 해주고 싶은 생각인데 더 구체적으로는 어떻게 해야할지 모르겠네요.
"대표님 생각처럼 그렇게 메타버스를 접목한다면 획기적일 것 같은데요?
"맞아요. 그리고 요즘에는 사업 아이템에 메타버스를 접목하면 투자도 잘 받을 수 있다고 하더라고요. 메타버스가 대세이긴 한가봐요."

메타버스 특강 개최 후 창업기업들의 뜨거운 반응을 몸소 경험했다. 어떤 대표님은 강의가 끝났는데도 제페토나 이프랜트 플랫폼에서 나오지 못하고 메타버스 세계를 탐험하며 또다른 자신과의 소통을 이어나가기도 했다.

이러한 모습을 보면서 2022년도에는 예비창업자, 초기창업자를 대상으로 '메타버스 전문가 양성과정'을 진행해야겠다고 생각했다. 한 번의 특강이 아니라 메타버스를 자신의 아이템에 접속시키기 위해서는 전문가 수준의 교육이 필요하며 이 교육에는 반드시 실습이 포함돼야 했다. 단순 VR기기를 다룰 수 있는 능력을 넘어 메타버스 플랫폼 내에서 자신이 원하는 세상을 직접 만들 수 있는 수준이 돼야 하는 것이다.

필자가 생각하는 메타버스 전문가 양성과정의 커리큘럼은 다음과 같다.

모듈	내용	시간
① 메타버스 이해	· 메타버스 개념 이해 및 사례 분석 – 주요 기업 활용 사례를 중심으로 – (과제) 메타버스 강의 교안 만들기	4H
② 메타버스 실습	· 제페토/이프랜드/게더타운 실습 – (과제) 게더타운 맵 제작	6H
③ 메타버스 적용	· 나의 사업아이템에 적용하기 – (과제) 메타버스를 활용한 사업계획서 작성	5H

[표2] 메타버스 전문가 양성과정 커리큘럼

① 메타버스 이해 교육에서는 누구에게나 메타버스에 대한 개념을 설명할 수 있도록 참가자들이 직접 강의 교안을 만들어볼 수 있도록 지도하고 메타버스 전문가 양성과정 대상이 '창업' 관련자인 만큼 기업에서의 활용 사례 또한 다양하게 소개하고자 한다.

② 메타버스 실습 교육에서는 개념상 이해한 메타버스를 실제로 체험하면서 자신만의 세계를 만들어보는 것이 목적이다. 교육 수료 시점에는 게더타운 맵 하나씩 구성해 현장에서도 활용할 수 있도록 지도하고자 한다.

③ 메타버스 적용 교육에서는 이해, 실습을 통해 경험한 메타버스를 자신의 사업 아이템에 어떻게 적용시킬 것인지 구상해 관련 전문가로부터 멘토링을 받고 사업계획서를 작성해보도록 하고자 한다.

본 메타버스 전문가 양성과정의 권위와 신뢰성 확보를 위해 한국메타버스연구원과 함께 설계해 내년도에 경상남도민을 대상으로 과정을 운영할 계획이다.

Epilogue : 김해시를 대한민국 최고 메타버스 도시로 만들 것이다!

찬란한 가야의 역사와 문화를 계승하고 있는 김해. 인구 53만명의 중소도시이지만 잠재력 만큼은 전국 최상위라고 생각한다. 그 이유는 김해시가 경상남도의 청년창업메카 역할을 하고 있으며 청년창업 붐이 서서히 일어나고 있기 때문이다.

김해창업카페(김해여객터미널 3층)에서 직접 예비창업자·초기창업자를 상담하면서 그들의 열의를 느낄 수 있었고, 전국에 없었던 비즈니스 모델이 다양하게 생겨나고 있다. 이제는 지방에서 창업하더라도 불리한 점이 없도록, 뒤처지는 부분이 없도록 보완할 수 있는 도구가 생겨났으니 그것이 바로 '메타버스'이다. 메타버스를 통해서 유명 강사를 초빙하는 것도 가능하며 전국의 유수한 기업과 교류도 가능하다. 또한 전국의 엔젤투자자, VC를 초빙해 보다 수월하게 투자발표회(IR)도 진행할 수 있게 됐다.

다만, 이러한 메타버스 플랫폼을 누가 빠르게 이해하고 접목시키느냐가 관건이다. 필자는 기관의 창업지원 업무 담당자로서 메타버스를 학습했으며 내년부터는 메타버스를 활용해 기업을 모집하고 지원해 그들의 성장을 도모하고자 한다. 이를 통해 궁극적으로 김해시가 창업과 관련해서는 메타버스에 가장 강한 도시로 만들 것이다.

이것이 중소도시의 일개 담당자가 외치는 허공의 메아리가 될지언정, 메타버스에 탑승한 우리시의 기업은 분명 최고로 가는 길목에 서있을거라 믿어의심치 않는다.

Chapter
5

NFT 이제 시작이다!

강진교

Chapter
05

NFT 이제 시작이다!

Prologue

WWW는 전 세계는 인터넷 하나로 연결된 세상이라는 의미로 월드(world), 와이드
(wide), 웹(web)의 줄임말이다. HTML로 작성된 홈페이지의 데이터는 인터넷에서 상호
링크를 통해 복잡한 컴퓨터 네트워크를 형성하고 있다. 마치 거미집처럼 복잡하게 접속돼
있어서 Worldwide(세계적인) Web(거미집)이라고 부르게 됐다.

이젠 그 기술이 한걸음 진보하는 시대에 놓여졌다. 바로 인터넷이라는 넓은 정보의 바다
에서 블록체인이라는 새로운 기술이 인터넷과 만나서 새로운 도약의 큰 빅뱅 속의 소용돌
이 세상 속에 살고 있다. 세계 최초의 컴퓨터 애니악이 나온 것이 1946년 그리고 1980년대
IBM의 등장은 패러다임 그 자체였다.

퍼스널 PC시대가 열리고 그 시절에는 혁신 그 이상이었다. 하지만 인터넷이라는 새로운
세계가 출범하고 네트워크가 없었기에 PC는 그 자체로써 자료를 저장하고 공유할 수 없는
존재였다. 그러면서 1989년 전 세계를 하나로 엮는 World wide Web이라는 신 개념 거미
줄 망 글로벌 하이퍼텍스트 공간개념을 제시한 사람이 팀 버너스리였다.

[그림1] 웹디자인(출처 : 호남백과사전 디자인팀)

한 사람의 생각이 생각의 물질로 변해서 지금까지 인터넷 세상은 바다보다 더 깊고 넓은 세상이 됐다. 그 인터넷 세상 속에서는 시간과 공간의 제약을 넘어서 누구든 웹으로 접속할 수 있지만 수많은 정보 속에서 어떤 정보가 진짜인지 가짜인지 알아 낼 수가 없다.

그래서 이것을 탈피 할 수 있는 기술이 바로 '블록체인' 기반 기술이다. 인터넷과 블록체인 모두 무형이며 시간이나 공간의 제약을 받지 않는 큰 공통점이 있지만 아주 근본적인 차이점은 바로 복사본과 정본의 차이다. 블록체인이라는 기술은 지금도 세상을 조금씩 바꾸고 있으며, 그 속에 우리들 또한 그 혁신의 기술로 앞으로 나아갈 지도 모른다.

조용히 다가 온 팬데믹 세상 바로 위드코로나. 우리들의 세상 속에 비대면 환경은 소리 없이 흐르는 강물처럼 새로운 패러다임과 혁신으로 다가왔고 아이폰이 역사는 14주년이 돼간다. 그 혁명 속에 아이폰의 제조사 애플은 한 때 지나친 제품의 라인업 확장과 MS의 윈도우에 밀리면서 부도 직전까지 갔었던 기업이었지만 MP3 플레이어와 아이팟의 성공으로 휴대용 디바이스 시장을 선도하기 시작했다.

최초의 아이폰 인 맥월드 2007을 발표하면서 새로운 스마트폰 시대에 획을 그은 하나의 큰 이슈로 지금도 해년마다 출시되면 전 세계는 아이폰을 구입하기 위해서 몇 날 몇 일을 학수고대하면서 심지어 매장 앞에서 텐트까지 설치하고 노숙을 하면서 그 신제품을 기꺼이 구입하고 행복해하는 것이 현실이 됐다.

아이폰의 핵심은 바로 심플, 모든 버튼을 없애버리고 단추가 없는 핸드폰 그리고 멀티적인 기능은 전 세계를 열광하게 하고 탄성을 지르게 했다. 이렇게 소셜 네트워크 서비스 SNS는 춘추전국시대로 접어들었다.

최근 들어 글로벌 최대 SNS 업체인 페이스북이 메타버스에 힘을 싣고자 사명을 '메타(Meta)'로 변경하기로 했다고 밝혔다. 특정한 관심이나 활동을 공유하는 사람들 사이의 관계망을 구축해 주는 온라인 서비스인 SNS는 최근 페이스북(Facebook)회사가 폭발적으로 성장함에 따라 회사명을 변경하고 사회적 학문적인 관심의 대상으로 부상했다.

SNS는 컴퓨터 네크워크의 역사와 같이 할 만큼 역사가 오래됐지만 현대적인 SNS는 1990년대 이후 월드와이드웹 발전의 산물이다. 신상 정보 공개, 관계망 구축과 공개, 의견이나 정보 게시, 모바일 지원 등의 기능을 갖는 SNS는 서비스마다 독특한 특징을 갖고 있으며 따라서 관점에 따라 각기 다른 측면에 주목한다.

SNS는 사회적 파급력만큼 많은 문제를 제기하며 논란의 중심에 서 있다. 1990년대 말부터 2000년대 초반 우리에게 인터넷이라는 기술은 많은 기대와 많은 실망 안겨줬으며 그렇게 10여 년이 지난 지금 돌이켜보면 인터넷 기술이 무엇을 의미했고 세상을 어떻게 변화 시켰는지 이제는 알 수 있게 됐다.

그 변화의 소용돌이 속에서 우주의 빅뱅처럼 커지고 폭발하는 또 하나의 희소성, 고유성을 지키기 위해 무엇인가 대안이 필요했다. 그것이 바로 비대면 환경 속에서 현실과 메타버스를 넘나드는 새로운 경제 생태계의 탄생, NFT(대체 불가능한 토큰, Non-Fungible Token)로 희소성을 갖는 디지털 자산을 대표하는 토큰이다. 이제 필자는 본문을 통해 NFT가 급부상하는 이유와 그 사례를 알아보고자 한다.

1. NFT란 무엇인가?

NFT는 '대체 불가능한 토큰(Non-Fungible Token)'이라는 뜻으로 희소성을 갖는 디지털 자산을 대표하는 토큰을 말한다. NFT는 블록체인 기술을 활용하지만, 기존의 가상자산과 달리 디지털 자산에 별도의 고유한 인식 값을 부여하고 있어 상호교환이 불가능하다는 특징이 있다.

'대체 불가능한 토큰'이라는 뜻으로, 블록체인의 토큰을 다른 토큰으로 대체하는 것이 불가능한 가상자산을 말한다. 이는 자산 소유권을 명확히 함으로써 게임·예술품·부동산 등의 기존 자산을 디지털 토큰화하는 수단이다.

[그림2] NFT(출처 : 웹디자인 호남백과사전 디자인팀 제공)

NFT는 블록체인을 기반으로 하고 있어 소유권, 판매이력 등 관련 정보가 모두 블록체인에 저장되며 따라서 최초 발행자를 언제든 확인할 수 있어 위조 등이 불가능하다. 또 기존 암호화폐 등의 가상자산이 발행처에 따라 균등한 조건을 갖고 있는 반면, NFT는 별도의 고유한 인식 값을 담고 있어 서로 교환할 수 없다는 특징을 갖고 있다. 예컨대 비트코인 1개당 가격은 동일할지라도 NFT가 적용될 경우 하나의 코인은 다른 코인과 대체 불가능한 별도의 인식 값을 갖게 된다.

NFT의 시초로는 2017년 스타트 업 대퍼랩스(Dapper Labs)가 개발한 '크립토키티(CryptoKitties)'가 꼽히는데 이는 유저가 NFT 속성의 고양이들을 교배해 자신만의 희귀한 고양이를 만드는 게임이다. 특히 2017년 말 이 게임의 디지털 고양이가 11만 달러(약 1억 2,000만 원)에 거래되면서 화제를 모은 바 있다.

대퍼랩스는 2020년부터는 미국프로농구(NBA)와 손잡고 NFT 거래 플랫폼인 'NBA 톱 샷(NBA Top Shot)' 서비스를 제공하고 있는데, 해당 플랫폼에서는 유저들이 유명 선수들의 하이라이트를 짧게 편집한 영상을 거래할 수 있다. 대퍼랩스는 NBA와 라이센스 계약을 체결하고 희소성을 유지하기 위해 제한된 수로 NFT를 만들어 판매하고 있다.

NFT는 가상자산에 희소성과 유일성이란 가치를 부여할 수 있기 때문에 최근 디지털 예술품, 온라인 스포츠, 게임 아이템 거래 분야 등을 중심으로 그 영향력이 급격히 높아지고 있다. 대표적으로 디지털 아티스트 '비플'이 만든 10초짜리 비디오 클립은 온라인에서 언제든지 무료로 시청할 수 있지만, 2021년 2월 NFT 거래소에서는 660만 달러(74억 원)에 판매됐다.

또 테슬라 최고경영자(CEO) 엘론 머스크의 아내이자 가수인 그라임스는 2021년 3월 NFT 기술이 적용된 '워 님프'라는 제목의 디지털 그림 컬렉션 10점을 온라인 경매에 올렸는데 20분 만에 580만 달러(65억 원)에 낙찰되면서 큰 화제를 모았다(출처: 네이버 지식백과, NFT(시사상식사전, pmg 지식엔진연구소)).

2. NFT 시대의 시작 및 게임으로 시작된 메타버스 세상

　디지털 상품에 대한 혁신을 이뤄 낸 NFT, 디지털 세상에 대한 이해도가 중요한 위드코로나 시대에 모든 영역에 활용 가능한 NFT 기술의 세계를 알아보고자 한다.

　디지털 세상에서는 원본을 인증 할 수 없어 투명한 판매가 어려웠다. 그러나 NFT는 특정 자산을 고유하게 표현할 수 있는 도구로 희소성과 고유권을 보장할 수 있게 됐고 개인이든 기업이든 디지털 상품 수익에 대한 혁신을 가져다주고 있다.

　그렇다면 왜 NFT 거래가 혁신적인지 그 이유는 모든 NFT 디지털 상품은 원작자에게 있으며, 적용 될 수 있는 활용 점으로는 부의 창출효과, 비대면 환경 속에서 고유 스토리 이 세 가지가 합쳐져 있다.

[그림3] 메타버스와 NFT(출처 : 웹디자인 호남백과사전 디자인팀 제공)

코로나 시대로 비대면 환경에 대한 적응과 NFT와 블록체인으로 무언가를 할 수 있는 게 큰 장점이다. NFT에 가장 적합한 창작물은 글, 시, 문학 등으로 그 소유권을 이전하고 원 창작자는 저작권을 소유하고 예컨대 10%의 수익 로열티와 구매한 사람이 재판매 금액의 10%에 대한 수익이 다시금 정립되는 구조이며 팬덤 층을 확보한다면 그 수익은 늘어나게 된다.

단점은 여러 계정으로 판매진행을 한다든지 혹은 사재기를 한다면 문제점 발생과 그에 따른 법적인 절차가 발생한다는 점이다.

돈의 역사인 화폐의 역사를 거슬러 올라가면 우리가 자급자족하는 시대에는 진짜 노동력 하나로 살아왔지만 과일을 따거나 사냥을 하거나 기본적으로 내 몸 하나가 기본단위였다. 화폐라는 건 언제부터 생기게 됐느냐면 사람들끼리 내가 가치 있다고 생각하는 무언가를 바꾸기 시작하면서 물물교환을 시작됐고 그 과정의 필요에 의해 금화 은화 같은 화폐가 나타나기 시작했다.

화폐는 바로 상품 고유의 상품가치와 화폐로서의 교환가치를 모두 지니는 화폐를 말한다. 명목상 화폐 고유의 실질적 가치와 상관없이 이를 발행하는 정부로부터 가치가 인정되는 법적 통화 지폐를 지불한다는 건 지폐 자체는 아무런 그 자체의 가치는 없으며 그냥 종이이다. 이 명목상 화폐가 계속 진화하면서 동전과 지폐에서 점차 신용카드를 쓰기 시작하고 다양한 종류의 페이로 결재를 하거나 온라인 앱으로 계산하는 세상이 됐다.

우리가 이미 사용하고 있는 현대의 '화폐'는 디지털 화폐로 바로 돈이라는 것도 어떤 의미에서는 한 번도 만져보지 못한 게임머니처럼 디지털 화폐가 돼 버린 지 오래이다. 단, 국가가 보증해주는 화폐는 내가 누군가랑 거래를 하면서 한국은행에서 찍어낸 돈으로만 거래를 해야 한다. 이게 진짜 돈이지만 갑자기 국가부도가 나거나 나라가 망하거나 엄청난 경제 위기가 온다든지 하게 되면 화폐 가치가 진짜 종이가 돼버리고 내 통장에 찍혀 있는 숫자는 아무 의미가 없게 될 수도 있다.

그래서 이 경제 위기가 올 때마다 사람들은 생각한다. '국가가 보증해 주는 그 돈이라는 거 화폐라는 건 믿을 수 없고 그냥 우리 끼리 거래하면 안 되나?', '바로 사람들끼리 직접 거래할 수 있는 시스템을 만들면 좋겠다'라고. 이런 생각 속에서 '비트코인'이 등장하게 된 것이며 다양한 종류 중에서 '이더리움' 같은 경우는 스마트 거래를 가능하게 했다는 부분에 있어서 굉장히 큰 가치를 가진다.

왜냐하면 두 사람 사이에 어떤 조건이 이뤄져서 이런 거래가 오고 갔을 때 혹은 디지털 상에서 국가기관이나 은행이 보증을 해주지 않아도 이 시스템 안에서 돈이라는 화폐가 형성됐지만 희소성과 한정성 때문에 수량이 많지는 않다. 다만 우리가 코인이나 암호화폐라고 생각하지 않는 것까지도 우리는 이미 돈처럼 이것을 거래 시 사용하고 있다.

대표적인 예가 스타벅스 카페에서 디지털 자금을 사용하지 않아도 스타벅스가 이미 갖고 있는 선 지급된 돈의 가치는 2조 원이 넘는다고 한다. 그럼 언젠가는 미국에 있는 스타벅스와 한국에 있는 스타벅스는 스타벅스끼리 미리 결제한 혹은 구매하면서 쌓인 포인트를 내 돈처럼 주고받을 수 있게 하면 그게 다름 아닌 화폐가 되는 것이다.

기업 중에서 사실 기본적인 화폐 발행의 주체가 자기 회사가 됐으면 좋겠다고 일부는 생각을 하고 있을 것이다. 이와 같은 일이 이미 일어나고 있는 곳이 있다. 바로 게임 속 세상 '로블록스'로 이는 대표적인 메타버스 게임 중 하나로 월 게임 구독자가 1억 명이 넘는다고 한다.

게임을 하게 되면 유저끼리 게임 머니도 거래가 되는데 그것이 바로 대체 불가능 토큰으로 알려진 일종의 암호화폐이다. '초딩 게임'의 가치가 30조 원인 로블록스에 주목하는 이유는 기존의 가상현실이나 사이버월드와 비슷한 개념이지만 보다 진일보한 형태로 가장 큰 특징은 현실과 가상세계와의 모호한 경계성에 있다.

쉽게 말해 친구를 만나거나 게임, 쇼핑, 공연 관람, 산책, 드라이빙 같이 현실세계에서 했던 활동들을 사이버 세계에서도 그대로 경험할 수 있도록 구현된 세계가 메타버스이다. 이제는 오프라인 공연도 사이버 세계에서 열린다. 미국의 유명 래퍼 릴 나스 엑스는 지난해 11월 로블록스에서 가상콘서트를 개최했는데, 이틀 동안 무려 3,000만 명의 관객을 모았다.

현재 미국 청소년들 사이에서 로블록스는 매우 강력한 플랫폼으로 떠오른다. 미국 9~12세 어린이의 70% 이상이 로블록스를 이용한다. 전 세계 로블록스 이용자 수는 일평균 3,259만 명이다. 지난해 이용자들이 로블록스 세계에 머문 시간은 총 306억 시간이다. 1년 전보다 일일 이용자수는 85%, 이용 시간은 124% 증가했다.

여기서 중요한 건 실적이다. 로블록스의 실적을 제대로 알려면 우선 로블록스의 핵심 비즈니스 모델인 로벅스에 대해 알아야 한다. 암호화폐하면 비트코인, 이더리움과 같은 것들이 떠오르지만 이것들만이 암호화폐는 아니다.

예를 들면 우리가 알고 있는 모나리자 그림은 전 세계 하나밖에 없다. 그래서 프랑스까지 가서 그런 예술 작품을 감상하려고 비용을 직접 지불하고 먼 곳까지 가서 보게 된다. 하지만 온라인상에는 모나리자 그림이 얼마나 많은지 그냥 검색만 해도 엄청 많이 나오기 때문에 검색을 통해 보는 그림은 가치가 전혀 없다. 하지만 디지털상의 작품도 디지털화 되기 시작하면 가치를 부여할 수 있다는 게 'NFT'이다. 세계 아티스트들은 이를 통해 자기 작품을 팔기 시작하면서 그 가치를 증명하고 소유권 또한 인정받기 시작했다.

이런 것처럼 정말 그 무엇으로도 바꿀 수 없는 가치를 지닌 가상의 대체 불가능한 토큰은 다른 무엇과도 교환할 수 없는 유일무이한 데이터를 의미 하지만 그에 따른 디지털 혁명의 파장은 지금도 앞으로도 무궁무진하게 커질 것이다.

3. NFT와 디지털 소유권 및 저작권

NFT는 대체 불가능한 토큰으로 다른 무엇과도 교환할 수 없는 유일무이한 데이터를 의미하며 쉽게 말하면 바로 한정판과도 같다. 한정판은 진위여부와 소유권을 증명서나 고유 넘버로 식별했다.

JPG, PNG와 같은 디지털 파일들은 복사하면 누가 원 소유권자인지, 어떤 게 원본인지 복사본인지 알 수가 없다. 하지만 디지털 파일의 원본과 복사본이 차이는 없지만 여기에

NFT를 적용한 디지털 파일은 원본의 소유권, 판매이력 등 관련정보가 블록체인에 저장되기 때문에 원작자 추적 등 소유자가 누구인지 파악이 가능하다.

예를 들어 NFT 기술을 통해 소유권 주장이 가능하고 이미지, 영상, 아이템, 메타버스, 음원, 예술품, 전자책, 게임, 스포츠 등 유명 작가들의 작품들이 NFT를 통해 거래됐다.

헤럴드경제지는 '수백억짜리 디지털 작품...숨은 비결은?'이라는 제목의 기사에서 [그림4] 작품을 소개했다. 내용은 2021년 3월 11일 글로벌 미술품경매사인 크리스티에서 6,934만 달러(783억 원)에 낙찰된 미국 작가 비플(Beeple)의 디지털 아트 콜라주 작품 '매일: 처음의 5000일'. 작가는 지난 2007년 5월 1일부터 2021년 1월 7일까지 5000일(13년 6개월) 동안 매일 한 개의 디지털 이미지를 그렸다. 6개월 전 까지만 해도 한 점도 못 팔았으나, NFT(Non Fungible Token : 대체불가능토큰)가 주목받음에 따라 NFT로 민팅(발행)한 그의 작품에 관심이 집중됐다. 2월 말에는 비플이 제작한 10초짜리 동영상이 660만 달러(75억 원)에 거래됐다고 밝혔다.

[그림4] NFT(출처 : 웹사이트 캡처)

[그림5]는 테슬라 최고경영자(CEO) 일론 머스크의 아내이자 가수인 그라임스가 NFT(Non fungible Token·대체불가능토큰) 기술을 활용해 20분 만에 65억 원을 벌었다는 '워 님프(War Nymph)' 컬렉션 중 일부이다. 그라임스의 이와 같은 소식이 화제가 되면서 NFT 기술에 관심이 쏠리기 시작했다.

즉 2021년 3월 3일(현지시간) 미국 경제매체 비즈니스 인사이더에 따르면 그라임스는 최근 NFT 거래소 '니프티 게이트웨이'에 '워 님프(War Nymph)'라는 제목의 디지털 그림 컬렉션 10점을 온라인 경매에 올렸다고 한다. 작품은 날개 달린 아기 천사가 화성 주위를 수호하는 모습을 가상 이미지로 담았다. 아기 천사는 '신 창세기의 여신'을 나타낸 것이라고 그라임스는 설명했으며 여기에 그라임스의 노래가 배경으로 깔렸다.

[그림5] 워 님프 컬렉션 중 일부 합성(출처 : 테슬라 최고경영자(CEO) 일론 머스크의 아내이자 가수인 그라임스의 트위터에서 캡처)

NFT는 현재 예술작품에서 큰 두각을 나타내고 있지만 향후에는 부동산과 같은 실물자산에도 많이 활용될 것으로 보이며 명확한 소유권이 필요한 곳에는 모두 NFT 기술이 적용 될 것이다. 즉, NFT는 소유권을 주장하는 데 특화된 기술이라고 생각하면 된다.

이러한 저작물에는 소설, 시, 논문, 강연, 연술(演述), 각본, 음악, 연극, 무용, 회화, 서예, 도안(圖案), 조각, 공예, 건축물, 사진, 영상(映像), 도형(圖形), 컴퓨터 프로그램 등이 있다. 여기에 더해 원 저작물을 번역, 편곡, 변형, 각색, 영상제작 등의 방법으로 가공한 창작물(이를 2차적 저작물이라 한다)과 편집물로 그 소재(素材)의 선택 또는 배열에 창작성이 있는 것(이를 편집저작물이라 한다)도 독자적 저작물에 속한다.

전 세계에서 나만 가질 수 있는 작품이라고 생각해보면 이 작품에 대한 니즈를 가진 소유자가 많아질 것이다. 분명 보다 많은 아티스트들이 본인의 작품들을 영구히 보관하고 그 가치를 증명할 수 있도록 NFT 시장에 함께 할 것이다. 한편, 국내 미술시장에서도 NFT 아트에 관심을 갖기 시작했다. 서울옥션의 자회사인 서울옥션블루는 상반기 중 NFT 아트를 거래할 수 있는 플랫폼을 런칭 할 예정이다.

또한 고(故) 이건희 삼성전자 회장의 부인 홍라희 전 리움미술관 관장이 해인사에 추사 김정희의 친필을 초고화질로 촬영해 책자로 만든 '디지털 반야심경'을 선물한 것이 뒤늦게 알려져 화제가 됐다. 홍 전 관장은 당시 방장 스님에게 "디지털 기술이 너무 발전해서 이를 활용해 학예사들이 좋은 전시를 얼마든지 꾸릴 수 있게 됐다"라며 메타버스를 언급한 것으로 전해졌다. 또한 "가상공간이 생기면 그 속에서 리움 컬렉션을 다 볼 수 있는 세상이 온다"라며 "내 것 네 것이 없는 세상이 되는 것 같다"고도 말했다.

과거에는 추사의 반야심경 책자를 보기 위해선 리움미술관을 방문해야만 했지만 이제는 메타버스를 활용해 경남 합천에서도 책자를 볼 수 있게 됐다는 소식이다. 그리고 삼성문화재단은 최근 '메타리움(meta. LEEUM)'이라는 상표권을 특허청에 출원하는 등 메타버스관 개관을 추진하고 있는 것으로 알려졌다.

이처럼 NFT는 다양한 분야에서 가치를 인정받고 있다.

4. NFT와 블록체인

NFT가 무엇인지 그 방법을 알기 위해서는 우선 요즘 떠오르고 있는 블록체인 토큰인 NFT와 '핌라이드'에 대해 알아야한다.

1) NFT란?

우선 NFT란 블록체인을 기반 한 암호화 디지털 자산을 말하며 게임 아이템, 실물자산, 예술품 등에 가치와 희소성을 부여하는 수단으로 널리 활용되고 있다.

NFT는 토크화된 디지털 자산이다. 가치가 있거나 가치를 가질 수 있는 무언가에 어떤 형태로든 디지털화해서 기록할 수만 있다면 토큰 화가 가능하다. 유형자산이든 무형자산이든 상관이 없으며 자산 자체에서 끝나지 않고, 이 자산의 소유권 정보도 포함할 수 있다. 그리고 NFT는 고유하다는 특성을 갖고 있다.

특히 NFT는 디지털 영역에서 소유권을 증명하는데 많이 사용된다. 예를 들어 게임 아이템에 NFT가 접목되면 게임 서비스가 종료돼도 여전히 유저에게 아이템이 남아 있어 그 가치를 인정받는 것이다.

2) 핌라이드란?

핌라이드는 앞서 설명했던 NFT 카드를 이용해 시뮬레이션을 진행하는 모바일 레이싱 게임이다. 기존의 게임들 속 아이템과 달리 핌라이드의 NFT 카드는 실제 자산화가 가능하다는 장점을 갖고 있다. 유저가 획득한 NFT 카드는 거래소를 통해 언제든지 다른 유저와 거래할 수 있고 희소성이 높을수록 더 큰 가치를 가진다. 그렇다면 어떻게 내 차를 게임 속 스포츠카로 만든다는 건지 궁금할 것이다.

[그림6] 핌라이드(출처 : 공식 유튜브 채널 캡처)

핌라이드에서 게임을 진행하는 데 사용되는 실제 자산화가 가능한 NFT 카드를 수집해 게임에서 내가 사용했던 스포츠카를 협력업체와의 협업을 통해 게임유저로 활동하면 실제로 보상도 받을 수 있게 된다. 다른 게임들과는 차별화된 신선한 방식으로 진행되는 핌라이드는 현재 데모 버전을 통해 개선과 보완을 하며 유저와 만나는 날만을 기다리고 있다.

[그림7] 핌라이드 공식 유튜브 채널(출처 : 유튜브 캡처)

3) 블록체인(blockchain) 이란?

블록체인은 한 마디로 누구나 열람할 수 있는 장부에다 거래내역을 투명하게 기록하고, 여러 대의 컴퓨터에 이를 복제해 저장하는 분산형 데이터 저장기술이다. 여러 대의 컴퓨터가 기록을 검증해 해킹을 막는다. 즉 블록에 데이터를 담아 체인형태로 연결해 수많은 컴퓨터에 동시에 이를 복제하고 저장하는 분산형 데이터 저장기술이다.

공공 거래 장부라고도 부른다. 중앙 집중형 서버에 거래 기록을 보관하지 않고 거래에 참여하는 모든 사용자에게 거래 내역을 보내 주며, 거래 때마다 모든 거래 참여자들이 정보를 공유하고 이를 대조해 데이터 위조나 변조를 할 수 없도록 돼 있다(출처: [네이버 지식백과] 블록체인, 시사상식사전, pmg 지식엔진연구소).

어떠한 두 개도 같지 않고 이런 특성을 대체불가능(Non-Fungible)이라고 하는데 이는 복제를 방지하는 스마트 컨트렉트 때문이다. 이더리움 같은 퍼블릭 블록체인에 많은 사람들이 참여하지만 누구도 위조할 수 없고 이것이 증빙되고 있는 이유도 이 때문이다.

[그림8] 블록체인(출처 : 웹디자인 호남백과사전 디자인팀 제공)

예를 들면 만 원은 서로 주고받을 수 있는데 물론 지폐마다 일련 고유번호는 모두 다르지만 우리가 살고 있는 세상에서 만 원이든, 그 어떤 만 원이든 모두 표현하는 가치는 같다. 내가 옆에 있는 사람과 만 원을 주고받았을 때 우리 사이에는 어떤 일도 일어나지 않는다.

다만, 대체불가능(Non-Fungible)이란 고유 특성 때문에 차별점을 갖는다. 각 NFT마다 고유한 자산과 그 소유권을 포함하며 모든 NFT는 서로 다른 데이터를 갖고 있다.

대체가능(Fungible)의 특징은 이더리움이나 비트코인 같은 다른 암호화폐와 마찬가지로 블록체인에 데이터로 저장하는 것과 같다. 하지만 NFT는 같은 종류라 하더라도 각각 다르며 여러분이 잘 알고 있는 포켓몬을 떠올려보면 피카츄는 여러 마리가 있지만 각 피카츄마다 야생인지 아닌지, 누가 키우는지에 따라서 그 능력치는 모두 다르다.

지우의 피카츄와 나의 피카츄가 다른 것처럼 완벽히 같은 피카츄는 한 마리도 없으며 이게 바로 대체불가능(Non-Fungible)의 개념이다. 어릴 땐 종이로 갖고 놀던 이 포켓몬 카드가 '포켓몬 고'를 통해 디지털로 구현된 걸 생각해 보면 디지털로 발행된 토큰이라는 게 짐작이 간다.

이제 NFT의 개념을 이해했다면 그렇다면 이 NFT가 왜 돈이 되는지 알아보겠다. 왜 NFT는 가치가 있는지 그 자산의 개념은 또 어떻게 되는지 메타버스에서 NFT는 어떻게 그 기술이 이용되는지 알아보겠다.

5. 왜 지금 NFT에 관심을 둬야 하는가?

최근 들어 NFT가 큰 이슈가 되고 있는데 왜 매력적인지 가장 큰 이유는 새롭고 신기하다는 것 외에 가장 큰 이유는 돈이 된다는 것이다.

11년 전에 비트코인 1만 개로 피자를 사먹은 사람이 있었다. 이 이야기는 당시에도 뉴스화 됐고 많은 사람들이 비웃기도 했었지만 가상화폐로 물건을 사다니, 그때는 누가 봐도 피자를 사먹은 사람이 승리자 같았다. 이제와 계산을 해 보면 지금은 시세가 비트코인 한 개의 가치가 7,000만 원 정도이니까 수천억 원에 피자를 사 먹은 바보 같은 사람이 됐다.

NFT는 대체 불가능한 토큰으로 그 가치를 생각해보면서 예를 들어 부동산과 예술작품으로 나눠 볼 때 서울 강남에 있는 부동산을 NFT를 통해 소유했을 때 위치에 따라서 가격 차이가 크게 다르며 여러 사람이 동시에 갖고 있을 수 없는 유일한 것이기도 하다.

예술작품도 비슷해 피카소가 여러 수많은 그림을 그렸지만 같은 그림은 전 세계에 어디에도 없고 오직 원작은 한 개만 존재한다. 기존 암호화 화폐의 세계에서 나의 1비트코인과 다른 사람의 1비트코인의 값어치는 같은 대체가능한 토큰으로 만들었다. 반면 NFT는 블록체인으로 대체 불가능한 토큰을 소유의 증서로 사용하는 것이라고 생각하면 된다.

바로 이러한 특징을 활용해서 기존 세계에 있었던 수집가들이 했던 일들을 가상의 세계로 똑같이 옮겨서 수집품을 모으고 거래할 수 있게 해준다. 수집가들이 모으는 물품은 정말로 다양하고 잘 알려진 것으로 미술품, 음악, LP판, 게임카드, 아이템, 아이돌 굿즈, 영화티켓, 우표, 오래된 유물, 자동차 등 끝도 없는 수집품이 있다.

강가에 굴러다니는 돌도 수석이라고 해서 수집하고 비싸게 팔기도 하며 이런 수집을 통한 소유의 즐거움은 내가 좋아하는 것을 응원하는 마음으로 구매를 통해서 경제적으로 제작자를 지원하기도 한다. 또한 투자를 통해서 자산을 축적하거나 판매해서 경제적인 이익을 얻는 모든 것들이 NFT에서는 똑같이 가능하다.

단, 차이점이 있다면 거의 모든 NFT는 수집하는 물리적인 물건이 없다는 것이다. 여기서 인지부조화로 수집을 하는 데 수집하는 물건의 실체가 없다라면 이해하기가 어려울 것이다. 이처럼 이해하기 어려운 걸 크립토 세계에서는 많은 사람들이 이미 받아들이고 있다.

실제로 현실에서 사용되는 돈을 가상화폐로 바꾸는 사람들이 잔뜩 인 세상인데 이것을 못 믿을 이유가 없으며 사진을 모으는 취미를 가진 사람이라면 사진을 찍어서 인화하고 앨범을 만들고 책장에 집어넣는다. 하지만 요즘은 그런 사람이 별로 없으며 사진은 거의 모두 클라우드에 저장돼 있으며 원할 때 폰으로 꺼내서 바라보면서 그 순간의 추억을 생각하며 사색에 잠긴다. 또한 인터넷 세계인 인스타그램에 사진을 올려서 친구랑 공유하기도 하며 사진의 물리적인 실체는 없어도 그 사진의 추억과 가치는 변하지 않는다.

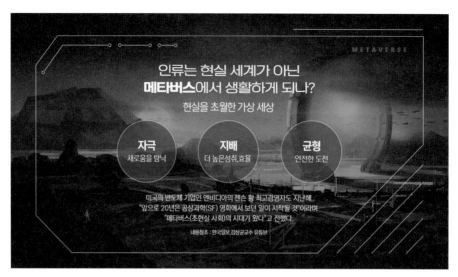

[그림9] 현실을 초월한 가상세상 메타버스(출처 : 웹디자인 호남백과사전 디자인팀 제공)

메타버스는 가상현실(VR, 컴퓨터로 만들어 놓은 가상의 세계에서 사람이 실제와 같은 체험을 할 수 있도록 하는 최첨단 기술)보다 한 단계 더 진화한 개념으로, 아바타를 활용해 단지 게임이나 가상현실을 즐기는 데 그치지 않고 실제 현실과 같은 경제·사회·문화적 활동을 할 수 있다는 특징이 있다.

물질적인 것에 연연하지 않고 메타버스의 세계로 가야 한다니 무언가 종교 같은 느낌이 들기도 하며 물질적인 게 없다는 것을 이해 못하는 사람들이 같은 질문을 반복하기도 한다.

실물이 어닌 디지털 예술 작품은 복사하면 그만인데 소유권이라는 게 과연 의미가 있을까?

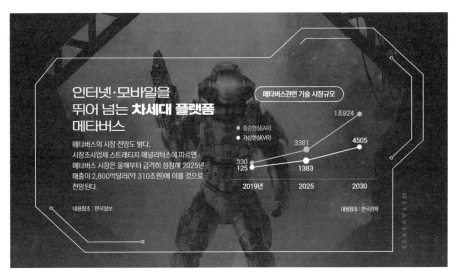

[그림10] 메타버스(출처 : 웹디자인 호남백과사전 디자인팀 제공)

디지털화가 된 예술 작품은 인터넷에서 구입이 가능해 구입해서 내 집 벽에 걸어놓고 예쁘다, 멋있다고 할 수 있지만 그렇다고 유명 예술가의 작품을 소유한 것은 아니다. 누군가가 유명화가의 그림을 똑같이 붓 터치까지 살려서 구분이 불가능할 정도로 만들 수 있지만 그것도 유명화가의 그림은 절대 아니다.

예를 들면, 명품 샤넬 정품가방은 1,000만 원 정도 하는 데 이 가방의 특 S급 가품을 수십, 수백만 원에 구매할 수도 있다. 매장 직원도 구분할 수 없을 정도로 같은 공장에서 정교하게 만들었다 하더라도 그게 진짜 샤넬 가방은 아니라는 의미이다.

다른 사람은 몰라도 그 가방을 메고 다니는 사람은 그것을 알고 있을 것이다. 물질적인 것이 모든 가치가 아니라 '오리지널리티(originality)'라고 하는 무형의 가치에도 값어치가 매겨져 있다. NFT의 확장성, 고유성, 희소성은 마지막으로 비대면 환경에 가장 정확하게 맞는 NFT의 특징이다.

블록체인을 통해서 오리지널리티를 증명할 수도 있으며 그러한 값어치를 이해하는 컬렉터들이 NFT를 모으고 거래도 한다. 미술품에 투자하는 사람들의 소유욕은 미술품에 가격을 계속 상승하게 만들며 NFT 세상도 비슷하며 유명해져서 비싸고, 비싸서 유명해진 것처럼 초기에 만들어지고 거래가 잘되는 NFT 작품들은 계속 가격이 오른다. 이렇게 NFT가 발전 단계로 기화가 많고 앞으로 더 많이 경제적 가치를 창출하는 매력적인 상품이 될 것이다.

6. NFT의 다양한 사례와 응용 산업

1) 문화산업, 예술품 전시, 콘텐츠

하이브(HYBE)는 BTS 소속사로 'We believe in music'이라는 미션 아래 음악 산업의 비즈니스 모델을 혁신하는 기업이다. 음악에 기반 한 세계 최고의 엔터테인먼트 라이프스타일 플랫폼 기업을 지향하며 글로벌 트렌드를 이끄는 '콘텐츠'와 우리의 고객인 '팬'을 최우선 가치로 두고 높은 기준과 끊임없는 개선으로 고객을 만족시키도록 노력하고 있다.

다음은 NFT와 문화 예술 분야와 관련한 보도 자료들로 현재 NFT를 둘러싼 활용 사례를 살펴보고자 한다.

[그림11] 하이브(출처 : 홈페이지 캡쳐)

(1) 방탄소년단 소속사 하이브, NFT 사업 진출

BTS 소속사인 하이브가 블록체인 업체 두나무와 손잡고 NFT 사업에 공식 진출하고 하이브의 NFT 진출 소식이 알려지면서 주가는 상장 이래 최고가를 달성했다.

하이브는 전 거래일보다 2.89% 오른 35만 6,500원에 거래를 마치며 상장 이래 가장 높은 종가를 찍었으며 장중에는 최고 37만 2,500원까지 상승하며 신기록을 썼다.

하이브에도 외국인이 주가를 견인한 외국인은 434억 원을 순매수했고 기관은 2억 원을 순매수했다. 이와 반대로 개인은 393억 원을 순매도해 차익 실현에 나섰다고 한다.

또한 하이브는 두나무와 합작 법인을 설립해 아티스트 IP(지적재산권)와 NFT가 결합된 팬덤 기반의 신규 사업을 공동으로 추진한다는 계획이다.

방시혁 하이브 의장은 이날 오전 하이브 기업설명회에서 "하이브와 두나무는 새로운 합작법인을 통해 아티스트 IP 기반 콘텐츠 상품이 팬들의 디지털 자산이 되는 NFT 사업을 펼쳐나갈 예정"이라고 말했다. 이어 "팬들이 수집하는 포토카드가 디지털상에서 고유성을 인정받아 영구적으로 소장 가능할 뿐만 아니라 위버스 등의 팬 커뮤니티에서 수집, 교환, 전시가 가능하게 되는 등 다양하고 안전하게 팬 경험을 넓힐 수 있을 것"이라며 "사진 한 컷이 아니라 영상과 사운드를 더한 디지털 포토카드가 만들어질 수도 있다"고 설명했다(출처 : 이코노미스트 뉴스 2021년 11월 4일).

BTS의 소속사 하이브가 블록체인 업체와 손을 잡고 NFT 사업에 공식 진출한다는 내용으로 팬덤층을 많이 확보한 BTS는 가상세계와 현실세계 속에서 보다 큰 확산은 물론 큰 팬덤층을 더욱 더 끈끈한 커뮤니티 매개체로 이끌 것이다.

(2) 소장가치 있는 작품 NFT로 구매

NFT(대체불가능토큰)가 가상경제의 주요 수단으로 부상한 가운데 이를 적용한 미술품 전시회를 통해 관람객들이 소장가치 있는 작품을 NFT로 구매하고 거래할 수 있는 장이 열린다.

아트토큰(대표 홍지숙)은 12월 1일부터 19일까지 서울 노들섬 다목적홀에서 미래지향적인 미술 전시회인 'ARTZ:아트 셰이프 더 퓨처(ART SHAPES THE FUTURE)' 전시회를 연다.

전시회는 전시된 미술품을 NFT로 구매하거나 거래할 수 있는 게 특징이다. 참여 작가들의 인기 작품 중 미술사적 가치를 고려한 작품들을 감상하거나 구매할 수 있도록 소개하고, MZ 세대와 독창적인 작품세계를 선호하는 관람객들에게 혁신적이고 실험적인 작품을 선보이는 게 취지다.

전시 디자인은 한양대 이동영 교수가 맡아, 디지털 아트로 재해석한 작품, 퍼포먼스 등을 제시하며 전시회의 가장 큰 핵심은 NFT 등 디지털 신기술을 적용해 물리적 작품과 비물리적 디지털 예술을 구별하지 않고 함께 감각적으로 느낄 수 있게 한다. 디지털 예술을 NFT와 접목하고, NFT로 구매하는 장이 생기는 아트토큰 전시회는 예술인들과 관람객에게는 새로운 미술 전시회로 다가올 것이다(출처 : 디지털타임스 2021년 11월 4일).

[그림12] 포스터(출처 : 아트토큰 전시회 캡쳐)

(3) 카카오, 네이버를 뛰어 넘고 3분기 최대 매출 달성

카카오가 웹툰·웹 소설·게임 등 콘텐츠 사업의 성장에 힘입어 올해 1·2분기에 이어 3분기에도 사상 최대 매출기록을 경신했다고 한다. 카카오는 역시 3분기에 분기 최대 매출을 달성한 네이버마저 뛰어넘었다. 카카오가 네이버를 매출로 앞선 건 이번 분기가 처음이다.

성장세가 가장 두드러진 사업 부문은 콘텐츠이며 콘텐츠 매출은 9,621억 원으로 지난해 3분기보다 84% 늘었다. 이 중 웹툰·웹 소설 등 '스토리' 매출은 타파스와 래디쉬의 편입으로 47% 성장한 2,187억 원, 멜론 서비스를 포함한 '뮤직' 매출은 카카오엔터테인먼트 합병 시너지로 8% 증가한 1971억 원을 달성했다.

또한 게임(카카오게임즈) 매출은 '오딘: 발할라 라이징'의 흥행에 힘입어 지난해 3분기보다 208% 증가한 4,631억 원을 달성해 콘텐츠 전체 매출 성장을 견인했다. 카카오는 메타버스, NFT, 영상 콘텐츠 등 새로운 사업 전략도 마련 중이라고 했다(출처 : 조선비즈 2021년 11월 4일).

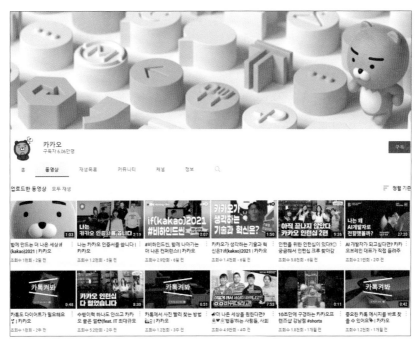

[그림13] 카카오(출처 : 카카오 유튜브 채널아트 캡쳐)

대한민국에서 카카오라는 회사는 메신져 플랫폼 바로 카카오톡을 통해 급성장을 이루고 이제는 3분기 매출 1조 7,408억 원으로 전년대비 58% 증가했다. 웹툰·웹 소설·게임 등 '콘텐츠' 매출 84% 성장했으며 북미 타파스·래디쉬 인수, 게임 '오딘' 흥행 효과 日 웹툰 1위, '픽코마' 연내 유럽 진출과 선물하기 45% 성장, 배송상품 비중 상승, 카카오T 앱 3,000만 명 이용, 가맹택시 3만대를 확보했다.

아울러 카카오는 메타버스, NFT, 영상 콘텐츠 등 새로운 사업전략도 마련 중으로 카카오라는 거대한 플랫폼에 계속 진화하고 발전하고 있다.

2) 가상화폐

비트코인은 분산 네트워크형 가상화폐로 중앙 집중형 금융시스템의 대안으로 주목받고 있다. 이용자끼리 직접 연결돼 거래비용이 발생하지 않고 쉽게 계정을 만들 수 있기 때문에 송금이나 소액결제에 유용하다. 화폐가치가 불안할 때는 오히려 신뢰할 수 있는 지급수단이 될 수도 있다. 해킹, 도덕적 해이, 불법거래이용 등 문제점을 보이기도 하지만 효용성과 가능성을 인정받아 활발한 투자와 기술진보가 이뤄지고 있다.

(1) 금융 시스템의 혁명, 비트코인

핀테크의 대표적 분야인 지급 결제나 대출, 자산 관리 서비스로 금융서비스가 진화하고 있다면, 비트코인과 같은 가상화폐는 금융시스템의 원리를 바꾸는 혁명을 가져오고 있다. 그런 의미에서 비트코인은 가장 극단적인 형태의 핀테크라고도 할 수 있을 것이다.

비트코인은 2009년에 정체불명의 프로그래머 사토시 나카모토(Satoshi Nakamoto)에 의해 만들어진 세계 최초의 P2P(Peer to Peer) 네트워크 기반의 전자 금융거래 시스템이자 새로운 화폐다. 기존의 화폐체계에 대한 불신이 확산하면서 이상적인 화폐를 구현하려는 동기에서 출발했다.

거래소	현재가	등락률		갱신
업비트	76,377,000	▲ 1,802,000	+2.42%	08:37

2021년 11월 8일 08 : 37 비트코인 시세

거래소	현재가	등락률		갱신
코빗	76,380,000	▲ 1,788,000	+2.40%	08:35
코인원	76,319,000	▲ 1,754,000	+2.35%	08:37
빗썸	76,386,000	▲ 1,472,000	+1.96%	08:36

[그림14] 비트코인(출처 : 웹디자인 호남백과사전 디자인팀 제공)

기본적으로 모든 통화는 발행의 주체를 지니며 화폐로 통용되기 위한 가치와 지급을 보장받는다. 예를 들어 각국의 화폐는 중앙은행에서 발행해 운영하고 있다. 포인트나 상품권, 사이버 머니의 경우에도 발행 및 운영주체인 기업이 존재하며, 일반적으로 이들의 서비스 내에서만 통용된다. 발행기관이라는 중심부가 존재하며 이용자들은 이들이 구축한 지급결제 인프라를 통해 수직적인 관계를 맺을 수밖에 없다.

그렇지만 비트코인은 중앙 집중적인 통제를 배제한 화폐시스템이다. 분권화된 구조를 위해 비트코인은 서버·클라이언트 방식 대신 이용자들끼리 수평적으로 상호 연결되는 P2P 구조로 설계됐다. 비트코인의 발행 및 거래내역은 중앙 서버가 아니라 이용자들의 컴퓨터가 구성하는 네트워크에 존재하는 것이다.

비트코인은 발행과정에서부터 중앙기관이 필요하지 않는다. 많은 시간과 컴퓨터의 프로세싱 능력을 필요로 하는 복잡한 수학문제를 풀면 새로운 비트코인이 생성돼 가질 수 있는데, 이를 '마이닝(mining)'이라고 한다.

향후 100년간 발행되는 비트코인의 숫자는 전체 2,100만 개로 제한돼 있으며, 4년마다 통화 공급량이 줄어들어 2140년에 통화량 증가가 멈추게 돼 있다. 이는 임의로 통화량 조절을 하지 못한 장치로 비트코인의 중요한 특징이기도 하다.

화폐의 발행과 이용자들의 거래내역이 전체 네트워크로 공개돼 모니터링 되며, 거래기록 또한 전체 네트워크상에서 승인이 이뤄진다. 새로 발생하는 모든 기록의 묶음을 '블록(block)'이라 하는데 이를 생성할 수 있는 자격은 복잡한 수학문제를 푼 사람(miner)에게 주어진다. 즉, 마이닝을 통해 비트코인을 얻는다는 것은 새로운 거래기록을 정리해 블록을 형성한 대가라고도 할 수 있다.

블록(block)들이 연결(chain)되면 이제까지의 모든 거래기록이 되는데 이를 '블록체인(blockchain)'이라 한다. 블록체인은 '공공 거래 장부(public ledger)'라고 부르기도 한다. 똑같은 거래 장부를 복사해 각자 가져가고 새로 생긴 거래내역도 직접 장부에 적어 넣기 때문이다.

모든 비트코인 이용자는 정기적으로 거래 장부를 검사하며 잘못 적히거나 누락된 장부가 있으면 다른 사람이 가진 올바른 장부를 복사해 온다. 여기서 올바른 장부란 전체 비트코인 이용자 가운데 과반수가 가진 데이터와 일치하는 장부를 뜻한다.

(2) 비트코인이 주는 새로운 가치

비트코인은 신용카드 회사와 같은 제3자를 배제하고 구매자와 판매가가 직접 결제를 하는 방식이기 때문에 거래비용이 거의 발생하지 않는다. 또한 누구나 쉽게 계정을 생성할 수 있다.

그렇기 때문에 비트코인은 해외 송금이나 소액결제와 같은 거래에 매우 유용하게 사용될 수 있다. 은행을 통한 해외송금은 시간과 비용이 많이 들기 때문에 비효율적이다. 게다가 전 세계 70%의 사람들이 통장을 갖고 있지 않기 때문에 이용에 제한이 있는 사람들도 다수 존재한다. 소액결제는 은행 계좌 이체나 신용카드의 수수료 구조 때문에 판매자 입장에서 큰 부담이 돼 꺼려지는 경우가 많다. 비트코인은 이러한 거래에서 기존의 지급 수단이 주지 못한 가치를 제공할 수 있다.

[그림15] NFT와 가상화폐(출처 : 웹디자인 호남백과사전 디자인팀 제공)

경제 상황이 불안한 지역에서 비트코인은 중앙은행이 발행한 화폐의 대안으로도 주목받고 있다. 특히 글로벌 금융위기 이후 중앙은행이나 국가가 보장해 주는 신용이 절대적이지 않다는 점이 드러났다. 재정 위기를 겪은 그리스나 스페인, 키프로스 등에서는 뱅크런(bank run, 은행의 대규모 예금인출 사태)이 일어났으며, 양적 완화를 실시한 미국, 유럽, 일본 등에서도 화폐가치가 시장의 가치와 상관없이 요동쳤다.

하지만 비트코인은 처음부터 통화량이 정해져 있고 단일 운영 주체에 의존하고 있지 않기 때문에 화폐가치가 불안할 때는 오히려 신뢰할 수 있는 지급수단이 될 수도 있다. 실제로 구제금융을 받으며 예금에 과세를 단행한 키프로스에서는 자금이 대거 비트코인으로 몰렸으며 그리스나 아르헨티나 등의 지역에서도 큰 관심을 받았다.

아이슬란드에서는 경제위기로 외환거래가 금지되자 비트코인과 유사한 가상화폐인 '오로라코인(Auroracoin)'이 개발돼 배포되기도 했다.

[그림16] 비트코인과 블록체인(출처 : 웹디자인 호남백과사전 디자인팀 제공)

(3) 비트코인의 문제점

비트코인의 가장 큰 특징은 중앙 집중형이 아니라 분산 네트워크형이라는 데 있다. 해킹을 하기 위해서는 모든 컴퓨터를 동시에 공격해야 하기 때문에 보안 측면에서도 커다란 안정성을 지닌다. 그렇지만 개인들이 지닌 비트코인을 관리하는 전자지갑이 거래소에 접속하는 방식은 해킹 위험에 취약하며 실제로 다수의 거래소에서 비트코인이 도난당하기도 했다.

내부 운영자들의 도덕적 해이도 문제가 되고 있다. 세계 최대의 비트코인 거래소 마운트 곡스(Mt. Gox)에서 전체 거래량의 5%에 해당되는 65만 비트코인(당시 시세로 약 1,200억 원)이 부당 인출돼 폐쇄됐다. 처음에는 해킹에 의한 피해인 줄 알았으나, 대부분은 회사 시스템의 잔액 데이터 조작에 의해 사라진 것으로 밝혀졌다.

비트코인을 투자수단이 아니라 대안화폐로 이용하려고 할 때 가장 불안한 부분은 가격 변동성이다. 비트코인이 처음 거래된 2010년 4월에 1비트코인의 가치는 미국 달러화 기준으로 14센트였지만, 2011년 5월에 27달러까지 상승했다.

[그림17] 블록체인이란?(출처 : 웹디자인 호남백과사전 디자인팀 제공)

2013년에는 유로존 위기와 미국, 중국 정부의 비트코인에 대한 긍정적 평가 등이 기폭제가 돼 투기와 버블이란 말이 나올 정도로 폭등해 11월에 1,200달러를 돌파했다. 이후 비트코인 시세는 마운트곡스의 파산과 중국 인민은행의 거래 금지 이후 폭락을 거쳐 2015년 기준으로 200~300 달러대에서 거래되고 있다.

정부 입장에서 문제가 되는 것은 비트코인의 익명성을 악용한 마약, 무기 등의 불법거래나 돈세탁, 탈세 등이 발생할 여지가 높다는 점이다.

미국에서는 현행법상 불법성을 띠는 거래만 규제하겠다는 입장을 갖고 있으며, 자격을 갖춘 회사에 면허를 주는 방향으로 가고 있다. 독일은 비트코인을 법정 화폐로 인정하고 거래와 차익에 대해 세금을 부과하기로 했다. 또한 국제 공조도 이뤄지고 있는데, 국제자금세탁방지기구(FATF)는 가상 화폐가 테러 조직의 송금 등에 사용되지 않도록 공동으로 규제를 만들려고 하고 있다(출처 : 네이버 지식백과, 가상 화폐, 핀테크, 2015. 11. 1. 한석주).

3) 최신 국내외 NFT 활용사례

훈민정음, WWW(World Wide Web) 원본 소스코드, 이세돌 9단과 AI 대국 제4국 기보 등 다양한 콘텐츠가 NFT로 발행

■ 우리나라 국보 제70호 "훈민정음(訓民正音)"의 해례본을 NFT로 제작해 판매할 예정

(☞ 출처 : 조선일보, "[단독] "훈민정음이 1억 원"… NFT 시장 매물로", 2021. 07. 22.)

- 대한민국 국보가 NFT 시장에 등장한 첫 번째 사례로, 훈민정음 해례본의 실본을 보관하고 있는 간송미술관에서 NFT를 발행해 총 100명에게 한정 판매하는 사업을 추진했다.
- NFT 1토큰의 판매 가격은 1억 원으로 총 100억 원 규모로 발행될 예정이며, 훈민정음 이미지 파일이 저장된 클라우드 주소 및 구매 정보 등이 블록체인에 보관돼 NFT로 발행된다.

■ 인터넷 서비스의 시작을 알린 "WWW(World Wide Web)"의 원본 소스코드를 NFT로 발행해 경매 진행

(☞ 출처 : 연합뉴스, "'WWW' 원본 소스코드 담긴 NFT, 경매서 61억 원 낙찰", 2021. 07. 01.)

- 월스트리트저널(WSJ)에 따르면 WWW의 창시자 팀 버너스 리가 소더비 경매에 내놓은 NFT가 543만 4,500달러(한화 약 61억 원)에 낙찰됐다.
- WWW NFT에는 9,500줄이 넘는 원본 소스 코드와 함께 첫 설계 당시의 WWW 소스 코드로 테스트한 약 30분 정도의 애니메이션 영상이 저장된다.

■ 지난 2016년 3월 13일에 열린 이세돌 9단과 알파고의 바둑 대결(총 5국 진행)의 기보 중 이세돌 9단이 승리한 제4국의 기보가 NFT로 발행돼 경매에 올려짐.

(☞ 출처 : 연합뉴스, "알파고 이긴 이세돌 '신의 한 수' NFT, 2억 5,000만 원에 낙찰", 2021.05.18.)

- 이세돌 9단과 알파고의 대결에서 총 180수만에 이세돌이 승리한 제4국의 기보를 NFT

로 발행해 경매가 진행됐으며, 한화로 약 2억 5,000만 원(60이더)에 낙찰됐다.
- 블록체인 스타트업 '22세기미디어'에서 제4국의 기보 NFT를 5월 11일에 발행해 이더리움 네트워크에서 경매가 진행됐다.
- 해당 NFT에는 이세돌과 알파고의 대국 당시 바둑판 위에 흑돌과 백돌이 차례로 놓이는 모습과 '신의 한 수'로 평가받는 백 78수가 표시된 기보를 배경으로 촬영한 이세돌의 사진, 서명 등이 저장돼 있다.

▶ 이외에도 스티브 잡스가 1973년에 직접 작성한 입사지원서, 라이엇 게임의 "리그 오브 레전드"의 챔피언을 이용한 걸 그룹 "K/DA", BTS 화보 등이 NFT로 발행

■ 최근 국내외에서 BTS(방탄소년단)의 음원과 굿즈, 이날치의 '범 내려온다' 음원 등이 NFT로 발행돼 NFT 시장으로 등장하는 등, 많은 연예 기획사와 콘텐츠 제작사에서 NFT를 활용한 새로운 문화·예술 시장을 형성 중
- 캐나다 출신 팝스타 위켄드가 디지털음원과 아트워크를 NFT로 판매, 미국 팝스타 케이티 페리도 2021년 연말 라스베이거스 호텔에서 여는 콘서트 관련 콘텐츠의 NFT 발행 선언 등 다양한 사례가 있다.
- CJ올리브네트웍스와 두나무의 자회사 '람다256'과 국내외 NFT 시장 진출을 위한 MOU를 통해 CJ올리브네트웍스의 미디어 콘텐츠에 NFT를 도입해 데이터 생성, 거래, 유통 등이 가능한 서비스 개발 계획을 2021년 7월 발표했다.
(☞ 출처: 시사ON, "CJ올리브네트웍스, 두나무 람다256과 NFT 협약…LG유플러스, 스마트팜 로봇 MOU", 2021. 07.26.)
[출처: 한국메타버스연구원 김주현 연구원 참조자료 발췌]

지금의 시대는 SNS 소셜 네트워크 서비스 시대이다. 소셜미디어 마케팅은 개인 프로필을 기반으로 대량 확산이 가능하고 언제 어디서나 지역적, 글로벌 마케팅 가능하다. 텍스트, 사진, 동영상, 3D까지 활용법이 다양하며 비용대비 효과가 뛰어나고 기존대체를 보완하고 있다.

세계 100대 기업 중 80% 이상이 소셜미디어를 활용하고 신제품출시, 프로모션, 고객관리로 활용과 소셜미디이를 통해서 기존 매스미디어로 재 확산, 실시간 쌍방향이 가능하다.

또한 고객과의 소통으로 유/무형 자산 활용이 가능하다. 하지만 SNS는 치명적인 단점으로는 개인정보 유출과 사생활이 노출되고 관리의 피로함을 크게 느낀다.

이재용 삼성전자 부회장과 홍라희 전 리움미술관장이 해인사에 추사 김정희 선생의 친필을 초고화질 디지털로 촬영해 책으로 만든 '반야심경'을 선물했다. 홍 전 관장은 선물을 전달한 뒤 "이제 가상공간이 생기면 이렇게 꽂기만 해도 자기가 그 속에서 리움 컬렉션을 다 볼 수 있는 세상이 옵니다. 곧 옵니다"라며 '메타버스'를 언급했다(출처 : 연합뉴스 2021.11.04.).

Epilogue

정보의 신뢰성 하락과 가상인맥에 집착하고 그에 따른 해결방법은 바로 블록체인 기반 SNS가 서두로 떠오르고 있다. 급변하는 소셜의 시대, 인생에 찾아온 위협과 기회는 무엇이든지 사랑하면 알게 되고, 알면 보이게 되고, 알고 난 뒤 보이는 것은 그 전과 다른 것이다.

정보화 시대로 접어들면서 정보 매체는 이제 그 정보의 중요성이 아니라 큐레이션이 강화되고, 정보의 홍수 속에 옥석을 가려낸다. 그 정보를 필터링하는 시대로 도래하면서 그 정보의 소용돌이 속의 제 2의 인터넷 혁명 블록체인 기술은 태풍의 눈과 같다.

4차 산업혁명을 주도할 핵심 기술 중 하나로 손꼽히는 블록체인 기술은 금융은 물론 우리의 일상생활에 다양한 변화를 이끌어줄 혁신적인 기술이며 이미 차세대 기술로 인정받으며 새로운 패러다임을 만들고 있다.

NFT는 더욱더 디지털 자산의 희소성과 고유성으로 위드코로나 시대 많은 성장과 발전을 이룰 것이라 믿어 의심치 않는다. 그렇다면 우리가 할 일은 바로 NFT에 관심을 갖고 메타버스라는 가상공간에서 바다 위에서 서핑을 한다고 생각하며 시대의 흐름을 즐기며 세상의 변화와 소용돌이 속에서 시나브로 성장하면 된다.

[참고문헌]

- 헤럴드경제 https://news.naver.com/main/read.naver?oid=016&aid=0001806754
- 이투데이 https://www.etoday.co.kr/news/view/2000601
- 머니투데이 https://news.mt.co.kr/mtview.php?no=2021110508360595122

'포노 사피엔스'에서 '메타 사피엔스'로

문형남

Chapter
06

'포노 사피엔스'에서 '메타 사피엔스'로

Prologue : 메타버스는 1984년 SF소설이 현실화된 것

메타버스를 잘 이해하려면 메타버스의 기원을 잘 알아야 한다. 메타버스에 대한 자료를 찾아보면 대부분 메타버스라는 용어는 1992년 스티븐슨의 소설 '스노 크래시'에서 처음 등장한다고 얘기한다. 그런데 좀 더 많은 문헌을 찾아보면, 이보다 8년 앞선 1984년에 윌리엄 깁슨(William Gibson, 1948~)이 쓴 '뉴로맨서'라는 소설에서 처음으로 '사이버 스페이스'와 '매트릭스'라는 용어가 등장하고 이 용어들이 메타버스의 기원이 된 것이다.

1984년에 소설에서 처음 나타난 가상공간이 38년이나 지나서 본격적으로 현실화 되고 있는 것이다. 이 소설은 미국 명문 대학에서는 학생들에게 필독서로 읽게 하고 있다. 메타버스를 잘 이해하려면 메타버스의 기원을 정확하게 알아야 하고, 그 책들을 읽어보는 것도 바람직하다.

메타버스에 관한 관심이 증가하고 범위가 확대되는 것은 바람직하지만 메타버스를 정확하게 이해하는 사람은 많지 않다. 메타버스를 게임이나 비대면 교육, 세미나, 행사용 솔루션 정도로 생각하는 사람들이 많다. 소설이나 영화로 상상했던 것들이 현실화되고 있다. 이처럼 메타버스는 꿈이 현실화된 것이다. 메타버스는 무한한 가능성이 있으며 우리가 상상하는 대부분을 현실화할 수 있다.

1. '메타버스'의 기원인 '사이버' 개념 1984년에 처음 등장

대부분 "'메타버스(metaverse)'라는 단어는 1992년 미국 공상과학소설(SF) 작가 닐 스티븐슨의 소설 '스노 크래시(Snow Crash)'에서 가상의 신체인 '아바타(avatar)'를 통해서만 들어갈 수 있는 가상의 세계를 뜻하는 말로 처음 등장했다"라고 얘기한다. 메타버스와 함께 아바타라는 단어도 이때 처음 등장했다고 한다. 그런데 메타버스 개념의 뿌리를 찾아보면 이보다 8년 먼저인 1984년에 나타난 사이버(cyber)와 사이버 스페이스(cyber space)에서 기원을 찾을 수 있다. 메타버스를 정확하게 이해하려면 그 기원을 정확하게 하는 것에서부터 출발해야 한다.

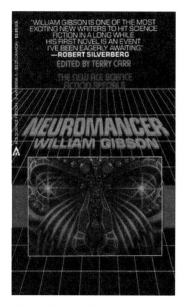 

[그림1] 사이버 스페이스라는 단어가 처음 등장한 윌리엄 깁슨의 소설 '뉴로맨서'의 표지
((좌) 원서 표지이며, (우) 번역서 표지이다.)

사이버 스페이스는 가상공간 또는 사이버공간이라고도 부르며 인터넷, 컴퓨터 통신망이 만들어 내는 가상사회이자 인터넷, 컴퓨터 통신망 그 자체를 가리키기도 한다. 가상(cyber)이라는 용어는 1984년 와이너(Winer)가 고안한 말로써 '사이버네틱스(cybernetics)'에서 유래했다. 와이너는 가상공간을 그 어떤 것으로부터도 조정되거나 통제되지 않는 자유로운 항해자의 공간으로 규정했다.

월리엄 깁슨(Gibson)은 사이버스페이스와 매트릭스라는 용어를 1984년 발표한 공상과학소설 또는 사이버펑크소설이라고 하는 '뉴로맨서(Neuromancer)'에서 처음 사용했다. 그는 전 세계 컴퓨터를 연결한 네트워크에서 가상현실이 완벽하게 구현된 일종의 컴퓨터 매트릭스의 세계로 가상공간을 생각했다.

메타버스를 제대로 이해하려면 깁슨의 뉴로맨서라는 소설을 읽어봐야 한다. 저자가 2010년경 국비 연수로 정보기술(IT) 분야 최고의 대학인 미국 카네기멜론대학교를 방문했을 때 그 대학에서는 뉴로맨서를 전교생 필독서로 해 구내서점에서 판매를 하고 있는 것을 본 적이 있다. 국내에 번역판도 나와 있으므로 메타버스를 이해하려는 사람들에게 일독을 권한다.

월리엄 깁슨의 뉴로맨서는 가상공간을 처음으로 시각적인 이미지로 형상화하며 '사이버 펑크'장르의 확산에 큰 공헌을 한 작품이다. 영화 〈매트릭스〉에서 나온 모든 사물이 컴퓨터 좌표 값으로 표시된 매트릭스 내의 실제 모습이나 사이버 스페이스를 매트릭스라고 부른 것 또한 뉴로맨서에서 최초로 나타낸 개념이었다. 사이보그와 인간의 정체성을 다룬 애니메이션 '공각기동대'(攻殼機動隊/GHOST IN THE SHELL: 일본의 하드 SF 시리즈. 시로 마사무네의 원작 만화를 기본으로 각기 다른 감독이 연출한 세 개의 애니메이션 시리즈 (1991, 2001. 2003), 실사 영화(2017, 미국), 게임, 소설 등으로 파생되었다.) 또한 뉴로맨서를 모태로 하고 있으며 가상현실(VR) 기술과 디자인 또한 뉴로맨서에서 예견됐다.

컴퓨터가 지배하는 미래에서 주인공인 케이스는 사이버스페이스로 접속해 기업의 비밀을 훔치는 카우보이이다. 하지만 욕심을 부려 고용주의 물건을 훔친 케이스는 결국 능력을 모두 잃고 매트릭스와 사이버스페이스로 돌아가고자 하는 희망을 잃게 된다. 이때, '아미티지'라는 인물이 케이스에게 접근하고 그의 능력을 되찾아주며 다시 한 번 전자 AI(인공지능)로의 침투를 의뢰하지만 '아미티지' 또한 또 다른 AI의 꼭두각시라는 사실을 알게 된다.

월리엄 깁슨은 "현실과 가상세계 사이의 구별이 더 이상 존재하지 않는다면 현실이란 도대체 어떻게 이해될 수 있는가?"라는 질문을 던진다. 뉴로맨서에서 등장하는 신경을 이식하고, 기계를 삽입해 인간의 능력을 향상시키는 첨단 의술들은 사이보그 인류학이라는 주제로 '탈현대 신체성'이라는 논쟁거리를 제공하기도 했다.

깁슨의 개념을 사회과학적으로 변형시킨 베네딕트(Benedikt)는 가상공간을 전 세계에 걸쳐서 구성된 네트워크 속에서 컴퓨터에 의해 유지되고 접근되며 컴퓨터에 의해 만들어진 다차원적이고 인위적인 현실 또는 가상현실(virtual reality, VR)로 정의했다. 가상공간의 특징은 첫째, 가상공간의 체험은 물리적 감각이 배제돼 있다. 둘째, 가상공간의 활동은 개인의 현실적 배경과 무관하며 익명성이 보장된다. 셋째, 의사소통에서 갖는 신분이나 연령 등의 단서가 없는 가상공간은 사회적 지위에 상관없이 상호 대등한 관계가 형성된다. 넷째, 가상공간은 감정의 조절이나 억제가 풀어지는 탈 억제성이 나타난다.

메타버스는 게임 산업에서 출발해서 정치, 경제, 사회, 문화의 전반적 측면으로 확장되며 현실과 가상 모두 공존할 수 있는 게임형·생활형 가상세계라는 의미로 폭넓게 사용되고 있다. 메타버스는 확장현실(eXtended Reality: XR), 인공지능(AI), 빅 데이터, 5세대(5G) 네트워크, 블록체인 등 4차 산업혁명과 관련된 최신 범용기술로 불리는 것들의 복합체다. 확장현실(XR)은 가상현실(VR)과 증강현실(AR)을 아우르는 혼합현실(MR) 기술을 망라하는 초실감형 기술 및 서비스를 일컫는 용어다.

'리터러시(literacy : 문해력)'는 문자화된 기록물을 통해 지식과 정보를 획득하고 이해할 수 있는 능력을 말한다. 리터러시가 단지 언어를 읽고, 쓰는 피상적인 의미만을 내포하는 개념은 아니다. 리터러시는 일차적으로 시대적으로 혹은 그 사회나 문화권에서 통용되는 커뮤니케이션 코드인 '언어'에 의해서 규정된다.

리터러시는 복잡한 사회적 환경과 상황 속에서 그 본질을 이해할 수 있는 복잡한 개념이다. 이제 리터러시는 단지 언어를 읽고 쓰는 능력에서 더 나아가 변화하는 사회에서의 적응 및 대처하는 능력으로 그 개념이 확대되기 시작했다.

디지털시대 또는 정보기술(IT)시대에는 '디지털 리터러시' 또는 'IT 리터러시'가 필요했고, 메타버스시대를 맞아 '메타버스 리터러시'가 꼭 필요하다. 메타버스 리터러시는 메타버스를 정확하게 이해하는 것을 의미하는 것이며 메타버스를 활용하는 첫 걸음이라 할 수 있다.

메타버스에 대한 책과 칼럼 등을 보면 메타버스를 한 마디로 '디지털지구(Digital Earth)'라고 표현하는 경우도 많다. 이것도 메타버스를 과소평가한 표현이고 메타버스는 디지털지구가 아닌 '디지털우주(Digital Universe)'라고 표현하는 것이 더 적절하다고 생각한다.

필자는 "메타버스(메타버스 물결)에 올라타라(Riding the Metaverse(wave))"라는 말을 하면서 "메타버스에 회원 가입하고 직접 사용해 보라"는 얘기를 자주 한다. 그러면 "해보니 애들이 하는 게임이고, 나이 좀 든 사람이 사용하기는 어렵다"라는 답변을 듣곤 한다. 이는 메타버스를 정확하게 이해하지 못했기 때문이다. 메타버스는 연령대, 대상별로 적절하게 잘 사용할 필요가 있다.

최근 들어 메타버스에 관련된 사회적 관심도가 증가하는 추세이다. 과거에는 어떤 공상과학(SF) 분야나 기술적 산업형태에서 다루던 제한 된 정보였다면 현재는 광범위하고 다양한 형태로 접근되고 있는 추세이다. 교육, 문화, 정치, 행정 등 다양한 영역으로의 그 범위가 점점 확대 되고 있다.

Acceleration Studies Foundation(ASF)은 메타버스의 유형을 설명하기 위해 두 가지 축을 제시했다. 즉 '증강(Augmentation)'과 '시뮬레이션(Simulation)'이고, 다른 하나는 '내부(Intimate)'와 '외부(External)'로 구분했다. '증강'이란 실제하는 현실의 시스템에 새로운 기능을 추가하는 기술을 말한다. 메타버스 상에서 증강기술은 우리가 인식하는 물리적 환경에 새로운 정보를 겹쳐 보여주는 기술을 의미한다.

증강기술과 대조되는 '시뮬레이션(Simulation)' 기술은 현실을 모델링해 새로운 환경을 제공하는 기술을 가리킨다. 메타버스에서 시뮬레이션은 상호작용을 위한 장소로써 시뮬레이션 된 세계를 구현하기 위한 각종 기술들을 포함한다. 증강기술과 시뮬레이션은 물리적인 실제 현실에 정보들이 구현될 것인가, 아니면 가상의 세계에 정보가 구현될 것인가에 따라 구분된다고 볼 수 있다.

또한 메타버스는 '내부적 세계'와 '외부적 세계'로 구분된다. '내부(Intimate) 세계'는 개인이나 사물의 정체성과 행동에 초점을 맞춘다. 내부세계의 완성은 개인이나 사물이 아바타 또는 디지털 프로필을 사용해 활동하거나 시스템에서 직접 행동해 사용자가 그 환경에 대리자(Agency)를 갖는 기술을 통해 이뤄진다.

반면 '외부(External) 세계'는 대체로 관심을 메타버스 상의 주체인 사용자를 중심으로 그 외부 세계에 초점을 둔다. 따라서 사용자의 주변 세계에 대한 정보를 어떻게 보여주고, 어떻게 제어하는 가와 관련된 기술을 포함한다. 이러한 내·외부의 프레임워크는 메타버스의 기술이 사용자의 내부세계에 집중되는가, 아니면 주변 세계에 집중되는 가를 기준으로 하는 또 다른 구분 축이 된다.

2. '메타버스' 용어는 1992년 소설 '스노우 크래시'에서 처음 등장

메타버스(metaverse) 또는 확장가상세계는 가상, 초월을 의미하는 '메타(meta)'와 세계, 우주를 의미하는 '유니버스(universe)'를 합성한 신조어다. '가상 우주'라고 번역하기도 했다. 이는 3차원에서 실제 생활과 법적으로 인정되는 활동인 직업, 금융, 학습 등이 연결된 가상세계를 뜻한다. 구체적으로 정치, 경제, 사회, 문화의 전반적 측면에서 현실과 비현실이 공존하는 생활형, 게임형 가상세계라는 의미로 폭넓게 사용되고 있다.

미국전기전자학회(Institute of Electrical and Electronics Engineers)의 표준에 따르면 메타버스는 '지각되는 가상세계와 연결된 영구적인 3차원 가상공간들로 구성된 진보된 인터넷'이라는 의미를 지닌다. 비영리 기술 연구 단체인 ASF(Acceleration Studies Foundation)는 메타버스를 '가상적으로 향상된 물리적 현실과 물리적으로 영구적인 가상 공간의 융합'이라고 정의했다.

닐 스티븐슨(Neal Stephenson)의 소설 '스노우 크래시'라는 작품 속 메타버스 묘사를 인용하면 다음과 같다.

「양쪽 눈에 서로 조금씩 다른 이미지를 보여 줌으로써, 삼차원적 영상이 만들어졌다. 그리고 그 영상을 일초에 일흔두 번 바뀌게 함으로써 그것을 동화상으로 나타낼 수 있었다. 이 삼차원적 동화상을 한 면당 이 킬로픽셀의 해상도로 나타나게 하면, 시각의 한계 내에서는 가장 선명한 그림이 됐다. 게다가 그 작은 이어폰을 통해 디지털 스테레오 음향을 집어넣게 되면, 이 움직이는 삼차원 동화상은 완벽하게 현실적인 사운드 트랙까지 갖추게 되는 셈이었다. 그렇게 되면 히로는 이 자리에 있는 것이 아니었다. 그는 컴퓨터가 만들어내서 그의 고글과 이어폰에 계속 공급해주는 가상의 세계에 들어가게 되는 것이었다.」

이처럼 작품 속에서 메타버스의 기술적 근간을 상세히 설명한다. 메타버스는 고글과 이어폰, 즉 시청각 출력장치를 이용해 접근하는 가상세계로 규정한다.

「그들은 빌딩들을 짓고, 공원을 만들고, 광고판들을 세웠다. 그뿐 아니라 현실 속에서는 불가능한 것들도 만들어냈다. 가령 공중에 여기저기 흩어져 떠다니는 조명쇼, 삼차원 시공간 법칙들이 무시되는 특수지역, 서로를 수색해서 쏘아 죽이는 자유 전투 지구 등. 단 한 가지 다른 점이 있다면 이것들은 물리적으로 지어진 것들이 아니라는 점이었다. 더 스트리트 자체가 실재하는 것이 아니기 때문에 더 스트리트는 다만 종이에 적힌 컴퓨터 그래픽 규약일 뿐이었다. 아니, 그것들은 광섬유 네트워크를 통해 전 세계에 공개된 소프트웨어 조각들일 뿐이었다.

이런 것들을 건설하기 위해서는 '세계 멀티미디어 규약 단체 협의회'의 허락을 받아야했다. 더 스트리트의 빈터를 사들이고, 지역 개발 승인을 받고, 각종 허가사항을 득하고, 검사원들을 매수하고 하는 따위의 일들을 해야 했다. 기업들이 더 스트리트에 건물을 짓기 위해 내는 돈은 '규약 단체 협의회'의 신탁 기금으로 들어갔다. 그 기금은 다시 더 스트리트를 유지하고 확장하는 비용으로 사용됐다.」

위 인용문처럼 메타버스는 소프트웨어 조각들을 통해 표현한 실존하지 않는 그래픽일 뿐이므로 현실세계와 달리 물리 법칙에 제약받지 않는다. 이런 차이에도 메타버스 속에서 경제사회 활동은 현실세계와 흡사한 형태로 나타난다.

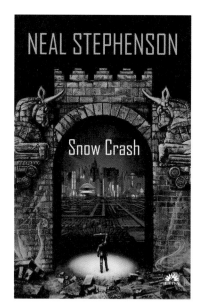

[그림2] 메타버스, 아바타라는 단어가 처음 등장한 닐 스티븐슨의 소설 '스노 크래시'의 표지
((좌) 원서 표지이며, (우) 번역서 표지이다.)

메타버스 관련 및 메타버스와 유사한 서비스를 구분하기가 어렵다는 얘기를 많이 듣는
다. 이들의 관계를 [그림3]을 보면 잘 이해 할 수가 있다.

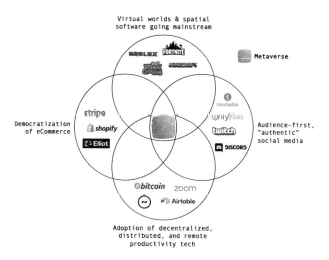

[그림3] Metaverse 1.0을 형성하는 일부 기술과 동향에 대한 스케치
(출처 : https://www.pulsarplatform.com/blog/2020/glimpsing-the-metaverse-gaming-
community-and-productivity-in-the-new-normal/)

메타버스를 중국에서는 원계(元界) 또는 원우주(元宇宙)라고 하고, 일본에서는 メタバース(메타버스)라고 한다.

[그림4] 중국(元界, 元宇宙)과 일본(メタバース)에서의 메타버스 표기
(출처 : https://wapbaike.baidu.com/item/Metaverse/3594112, https://vitomag.com/tech/nzrfgn.html, https://www3.nhk.or.jp/news/html/20211122/k10013357101000.html)

3. '메타버스'에서의 일자리와 비즈니스 모델

메타버스에서는 개인에서부터 기업에 이르기까지 다양한 새로운 일자리와 비즈니스 모델이 만들어지고 있다. 국내에서 만들어져서 세계에서 주목받고 있는 대표적 메타버스 플랫폼으로 네이버Z의 '제페토(ZEPETO'를 꼽을 수 있다. 메타버스 플랫폼 제페토의 전 세계 누적 가입자는 2020년 12월 기준으로 2억 명이고, 2021년 3분기(9월말)에는 2억 4,000만 명으로 빠르게 늘어나고 있다. 약 90%(2억 1,600만 명)가 해외이용자이며, 약 10%(2,400만 명)가 국내 이용자다. 이용자 중 약 80%(1억 9,200만 명)가 MZ 세대로 구성된다. 로블록스는 UGC(사용자제작콘텐츠) 생태계가 가장 활성화된 메타버스 플랫폼이다. 이를 통해 글로벌 1위 기업으로 성공했고, 현재 월 활성 이용자 수만 1억 5,000만 명에 달한다.

국내에서 만들어져서 세계 속에서 주목받고 있는 대표적 메타버스 플랫폼으로 네이버Z의 제페토를 꼽을 수 있다. 이는 2018년 전 세계 165개국에 출시한 글로벌 증강현실 아바타 플랫폼이다. 하이브 70억 원, YG엔터테인먼트와 JYP엔터테인먼트가 각각 50억 원 그리고 네이버제트가 제 3자 배정 유상증자에 참여하면서 엔터테인먼트 업계와의 활발한 협업을 기반으로 성장하고 있다.

메타버스 플랫폼에서의 수익 모델은 콘텐츠 제작 및 판매, 미디어 중개 수수료, 마케팅 수수료, 구독료 등 다양하다. 특히 제페토 내 나이키, 컨버스, 구찌 등의 입점은 비즈니스 모델로 성공을 예고하고 있다. 제페토의 등장은 K팝·음악·패션분야의 콘텐츠로 확장되며 서로 간에 결합할 수 있는 기반을 조성해줬다. 특히 게임이나 엑티비티 요소, 아이템 판매와 같은 요소를 즐길 수 있음은 물론이고 부캐 문화와 SNS 활동, 사용자 창작 콘텐츠(UGC) 등 MZ 세대에 익숙한 것들을 가상으로 옮겼다는 점에서 차별점이 있는 플랫폼으로 기능하고 있다.

제페토 스튜디오에는 약 70만 명에 달하는 크리에이터(창작자)가 활동하고 있다. 누적 아이템 제출 개수 약 200만 개, 크리에이터 판매 아이템 개수 약 2,500만 개에 이른다. '메타버스 크리에이터'라는 새로운 유망직업이 생겼다. 제페토 크리에이터 또는 '가상 의류 디자이너'라고 하는 렌지 씨(25세)는 아바타 의상 판매로 월평균 1,500만원의 매출을 올리고 지난해 12월부터 올해 6월까지 7개월간 매출 1억 원을 달성했다고 한다.

렌지(25세) 씨는 어릴 적부터 아바타 게임을 좋아했으며 제페토 게임 유저로 처음 시작하면서 알게 돼 제페토 안에서 다양한 의상을 만들어 팔면서 수익 모델을 구축하고 있다. 크리에이터 렌지의 사례는 제페토 스튜디오가 디지털 생태계에서 비즈니스 모델로써도 성공 가능성을 보여준 단적인 예라고 할 수 있다.

여기서 메타버스 크리에이터가 유튜브 크리에이터보다 더 유망할 수도 있다는 전망도 나온다. 메타버스 행사 기획자, 메타버스 마케터, 메타버스 건축가 등 메타버스 관련 새로운 직업들이 속속 생겨나고 있다.

미국의 인기 래퍼 '트래비스 스콧'은 '포트나이트'라는 메타버스 플랫폼에서 공연했는데 1,200만 명 이상이 가상공연을 관람했다. 이 공연으로 트래비스 스콧은 오프라인 콘서트 대비 10배 이상의 수익을 올렸다. 페이스북, 애플, 마이크로 소프트(MS), 네이버, SK텔레콤 등 국내외 많은 기업들이 메타버스 기업으로 변신하겠다고 선언하면서 메타버스에 투자하거나 메타버스를 적극 활용하겠다고 나서고 있다.

비대면으로 콘서트 개최가 중단된 공연문화는 메타버스 플랫폼을 활용해 오히려 오프라인 콘서트보다 더 나은 수익을 창출할 수 있게 되면서 코로나로 인해 침체됐던 K-팝과 팬덤 대상 행사, 공연 등으로 확장돼가기 시작했다. K팝은 국내외 팬덤을 대상으로 메타버스 플랫폼 안에서 팬과 팬덤이 만날 수 있는 이벤트를 기획하며 새로운 콘텐츠 생산과 비즈니스 모델을 동시에 모색하고 있다.

지니뮤직은 SF9의 곡을 가상현실 콘서트로 옮겨 팬이 헤드 마운트 디스플레이를 쓰고 1인칭 시점으로 5개의 메타버스를 감상할 수 있는 앨범을 출시했다. 비대면 환경에서 아티스트와 팬이 기술을 기반으로 새로운 콘텐츠를 만들고 향유할 수 있게 된 사례로 앞으로 K팝 산업에서 기술을 기반으로 한 새로운 콘텐츠의 등장으로 주목받고 있다.

블랙핑크와 ITZY의 가상 팬 사인회를 시작으로 제페토는 비대면 시대 K팝 스타와 팬덤과 소통의 장으로 한몫하고 있다. 뿐만 아니라 블랙핑크와 셀레나 고메즈, 트와이스의 댄스 퍼포먼스 공개, 가수 선미의 컴백쇼 개최 등 다양한 K팝 스타의 이벤트를 메타버스로 옮겨와 개최함으로써 스타와 국내외 팬덤을 연결해주는 공간으로써 자리매김했다.

현실과 가상이 연결된 세계관으로까지 확장된 K팝은 SM 신인가수 에스파(aespa)를 선보였다. 현실과 가상세계의 멤버가 디지털 세계를 통해 성장하는 콘셉트로 데뷔한 그룹이다. 기존 멤버 4인과 가상공간 속에 존재하는 또 다른 자아(아이, ae) 4인으로 구성돼 현실과 가상을 넘나든다는 설정을 갖고 있다. SM은 에스파의 공식 SNS 계정 등을 통해 현실세계 멤버와 가상세계의 아바타가 소통하는 영상들을 공개하며 꾸준히 세계관을 정립해가고 있다.

이처럼 비대면 시대에 온라인으로 무대를 옮기는 것을 넘어 스타와 팬덤이 자아와 정체성을 투영한 부캐(부 캐릭터)로 만나 소통한다는 것은 K팝의 새로운 '팬덤 문화'라고 볼 수 있다. 이는 단순히 비대면 사회에서의 팬덤 이벤트에 그치는 것이 아니라 추후 원거리에 있는 팬들과 소통하는 방식이 될 수 있고 끊임없이 새로운 콘텐츠 모델을 생산해낼 가능성을 보여주고 있다.

메타버스는 현실세계와 같은 사회적·경제적 활동이 이뤄지는 '공유 3차원 가상공간'이다. 코로나19로 사회적으로 상당한 부문이 위기를 맞고 있는 가운데 오히려 비대면이라는 제약 속에서 가상현실(VR)과 증강현실(AR)의 날개를 달고 비상을 시작한 비즈니스가 바로 메타버스다. 그 사용자들은 현실의 악재를 초현실 가상세계를 통해 욕구를 충족하고 희

열을 느낀다. 메타버스 플랫폼들은 팬데믹 속에서도 게임은 물론 우리 삶과 직결된 의료, 교육, 경제, 국방, 정치, 예술 등 여러 분야에서 그 기능과 가치를 인정받으며 약진을 계속하고 있다. 메타버스 가상세계의 무한한 확장 가능성은 대체 불가한 또 다른 비즈니스 모델이다.

메타버스가 현실세계의 장벽을 뛰어넘어 가상세계 속에서 현실에서 이루지 못한 일들을 플랫폼을 통해 성취할 수 있다는 그 무한한 가능성은 그 어떤 다른 것으로도 대체불가한 성공적인 비즈니스 모델로 급부상하고 있다. 이처럼 메타버스에서 성공적인 비즈니스 모델이 속속 등장하고 있으며 메타버스에서 새로운 비즈니스 모델과 많은 일자리 창출 가능성도 보여주고 있다.

4. 메타버스는 혁명이다

모바일은 웹과 어떤 차별화된 특징을 갖고 있을까? 컴퓨터처럼 고정된 공간이 아닌 움직이면서 인터넷 사용이 가능하고, 현재의 위치를 정확하게 측정할 수 있으며, 카메라와 마이크, 자이로센서 등의 다양한 정보를 입력하고 주변 상태를 인지할 수 있다. 덕분에 컴퓨터에서 하지 못하는 새로운 경험이 가능해진다. 내 위치를 기준으로 음식배달을 주문하고 택시를 호출할 수 있으며, 내비게이션 앱을 이용해 실시간 위치추적이 가능하다. 그 외에도 은행 앱 등을 이용한 금융거래도 카메라의 얼굴인식이나 지문인식 그리고 스마트폰 고유의 USIM 정보 등을 활용한 인증기술을 통해 구현이 가능하다.

이처럼 메타버스도 기존의 웹, 모바일과는 다른 특징을 갖는다. 현실 같은 현장감과 몰입감을 주는 새로운 경험을 제공한다는 점이다. 현실과 가상이 통합된 새로운 디지털 경험을 제공하고, 시신경으로 시각정보가 광범위하게 들어올 뿐 아니라 내가 바라보는 방향과 고개의 움직임, 손의 움직임, 몸짓 등의 제스처까지도 인식돼 그것이 디지털에 구현된다는 점이 기존과 다른 점이다. 그 덕분에 웹과 차별화된 모바일처럼 모바일과 또 다른 특화된 서비스 개발을 가능하게 해준다.

모바일에서는 웹에서도 제공되던 서비스가 다르게 운영되기도 하고, 기존 웹에는 없던 새로운 서비스가 제공되기도 한다. 즉, 웹에도 있던 온라인 쇼핑이 그대로 모바일에도 이어지고 뉴스, 부동산, 카페, 블로그, 메일 등의 서비스도 고스란히 모바일 앱에서도 운영된다. 반면, 웹에는 없던 배달 서비스나 간편 결제, 택시 호출 등은 모바일에 특화돼 제공된다. 마찬가지로 메타버스 역시 기존에 우리가 인터넷으로 사용하던 서비스가 좀 더 증강된 모습으로 구현되거나, 과거에는 경험할 수 없었던 새로운 개념의 서비스가 탄생돼 새로운 비즈니스 기회를 만들어 낼 것이다.

특히 메타버스는 교육과 엔터테인먼트 산업에 적용되면서 그 진가가 발휘되고 있다. 교사와 학생, 학생 간 수업 그리고 예술가, 뮤지션과 팬 그리고 팬들 간 소통하고 공감하는 과정에서 메타버스 기술은 그 이전 오프라인이나 온라인에서 경험하던 것보다 더 효율적이고 몰입감 넘치는 경험을 제공한다. 그 과정에서 새로운 비즈니스 혁신의 기회가 만들어지고 이를 위한 관련 솔루션도 필요하고 이 모든 것이 비즈니스의 기회가 된다.

'옴니버스'는 가상협업과 실시간 시뮬레이션을 위해 구축된 플랫폼이다. 사용자들이 협업을 위해 팀을 구성한 후 가상의 세계에서 손쉽게 협업할 수 있도록 도구 등을 제공한다. 창작자, 디자이너, 엔지니어 등의 복잡한 시각적 업무 프로세스도 혁신한다. 산업용 메타버스의 핵심가치는 '협업'과 '경험'이다. 지리적 장벽을 극복하고 세계 어디에 있든 출장을 나설 필요 없이 물리적으로 떨어져 있는 동료와 이해관계자들이 쉽게 소통할 수 있는 플랫폼 역할을 한다. 마치 한곳에 모여서 작업할 때와 같은 수준의 업무협업이 가능하다.

메타버스 핵심 기술인 AR, VR, MR 등을 포함한 XR(확장현실)을 통칭하는 eXtented Reality 기술이 점차 성숙단계로 접어들면서 메타버스 시장도 동반 성장할 것으로 전망된다. 글로벌 XR 시장 규모는 2019년 78.9억 달러(약 8.56조 원)에서 2024년 1,368억 달러(약 150.34조 원)로 5년간 연평균 76.9% 성장이 전망된다(정보통신산업진흥원, 2020). 메타버스로 대표되는 실감형 콘텐츠 시장은 2019년 약 170억 달러(약19조 원)에서 2022년 624억 달러(약 70조 원) 규모로 확대가 예상된다(메리츠증권).

미국 '로블록스(Roblox)'는 메타버스 대표주자이며 페이스북, 애플 등도 메타버스 시장을 공략할 준비 중에 있다. 최근 게임 플랫폼 로블록스가 뉴욕증권거래소(NYSE)에 상장과 동시에 흥행에 성공하면서 메타버스 시장에 관심이 더욱 집중되고 있다. 로블록스는 상장 첫날인 2021년 3월 10일(현지시각) 기준가 45달러에서 43% 상승한 64달러로 시작해 69.5 달러로 거래가 종료됐다. 기준가 대비 54% 오른 수치로 상장직후 시가 총액은 380억 달러(약 43조 원)를 돌파했다.

2014년에 설립된 로블록스는 이용자가 레고처럼 생긴 아바타가 돼 가상세계에서 활동하는 게임으로 다른 이용자와 함께 테마파크 건설·운영, 애완동물 입양, 스쿠버 다이빙, 슈퍼히어로 등을 체험할 수 있다. 로블록스는 2020년부터 코로나19 사태로 등교를 못하게 된 미국 초등학생들이 상호 소통할 수 있는 통로가 되면서 크게 인기를 끌고 있다. 로블록스는 미국에서 16세 미만 청소년의 55%가 가입했고 하루 평균 접속자만 4,000만 명을 육박한다.

메타버스는 공간적·물리적 제약이 없는 확장성과 미래 잠재고객인 Z 세대를 겨냥한 마케팅이중요하다. 다른 산업으로 확장이 가능하다는 점이 부각되면서 글로벌 굴지 기업도 메타버스 시대에 대비하고 있다. MS가 선보인 혼합현실 플랫폼 '메시(Mesh)', 엔비디아가 출시한 3D협업 플랫폼인 '엔비디아 옴니버스(NVIDIA Omniverse)' 등이 대표적이다. 페이스북은 2020년 VR 게임 기업인 비트게임즈를 인수한 데 이어 2021년 2월 산자루게임즈, 4월 말 다운푸어 인터렉티브를 연이어 인수하며 VR·게임 플랫폼을 기반으로 메타버스 시장까지의 공략을 시사했다.

굿바이 페이스북! 헬로 메타!

2004년에 설립된 세계 최대 소셜미디어 페이스북이 2021년 10월 28일(현지시간) 사명을 '메타'(Meta)로 변경하고 대대적인 이미지 변신에 나섰다. 마크 저커버그(Mark Zuckerberg) 최고경영자(CEO)는 이날 온라인 행사에서 회사 이름을 메타(정식 명칭은 Meta Platforms, Inc.)로 바꾼다고 밝히면서 무한대를 뜻하는 수학 기호(∞) 모양의 새로운 회사 로고를 공개했다. 뉴욕타임스(NYT) 신문은 메타의 로고가 과자 '프레첼'과 비슷하다고 지적했다.

[그림5] 마크 저커버그 메타 CEO와 새로운 로고
(출처: https://www3.nhk.or.jp/news/html/20211122/k10013357101000.html)

페이스북과 인스타그램, 왓츠앱 등 이 회사의 간판 애플리케이션(응용프로그램)은 그대로 유지되지만 이제는 메타란 우산 아래로 들어가게 된다. 저커버그 CEO는 이날 메타버스가 공상과학소설(SF)처럼 들린다면서도 이는 스마트폰이 가져온 모바일 인터넷의 계승자이며 미래에는 모바일 기기가 더 이상 초점의 대상이 아닐 것이라고 말했다. 또 여러 개의 다른 디지털 공간을 오가며 멀리 떨어진 친구, 가족과 얘기하는 자신의 디지털 아바타를 시연해 보였다. 그는 "여러분은 하나의 세상 또는 하나의 플랫폼에 고정되지 않을 것"이라고 말했다.

애플도 아이폰 12프로, 아이패드 프로, 맥북에어 신제품에 공간을 인지하는 라이다 스캐너를 탑재해 AR 성능을 강화했다. 지난 4월 팀쿡은 AR 발전에 놀라움을 표현하며 건강, 교육, 리테일 등 다양한 분야에서 스마트폰을 이용해 AR 기술이 가져올 도약과 변화에 대한 기대감을 표명했다.

세계 메타버스 관련 시장은 2019년 51조원에서 오는 2025년 537조원, 2030년 1,700조원까지 성장할 것으로 전망된다. 실제 메타버스 관련 기업인 자이언트스텝(시각효과업체), 로블록스(게임업체), 뷰직스(웨어러블 제조사) 등은 기업가치가 올해 1분기에만 지난해 대비 최대 600%까지 치솟았다. 메타버스의 대표 주자로 꼽히는 로블록스는 미국 10대 초반 청소년의 70%가 즐기는 게임 플랫폼이다. 3차원(3D) 아바타와 함께 가상세계를 탐험할 수 있고, 플랫폼 안에서 게임제작까지 가능하다. 플랫폼 제공자가 게임을 만들어 파는 게 아니라 사용자가 직접 게임을 설계해 또 다른 사용자가 이렇게 만든 게임을 소비하는 방식이다.

메타버스 산업의 일부분인 VR과 AR 두 가지만을 갖고 메타버스 시장 전망이라고 많은 언론과 전문가들이 무분별하게 인용보도하거나 칼럼과 인터뷰 등에 쓰고 있다. 필자는 산업분석 애널리스트와 산업전문 기자를 다년간 했던 경험에서 대략적으로 추정해도 2030년 메타버스 시장 규모는 VR과 AR 두 가지만으로 예측된 규모인 1,700조 원보다는 적어도 5~6배, 많으면 10배 정도로 예측한다. 만약 6배라고 하면 2030년 메타버스 시장 규모는 약 1경 원(1경 200억 원)에 이른다. 즉, 메타버스 시장 규모가 많이 과소평가돼 있으므로 메타버스에 대해 각 기업과 기관 및 개인들은 더 적극적으로 더 많은 관심을 기울일 필요가 있다.

현재 메타버스는 회의나 세미나 등 행사에 사용되거나 일부 교육에도 사용되지만 아직은 활용도가 낮다. 그러나 메타버스에서는 개인에서부터 기업에 이르기까지 다양한 새로운 일자리와 비즈니스 모델이 만들어지고 있으며 빠른 속도로 산업 전반에 확산될 것으로 전망된다. 필자는 메타버스와 관련해서 많은 신조어들이 만들어지고 널리 사용될 것으로 예상하며 다음과 같은 메타버스 관련 신조어들에 관심을 가져야 할 것이다. '메타버스 리터러시, 메타버스 교육, 메타버스 러닝, 메타버스 커머스, 메타버스 금융, 메타버스 제조, 메타버스 건설, 메타버스 디자인, 메타버스 설계, 메타버스 광고, 메타버스 마케팅' 등등 무궁무진하게 확장될 것으로 예상된다.

가상공간에서의 상거래인 '메타버스 커머스'도 이커머스, 모바일 커머스, 라이브 커머스를 능가할 유망 비즈니스로 떠오르고 있다. 메타버스 커머스를 겨냥해서 구찌, 나이키, 디즈니, 컨버스, 헬로 키티, MLB, CU 등 글로벌 소비재기업과 국내기업들이 제페토 등 메타버스 공간으로 속속 입점하고 있다. 메타버스 진출이 늦은 기업들은 경쟁력에서 뒤처질 것으로 예상되니 진출을 서둘러야 할 것이다.

기업과 개인뿐만이 아니라 정부도 메타버스에 관심을 기울여야 한다. 정부가 메타버스를 '초연결 신산업'이라고 정의하고 관심을 갖는 것은 바람직하다. 정부가 '디지털 뉴딜'에 막

대한 예산을 퍼붓고 있는데 이 중 상당 부분을 메타버스와 연계하도록 하거나 메타버스에 대한 정부 지원과 투자를 확대해야 한다. 우리나라는 선진국 대열에 든 만큼 IT 강국에서 메타버스 강국으로 세계경제를 선도해야 한다. 그러기 위해서는 전 국민에 대한 메타버스 교육을 실시해야 한다.

그래픽스 처리장치(GPU)와 AI 컴퓨팅 분야의 세계적인 선도기업인 엔비디아(NVIDIA)의 최고경영자(CEO) 젠슨 황은 "메타버스 시대가 오고 있다"고 말했고, 에픽게임즈 CEO 팀 스위니는 "메타버스는 인터넷(Web)의 다음 버전"이라고 강력한 의미를 부여하기도 했다. 이제 우리 기업들은 메타버스라는 블루오션에 관심을 갖고, 어떤 비즈니스모델로 메타버스에 올라탈지를 고민해야 한다. 개인들도 메타버스를 이해하고, 현명하게 활용하는 관심과 지혜가 필요한 때다.

5. '디지털 트랜스포메이션'에서 '메타버스 트랜스포메이션'으로의 진화

메타버스에 대한 많은 관심에 비해 이해도는 낮다. 메타버스를 게임 또는 세미나나 회의 및 강의에 일부 활용하는 정도로 생각하는 사람이 많다. 메타버스는 거의 모든 산업과 융합해서 시너지효과를 낼 수 있다. 메타버스 관련 신조어에도 관심을 가져야 한다. 메타버스와 각 산업이 융합한 신조어들이 새로운 유망산업으로 부상할 것으로 보이기 때문이다.

메타버스는 교육·금융·제조·서비스 등 대부분의 다른 산업과 융합하면서 빠르고 크게 발전할 것으로 전망된다. 앞으로는 메타버스 교육, 메타버스 금융, 메타버스 제조, 메타버스 서비스 등이 빠르게 확산될 것으로 예상된다. 그러므로 메타버스는 하나의 산업으로 볼 게 아니라 메타버스 경제로 봐야한다. 또한 메타버스는 경제뿐만 아니라 사회와 문화 등에 큰 변화를 가져올 것으로 전망되므로 '메타버스 혁명'이라고 해도 지나친 표현이 아니다.

지능형 금융포럼 의장으로서 2021년 9월 16일 '메타버스와 금융'을 주제로 온라인과 오프라인으로 콘퍼런스를 개최했다. 많은 사람들이 관심을 보였다. 금융이 메타버스와 결합해서 메타버스 금융이 가능하고 새로운 비즈니스 모델 창출이 가능하다는 내용이었다. 디지털 가상 경제 환경에서 소매 금융이 어떻게 진화해 나갈 것인지 살펴봤고 콘텐츠 제공자

(Content Provider)에게는 다양한 과금 방식 및 선불형 캐시를 제공하고 이용자에게는 자기주권형(Self-Sovereign)으로 스스로의 개인정보를 관리하도록 도와주는 블록체인 기반의 선불형 과금 기술도 소개됐다.

신한은행은 2021년 9월 메타버스 공간에서 초등학생들을 위한 금융교육 프로그램을 실시했다. 교육에 참여한 초등학생들은 메타버스 플랫폼에서 아바타를 통해 서로 소통하고 저축의 필요성, 투자 이야기, 투자 게임, 금융 OX퀴즈 등의 프로그램을 함께 하면서 재미있게 메타버스를 체험하고 금융지식을 습득하는 시간을 보냈다. 일부 은행은 메타버스 공간에 지점을 개설했다. 메타버스 공간에서 금융거래를 하는 메타버스 금융이 곧 현실화될 것으로 보인다. 은행 업무의 경우 인터넷 뱅킹에서 모바일 뱅킹과 스마트 뱅킹을 거쳐 메타버스 뱅킹이 눈앞에 다가왔다.

메타버스는 현실세계와 같은 사회적·경제적 활동이 이뤄지는 '3차원 가상공간(virtual 3D space(world))'이며 좀 더 정확하게 설명하면 '공유 3차원 가상공간' 또는 '공유 3차원 가상공간의 집합(collective shared virtual 3D space(world))'이다. 메타버스에 대한 책과 칼럼 등을 보면 메타버스를 한 마디로 '디지털지구(Digital Earth)'라고 표현하는 경우가 많다. 이것은 메타버스를 과소평가한 표현이고 메타버스는 디지털지구가 아닌 '디지털우주(Digital Universe)'라고 표현하는 것이 더 적절하다.

필자는 '메타버스 트랜스포메이션(Metaverse Transformation, MT)'이라는 용어를 만들어서 쓰면서 강조하고 있다. 아직 필자 외에는 메타버스 트랜스포메이션이라는 용어를 사용하고 있지는 않은데 메타버스와 각 산업이 융합한 단어들이 생겨나듯이 메타버스 트랜스포메이션이라는 용어도 곧 널리 쓰일 것으로 예상한다. 4차 산업혁명을 디지털 트랜스포메이션(Digital Transformation, DT 또는 DX)이라고 한다. 메타버스 혁명을 4차 산업혁명의 부분으로 볼 수 있지만 메타버스 혁명은 4차 산업혁명의 대부분을 차지할 정도로 커질 것으로 본다.

넓은 의미의 디지털 트랜스포메이션에는 메타버스 트랜스포메이션이 포함될 수도 있지만 좁은 의미의 디지털 트랜스포메이션과 메타버스 트랜스포메이션은 좀 다르다고 볼 수 있다. 디지털 트랜스포메이션 다음 단계로 메타버스 트랜스포메이션을 추진해야 한다. 이제는 기업·학교·기관·정부 등은 디지털 트랜스포메이션을 넘어 메타버스 트랜스포메이션을 도입하고 적극 활용해야 한다.

6. 정부, 메타버스 등 '초연결 신산업'에 2조 6,000억 원 투자

정부가 '초연결 신산업 육성'을 위해 메타버스·블록체인 등 핵심 유망분야에 2025년까지 2조 6,000억 원 규모의 예산을 집중 투자한다. 아울러 각 영역별 특성에 맞는 맞춤형 정책 지원으로 ▲신규 시장수요 창출 ▲산업 기반 확충 ▲선도국과의 격차 해소를 위한 기술혁신 ▲신산업 확산을 위한 법제도 정비 등 환경 조성에 주력하기로 했다.

과학기술정보통신부는 2021년 9월 15일 임혜숙 장관 주재로 '제12차 디지털 뉴딜반 회의'를 개최, 디지털 뉴딜 2.0을 뒷받침하기 위해 초연결 신산업 육성을 주제로 정부의 추진 현황 및 향후계획, 부처 간 협력방안 등을 집중 논의했다고 밝혔다. 이에 앞서 2021년 7월 정부는 2025년까지 총 49조원을 투자해 그동안의 뉴딜 성과를 확산하고 글로벌 시장을 선도하기 위해 초연결 신산업 육성 분야를 새롭게 추가한 '디지털 뉴딜 2.0'을 발표했다.

[그림6] 임혜숙 과학기술정보통신부 장관이 15일 오전 서울 중구 서울중앙우체국에서
확장가상세계(메타버스) 플랫폼을 이용해 '제12차 디지털 뉴딜반 회의'를 주재하고 있다.
(사진＝과학기술정보통신부)

이어 2021년 9월 6일 제14차 정보통신전략위원회에서는 그 후속조치로 '클라우드컴퓨팅 기본계획'과 '디지털 트윈 활성화 전략' 등 범부처 추진방안을 마련했다. 향후 '초연결 신산업 육성'을 위해 예산을 집중 투입하는데, 우선 새로운 수요 창출을 위해 주요 공공·민간 분야에서 확장현실(XR)과 블록체인, 사물인터넷 등 대형 프로젝트를 추진하고, 공공 부문의 민간 클라우드 우선 이용을 정착시켜 나갈 계획이다.

산업 기반의 확충을 위해서는 개방형 메타버스 플랫폼 개발을 지원하고, 중소·벤처기업을 위한 블록체인 기술혁신 지원센터 설립 및 사물인터넷 테스트베드를 고도화할 예정이다. 또한 기술혁신을 위해 VR·AR, 블록체인, 디지털 트윈 분야의 핵심원천기술을 연구하고, 로봇활용 표준공정 모델 및 자율형 사물인터넷(IoT) 기술을 개발한다. 아울러 규제정비 및 저변확대 등 환경조성을 위해 블록체인 활용을 위한 개인정보보호 법령을 개정하고, 신기술 관련 저작권 등 제도개선 방향 검토 및 클라우드 보안인증제 개선 등을 추진한다.

이날 임혜숙 과기정통부 장관은 "메타버스 등 초연결 신산업은 가상세계와 현실세계를 융합해 우리나라의 경제영토를 확장할 수 있는 기회가 될 것"이라며 "디지털 뉴딜 2.0의 핵심인 '초연결 신산업'의 글로벌 시장 선점을 위해 정부와 민간이 국가적 역량을 결집할 수 있도록 정책적 노력을 아끼지 않겠다"고 강조했다.

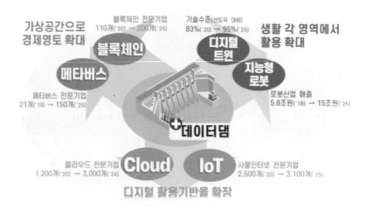

[그림7] 메타버스 등 초연결 신산업 육성 분야를 새롭게 추가한 정부의 '디지털 뉴딜 2.0'
(출처 : http://www.nspna.com/news/?mode=view&newsid=526974)

7. 서울시, 지자체 최초로 자체 '메타버스 플랫폼' 구축해 신개념 공공 서비스 제공

　서울시가 포스트코로나 시대 비대면 소통채널로 급부상한 메타버스 플랫폼을 전국 지자체 최초로 자체적으로 구축하고 시정 전반에 도입해 신개념 공공서비스를 시작한다. 고성능 자체 플랫폼인 '메타버스 서울'을 2022년 말까지 구축하고 내년부터 3단계에 걸쳐 경제, 문화, 관광, 교육, 민원 등 시정 전 분야 행정서비스에 메타버스 생태계를 구현한다. '메타버스 서울'은 도입-확장-정착 3단계에 걸쳐 구현한다. 2022년에는 1단계 사업으로 플랫폼을 구축하고 경제, 교육, 관광 등 7개 서비스를 도입한다. 총 39억 원을 투입할 계획이다.

　플랫폼은 2022년 1월 입찰을 통해 사업자를 선정하고 연말까지 구축을 완료해 시민들에게 선보일 예정이다. 202년 파일럿 프로그램인 연말연시 가상 보신각 타종 이벤트를 시작으로 내년부터는 가상시장실, 서울핀테크랩, 인베스트서울, 서울캠퍼스타운 등 서울시의 각종 기업지원시설과 서비스도 메타버스 안에 순차적으로 구현된다. 2023년엔 가상의 종합민원실 '메타버스120센터'가 생긴다.

　시청 민원실을 찾아야만 처리할 수 있었던 민원·상담 서비스를 메타버스 상에서 아바타 공무원과 만나 편리하게 이용할 수 있다. 아울러 광화문광장, 덕수궁, 남대문시장 등 서울의 주요 관광명소는 내년 '가상관광특구'로 조성되고 돈의문 등 소실된 역사자원도 가상공간에 재현된다. 2023년부터는 빛초롱축제 등 서울의 대표축제들도 메타버스에서 열려 전 세계인 누구나 볼 수 있다. 확장현실 기술을 적용한 장애인 안전·편의 콘텐츠 등 사회적 약자를 위한 서비스도 개발한다.

　서울시는 첨단기술 기반의 메타버스 플랫폼을 통해 시공간적 제약, 언어 장벽 등 현실의 한계를 극복하는 공공서비스를 제공하고 시정 전 분야로 확대해 공무원들의 업무효율도 높이겠다고 밝혔다. 현재 공공에서 제공하는 메타버스 서비스는 대부분 유명 민간플랫폼 기반의 홍보 콘텐츠 사업으로 서울시도 현재 10여 개의 서비스를 운영 중에 있다. 그러나 민간플랫폼 기반 메타버스 사업은 복잡·다양한 행정서비스를 구현하는데 기능적 한계가 있으며 서로 다른 플랫폼에 적용된 서비스 간 상호연계를 통한 시너지 창출이 어렵다는 단점이 있다.

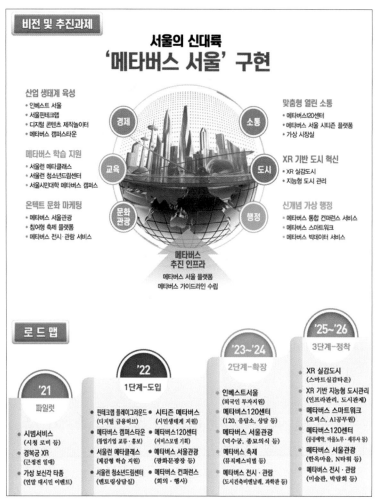

[그림8] 서울시가 지자체 최초로 세운 5개년 '메타버스 서울 추진 기본계획' 로드맵
(출처 : https://www.etnews.com/20211103000187)

서울시는 이런 내용을 골자로 하는 5개년 '메타버스 서울 추진 기본계획'을 2021년 11월 3일에 발표했다. 지자체 최초의 메타버스 정책 중장기 종합계획으로 오세훈 시장이 '서울 비전 2030'에서 제시한 '미래감성도시' 분야 핵심전략 중 하나다. 서울시는 공공·민간의 메타버스 동향과 서비스 수요를 반영, 7개 분야 20개 추진과제를 도출해 기본계획에 담았다.

7개 분야는 경제 교육 문화관광 소통 도시 행정 인프라 첫째, 경제 분야에서는 오프라인으로 이뤄졌던 기업지원 서비스를 메타버스에서 구현해 해외 투자유치를 지원하고 기업간 교육·협력의 장을 마련해 코로나로 위축된 산업생태계의 활성화를 꾀한다. 기업 육성을 위한 디지털 콘텐츠 제작교육, 캠퍼스타운 창업기업들의 네트워킹도 메타버스 공간에서 이뤄진다.

메타버스 기반 '서울핀테크랩 플레이그라운드'는 2018년부터 운영 중인 여의도 서울핀테크랩을 메타버스에 조성해 핀테크 산업 육성을 위한 온·오프라인 클러스터를 구축하고 아시아 핀테크 선도도시로 도약한다. '서울핀테크랩 플레이그라운드'에서는 서울시의 핀테크 지원정책을 소개하고 입주기업 홍보, 투자IR 개최, 전문가 멘토링·컨설팅, 교육 등이 이뤄진다. 외국인 투자유치 '메타버스 인베스트서울'은 서울의 투자환경을 홍보하고 유망기업의 성장을 지원하는 인베스트 서울 센터도 메타버스로 구현한다.

기존 오프라인 센터 프로그램을 연계하고 아바타 투자상담, 가상회의·교육, 서울홍보 실감 콘텐츠 등 외국인 투자자를 위한 메타버스 기반 투자·창업 원스톱 지원 서비스를 제공한다. 디지털 콘텐츠 제작 놀이터에서는 각종 디지털 콘텐츠를 제작하고 체험하는 온·오프라인 공간을 만들고 메타버스 기업들과 협업을 통해 콘텐츠 창작기반을 조성한다.

34개 대학과 지역사회 간 협력으로 상생하는 지역공동체를 구축하고 있는 서울캠퍼스타운에도 메타버스 서비스를 도입해서 창업기업 간 교류·협력의 장을 마련하고 교육, 캠퍼스타운 페스티벌, 홍보관 등 다양한 가상서비스를 제공한다.

둘째, 메타버스 도입이 가장 활발한 '교육' 분야에서는 서울시민대학의 가상 캠퍼스를 메타버스 상에 조성하고 '서울런'은 강의, 멘토링, 진로설명회 등과 연계해 메타버스 환경에 익숙한 청소년들에게 다양한 실감형 콘텐츠를 제공한다.

서울시민대학 메타버스 캠퍼스에서는 오프라인 시민대학에서 제공되는 7개 학과의 수준 높은 강좌를 워크숍·토론 등 참여형 메타버스 학습 콘텐츠로 제작해 제공한다. 시민강의실, 그룹스터디 등 시민이 지식생산자로 활동하는 평생학습의 새로운 모델도 구현한다.

서울형 교육플랫폼 '서울런'과 연계해서는 청소년들이 신기술 활용능력을 키우고 미래 유망직업을 체험할 수 있도록 메타버스 기반 실감형 강좌를 신설하고 '서울런'과 연계해 학습이력도 관리한다. 진로설명회, 세미나 같은 이벤트를 개최하고 그룹미팅 등 이용자 간 소통공간도 마련한다. 또한, '서울런'의 멘토링 사업과 연계한 아바타 상담실을 운영해 학업, 진로 친구관계, 학교폭력 등 청소년의 다양한 고민을 전문가와 부담 없이 상담할 수 있도록 지원한다.

셋째, 서울만의 매력 있는 관광자원을 '메타버스 서울'에 구현해 문화관광 경쟁력을 높이고 코로나 등 팬데믹 상황에서 오프라인으로 즐기기 어려워진 각종 축제와 전시를 메타버스에서 열 수 있도록 실감형 콘텐츠 서비스도 제공한다. 메타버스 관광 서울에서는 광화문광장, 덕수궁, 남대문시장 등 서울의 주요 관광명소를 '가상관광특구'로 조성하고 메타버스상에서 시티투어버스도 운영한다.

돈의문, 종묘의식 등 소실된 역사자원을 재현하는 등 가상 핫 플레이스도 단계적으로 발굴·조성한다. 장기적으로는 메타버스 관광명소에 유명 맛집 등 실제 상점이 입점하고 여행사를 통한 가상공간 단체여행을 실시하고 거리공연을 펼치는 등 현실과 가상이 연결되는 새로운 관광서비스를 구현한다.

메타버스 축제·전시 서비스로는 서울드럼페스티벌, 빛초롱축제, 정동야행 등 서울의 대표축제에 단계적으로 메타버스를 적용하고 아티스트와의 소통 등 각종 체험 이벤트도 추진한다. 또한, 박물관, 미술관 등을 실제 방문하지 않고도 언제 어디서나 실제와 동일한 관람 서비스를 즐길 수 있도록 서울시 문화시설들을 대상으로 가상 전시 서비스를 단계적으로 조성한다.

넷째, 민원, 상담, 공공시설 예약 등 시민들이 많이 이용하는 공공서비스를 메타버스를 통해 제공해 이용편의를 높이고 디지털 대전환 시대에 필요한 시민들의 디지털 역량 향상도 지원한다. 메타버스120센터 운영에서는 서울시가 운영 중인 각종 민원·상담 서비스를 메타버스 상에서 편리하게 이용할 수 있는 가상의 종합민원실이다. 서울시는 우선 각 부서별로 산재된 서비스 현황을 분석해 효과적인 서비스 구현방안을 마련할 계획이다.

메타버스 시장실은 서울시청에 있는 시장실을 실사 기반의 메타버스 공간으로 구현하고 소통과 의견수렴을 위한 다양한 기능을 적용해 상시 열린 소통공간으로 활용할 계획이라고 전했다. 시티즌 플랫폼은 시민이 직접 자신만의 공간과 콘텐츠를 만들고 전시회·장터 등 행사를 주최할 수 있는 '시티즌 플랫폼'을 구축한다.

서울시는 전문가의 콘텐츠 제작·활용교육과 하드웨어 등 인프라를 지원해 시민들의 활용도를 높일 계획이라고 전했다. 또한 메타버스 크리에이터 같은 새로운 직업군을 개발·지원하고 '메타버스 서울' 지원인력 등 일자리도 창출할 계획이라고 전했다.

다섯째, 가상현실, 증강현실 등 가상과 현실이 결합된 확장현실 기술을 적용해 도시 관리기법을 한 단계 업그레이드하고 장애인 등 사회적 약자의 안전과 편의를 위한 서비스도 개발한다. XR 기반 지능형 도시관리로는 디지털트윈, AI, XR 등 신기술과 실시간 IoT센서 정보를 통해 도시현상을 실시간 모니터링·분석하는 등 지능형 도시 관리 체계를 마련해 시민이 더욱 안전한 서울을 만들어갈 계획이라고 전했다.

XR 실감도시는 시각·청각장애인의 안전과 편의를 위해 긴급상황 시 이미지·음성, 수어로 알려주는 콘텐츠를 개발한다. 문화재를 스마트폰으로 비추면 과거의 모습을 볼 수 있는 스마트 실감·체험공간도 경복궁, 서촌일대 등 관광명소에 조성한다.

여섯째, 서울시 행정에도 메타버스를 도입해 효율화하고 환경변화에 빠르게 대응하고 시민 눈높이에 맞는 신개념 가상행정 서비스를 제공한다. 메타버스 콘퍼런스 서비스를 도입해서 각종 행사 개최와 소통채널로 활용하고 각종 신기술과 연계한 메타버스 기반 비대면 근무환경도 구축한다. 공공·민간 빅 데이터를 직관적으로 활용·공유할 수 있는 빅 데이터 서비스도 제공한다. 메타버스 콘퍼런스에서는 콘퍼런스, 토론회 등 각종 행사 개최를 위한 서비스를 도입해 대내·외 소통 채널로 적극 활용한다.

서울시는 2021년 9월 민·관 협력을 통해 '스마트시티 리더스포럼' 등 행사에 메타버스 회의 플랫폼을 시범 적용한 바 있으며 내년에는 각종 콘퍼런스, 토론회 등 대외행사는 물론 내부회의와 교육 등 다양한 분야에 활용 가능한 자체 시스템을 도입할 계획이라고 전했다.

메타버스 기반 스마트워크로 시가 수년 전부터 구축·강화하고 있는 원격근무 인프라에 메타버스를 전격 결합해 시공간 제약 없이 행정업무를 수행할 수 있는 가상공간의 스마트 오피스를 조성한다. AI·빅 데이터 기반으로 분야별 전문성을 지닌 AI 공무원도 도입해 실제 공무원의 분신인 아바타 공무원과 함께 근무하는 지능형 스마트워크를 실현해나간다.

메타버스 빅데이터 서비스로 인구, 경제, 환경 등 서울시가 보유한 행정 빅 데이터를 민간 데이터와 융합하고 AI 기반으로 검색·분석한 결과를 메타버스 상에서 입체적으로 제공하는 주제별 빅 데이터 서비스를 단계적으로 추진한다.

기존 '빅데이터 저장소'를 기반으로 시범개발 및 실증을 거쳐 다양한 서비스를 발굴·추진하고 향후에는 열린데이터광장, 빅 데이터 캠퍼스 등 데이터 개방 플랫폼을 메타버스 기반으로 전환해 시민과 공무원 모두 직관적으로 활용할 수 있도록 한다.

일곱째, 이런 내용으로 추진될 각 분야 메타버스 서비스를 안정적으로 운영하기 위한 물리적 기반인 '메타버스 서울' 구축을 내년부터 시작하고 건전성 확보를 위한 제도적 기반 마련에도 나선다.

'메타버스 서울' 플랫폼 구축으로 홈페이지 메인화면에 해당하는 첫 접속장소이자 각 서비스로의 게이트 역할을 수행할 서울시청과 서울광장을 조성해 각종 행사와 이벤트를 개최하는 소통공간으로 활용한다. 분야별 서비스를 쉽고 빠르게 이용할 수 있는 사용자 중심의 인터페이스를 제공할 예정이다.

'메타버스 서울' 가이드라인 수립을 통해 시정 각 분야 메타버스 서비스의 유기적 연계 및 체계적 운영을 위해 '메타버스 서울' 구축·운영 가이드라인을 수립하고 표준절차를 마련하는 등 관리체계를 갖춘다.

또한 메타버스를 통한 제2의 일상이 확산되면서 오남용에 따른 우려의 목소리가 커지는 만큼 불건전한 활용과 역기능을 방지하고 안전한 이용환경을 만들기 위한 이용수칙과 윤리·보안지침도 마련한다.

박종수 서울시 스마트도시정책관은 "메타버스는 기술 수준, 사용자 수요에 따라 다양한 형태로 진화하고 있으며 특히 코로나19 이후 새로운 패러다임으로 급부상하고 있다"며 "서울시는 공공수요와 민간기술을 결합한 '메타버스 서울'이란 신대륙을 개척해나가겠다. 전 연령층이 함께 누릴 수 있도록 '메타버스 서울'을 추진해 명실상부한 스마트 포용도시를 만들어가겠다"고 말했다.

8. 메타버스·ESG의 공통점과 차이점

2021년에 이어 2022년에도 우리에게 가장 핫한 키워드를 든다면 메타버스와 ESG를 들수 있을 것이다. 이 두 가지는 전혀 다른 듯 하지만 닮은 점이 많다. 4차 산업혁명시대에 ESG(Environmental, Social and Governance)와 메타버스가 4차 산업혁명에 버금가는 혁명적인 변화로 다가오고 있다. 필자는 ESG와 메타버스 관련 학회와 연구소 창립과 운영으로 두 가지 분야를 2010년부터 12년 이상 연구해오고 있다. ESG와 메타버스에 대한 공통점과 많은 사람들이 메타버스와 ESG에 대해 잘못 인식하고 있는 몇 가지 사항에 대해서 짚어보고자 한다.

메타버스와 ESG의 첫째 공통점은 둘 다 혁명적인 변화로 다가오고 있는데, 많은 사람들이 관심은 높지만 ESG와 메타버스를 과소평가하는 경우가 많다. ESG와 메타버스에 대해 언론과 일반인들의 관심은 매우 높은데 잘못 알고 있는 내용이 상당히 많다. 시중에 나와 있는 책, 웹상의 정보, 기사, 일부 전문가의 칼럼과 인터뷰 등에도 부분적인 오류를 많이 발견할 수 있다. 오류가 수없이 많지만 개념 설명부터 바로 잡고자 한다.

우선 개념 설명부터가 대부분 틀렸다. 거의 모든 자료가 "ESG는 기업의 비재무적 요소인 환경·사회·지배구조를 뜻하는 말이다"라고 설명하고 있다. 이는 ESG를 투자 관점에서 좁게 보면 맞지만 넓게 보면 틀린 표현이다. 이를 정확한 표현으로 고치면 "ESG는 조직의 지속가능성 요소인 환경·책임·투명경영을 뜻하는 말이다"라고 설명하는 것이 맞다. 거의 모든 언론이 ESG를 '환경·사회·지배구조'라고 잘못 표기하고 있는데 유일하게 경제지 한 곳만이 환경·책임·투명경영이라고 제대로 표현하고 있다. S(Social)는 사회가 아니고 사회적 책임의 줄인 말이다.

ESG를 풀어서 쓰면 환경·책임·투명경영 외에도 환경경영·책임경영·투명경영, 환경적 책임·사회적 책임·경제(경영)적 책임, 환경적 지속가능성·사회적 지속가능성·경제(경영)적 지속가능성, 환경적 관심(concern)·사회적 관심·경제(경영)적 관심 등으로 표현할 수 있다.

메타버스에 대해서도 설명이 부정확한 경우가 많다. 대부분 메타버스를 '3차원 가상공간'이라고 하는데 정확하게 설명하면 '공유 3차원 가상공간(shared virtual 3D space(world))'이고, 더 정확하게 표현하면 '공유 3차원 가상공간의 집합(collective shared virtual 3D space(world))'이라고 할 수 있다. 메타버스에 대한 책과 칼럼 등을 보면, 메타버스를 한 마디로 '디지털지구(Digital Earth)'라고 표현하는 경우도 많다. 이것도 메타버스를 과소평가한 표현이고, 메타버스는 '디지털지구'가 아닌 '디지털우주(Digital Universe)'라고 표현해야 한다.

필자는 'ESG 트랜스포메이션(Environmental, Social and Governance Transformation, ET)'과 '메타버스 트랜스포메이션(Metaverse Transformation, MT)'이라는 용어를 만들어서 쓰면서 강조하고 있다. 아직 ESG 트랜스포메이션과 메타버스 트랜스포메이션이라는 용어를 많이 사용하고 있지는 않은데, ESG·메타버스와 융합한 단어들이 생겨나듯이 ESG 트랜스포메이션과 메타버스 트랜스포메이션이라는 용어도 곧 널리 쓰일 것으로 예상한다.

4차 산업혁명을 디지털 트랜스포메이션(Digital Transformation, DT 또는 DX)이라고 한다. DT 뒤를 ET가 따르고, ESG혁명과 메타버스혁명을 4차 산업혁명의 부분으로 볼 수 있지만 ESG혁명과 메타버스 혁명이 4차 산업혁명의 대부분을 차지하거나 그 이후에도 계속 커질 것으로 본다.

9. 메타버스에서도 ESG 실천해야 한다

지금은 '4차산업혁명' 시대이며, 동시에 'ESG혁명'과 '메타버스혁명'이 진행되고 있다. ESG(Environmental, Social and Governance: 환경·책임·투명경영)와 메타버스(Metaverse)가 글로벌 핫이슈가 되고 있으며, 많은 사람들이 관심을 갖고 있다. 그런데 대부분 ESG와 메타버스의 중요성은 인식하고 있으면서도 ESG와 메타버스의 연관성은 잘 모르고 있다. ESG와 메타버스가 밀접한 관련이 있는데, 아직 이를 얘기하는 사람이 없다. ESG는 현실세계뿐만 아니라 3차원 가상세계인 메타버스에서도 반드시 진행돼야 한다.

2021년 12월 1일 오전 매일경제TV가 주최하는 혁신성장포럼에 참석했는데, '세상을 바꾸는 게임체인저, 메타버스'라는 제목으로 좋은 내용들이 발표됐다. 이 포럼에서는 메타버스에 대해 방대한 내용을 정확하게 잘 표현했다. 그런데 한 가지 아쉬운 점을 발견했다. 메타버스 자체는 아주 쉽고 재미있고 정확하게 얘기를 했는데, 메타버스 공간에서의 ESG활동에 대해서는 일절 언급이 없었다는 점이다. ESG는 현실세계에서는 적용되는 것이 아니라 메타버스세계에서도 반드시 적용돼야 한다. ESG가 현실세계에서만 진행되면 안 되고 메타버스에서도 추진돼야 한다.

이 포럼에서는 기조연설에 이어 '메타버스 시대, 우리의 삶은 어떻게 달라지는가'와 '메타버스의 진전을 위한 기술 트렌드 소개' 등 두 편의 발표와 강평이 이어졌다. 각각의 내용은 충실했고, 최첨단의 풍부한 사례로 매우 인상적이었다. 그런데 발표자와 강평자 등 참여자 모두가 메타버스에서의 ESG활동의 중요성을 전혀 인식하지 못하고 2시간 이상 메타버스를 얘기하면서 ESG에 대해서는 한 마디도 하지 않았다.

이 포럼뿐만 아니다. 메타버스에 대한 기사와 칼럼이 날마다 많이 게재되고 있고, 메타버스에 대한 책이 많이 쏟아져 나오고 있는데, 메타버스에서의 ESG활동에 대해 언급한 내용은 아무리 찾아도 찾을 수가 없다. 기업, 정부, 지방자치단체(지자체), 학교 등 모든 조직들이 메타버스를 추진하면서 ESG를 전혀 고려하지 않고 있다. 각 조직들은 앞만 보고 메타버스를 추진해서는 안 된다. 이제부터라도 옆을 보면서 ESG를 고려하면서 메타버스를 추진해야 한다.

서울의 신대륙, '메타버스 서울'. 서울시가 지방자치단체 최초로 3차원 가상세계 '메타버스' 기반 시정을 구현한다. 서울시는 11월 3일 메타버스 플랫폼 구축 등 2026년까지 메타버스 정책 중장기 방향과 전략을 담은 '메타버스 서울 추진 기본계획'을 발표했다. 이 계획의 로드맵을 들여다보면 '2021: 파일럿, 2022: 1단계-도입, 2023~2024: 2단계-확장, 2025~2026: 3단계-정착'의 순으로 매우 체계적으로 잘 만들어져 있다. 다른 지자체들도 이를 벤치마킹해서 '메타버스 지방정부'를 잘 추진하기를 바란다. 그런데 아쉬운 점 한 가지는 계획 중에 ESG에 대한 언급이 전혀 없다는 점이다. 서울시와 다른 지자체들은 메타버스 계획을 수립할 때 ESG활동을 고려하기 바란다.

메타버스를 지방정부(지방행정기관, 지자체)가 먼저 추진했는데, 중앙정부(중앙행정기관)도 빨리 추진해야 한다. 우리나라가 세계최고 수준의 전자정부(e-Government)를 자랑하는데, 이제는 전자정부를 넘어서 메타버스정부(Metaverse Government)를 추진해야 한다. 민간뿐만 아니라 정부 차원에서도 메타버스를 잘 추진해서 'ICT(정보통신기술) 강국', '전자정부 강국'에서 '메타버스 강국'으로 지속가능한 발전이 이뤄지기를 바란다.

메타버스의 부작용으로 중독과 범죄 등을 얘기하는데, 이뿐만 아니라 메타버스 세계에서는 ESG를 고려하지 않거나 추진하지 않는 것도 부작용이라고 생각한다. 현실세계와 메타버스세계는 점점 더 가까워지며, 상호작용을 하게 된다. 그러므로 ESG활동을 현실세계에서만 할 게 아니라 메타버스세계에서도 추진을 하면 ESG활동의 성과가 훨씬 더 클 것으로 기대된다.

10. 메타버스 시대 신인류 '메타 사피엔스' 시대가 온다

2021년 1월 6일 모 시중은행 은행장은 1분기 임원·본부장 워크숍을 하면서 디지털 리터러시를 언급하며 이를 갖추지 못하면 도태될 수 있다고 강조했다. 이어 지난 10월 10일 그 은행은 직원 선발 필기시험을 실시하면서 디지털 리터러시 평가를 처음으로 도입했다고 홍보했다. 은행 측은 필기시험에 디지털 리터러시 평가를 새로 도입했으며, 디지털 리터러시 평가는 단순히 지식을 검증하는 것이 아닌, 금융의 디지털 전환에 필수적인 사고력과 이해도를 확인하는 과정이라고 설명했다. 이와 함께 디지털 에세이, AI 역량검사 등으로 디지털 역량을 갖춘 인재를 적극 선발한다고 밝혔다.

그러나 필자가 보기에는 이 은행이 강조하는 디지털 리터러시, 디지털 전환은 때늦은 감이 있다. '디지털 리터러시'와 '디지털 전환'은 오래 전부터 강조돼 왔으며 지금은 '메타버스 리터러시'와 '메타버스 전환'을 강조할 때라고 생각한다. 리터러시(literacy)는 문자화된 기록물을 통해 지식과 정보를 획득하고 이해할 수 있는 능력을 말한다. 리터러시는 문해력(文解力)을 의미하며, 일리터러시는 문맹(文盲)을 뜻한다.

국내 대학들은 대부분 10여 년 전부터 디지털(정보화) 역량과 영어능력을 졸업 필수조건으로 해 관련 자격증을 취득하거나 관련 시험점수가 일정 수준이 되지 않으면 졸업을 시키지 않고 있다. 이처럼 디지털 리터러시는 10여년 된 진부한 용어인데 이를 새롭게 도입했다고 홍보하는 것은 좀 이상하다. 다른 은행들은 이를 따라하기 보다는 메타버스 리터러시 평가를 도입하고 메타버스 전환을 적극 추진하기를 바란다.

4차 산업혁명을 영어권에서는 디지털 전환(Digital Transformation(DT), 디지털 트랜스포메이션)이나 디지털 혁신이라고 표현하는 경우가 더 많다. 그동안 많은 기업들이 디지털 전환을 추진해왔고 이제는 다음 단계로 메타버스 전환(Metaverse Transformation(MT), 메타버스 트랜스포메이션) 또는 메타버스 혁신을 추진할 때가 됐다. 2021년은 메타버스 원년이라고 할 수 있고, 2022년부터는 메타버스 전환이나 메타버스 혁신이 활발하게 진행될 것으로 전망된다.

이제 기업과 기관들이 2022년 사업계획을 수립하기 위해 분주할 때다. 내년 사업계획에는 메타버스 도입 및 메타버스 전환에 대한 내용이 반드시 들어가야 할 것으로 판단된다. 올 봄 모기관은 창립기념일에 장기 비전을 발표하면서 첫째로 디지털 혁신을 들었다. 이 또한 매우 진부하다는 생각이 든다. 디지털 혁신은 오랜 기간 진행해 온 것이며 지금은 디지털 혁신이 아닌 메타버스 혁신을 추진할 때다. 기업과 대학들의 내년 사업 및 교육계획에는 메타버스 전환과 메타버스 혁신이 반드시 포함되고 강조돼야 한다고 생각한다.

'포노 사피엔스(phono sapiens)'는 '스마트폰(smart phone)'과 '호모 사피엔스(homo sapiens : 인류)'의 합성어로, 휴대폰(스마트폰)을 신체의 일부처럼 사용하는 새로운 세대를 뜻한다. 포노 사피엔스라는 말은 영국의 경제주간지 더 이코노미스트가 2015년 2월 26일자에서 처음 사용한 용어이다. 이후 국내에서는 2019년에 같은 이름의 책이 나오면서 2~3년간 널리 쓰였다. 포노 사피엔스라는 용어는 메타버스가 등장하면서 '메타 사피엔스'라는 용어에게 그 자리를 물려줄 것으로 보인다.

[그림9] 포노 사피엔스를 나타내는 그림

(출처 : https://www.movilonia.com/phono-sapiens-juego-preguntas-telefonia-movil/)

메타버스 시대 신인류 '메타 사피엔스' 시대가 오고 있다. 스마트폰을 신체의 일부처럼 사용하는 세대를 넘어서 메타버스가 생활의 일부가 된 새로운 메타 사피엔스 시대가 빠른 속도로 늘고 있다. 즉 포노 사피엔스가 메타 사피엔스로 진화하는 시기에 접어들었다. 현재 우리 인류 대부분은 포노 사피엔스인데, 메타 사피엔스로 빨리 변화하느냐 그렇지 않느냐가 성패를 좌우할 수도 있다.

우리 모두는 하루 빨리 메타버스를 잘 활용하는 능력인 메타버스 리터러시를 갖춰야 하고, 초·중·고교, 대학 등 모든 교육기관은 메타버스 리터러시 교육에 새롭게 힘을 기울여야 한다. 또한 기업들은 메타버스 리터러시를 갖춘 인재를 선발하고, 메타버스 전환과 메타버스 혁신에 사활을 걸고 적극 추진해야 한다. 정부와 행정기관 및 공공기관도 마찬가지다.

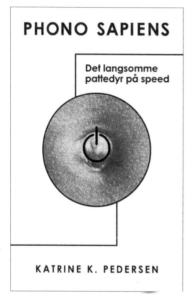

[그림10] 2016년에 발행된 'Phono Sapiens(포노 사피엔스)'라는 책의 표지,
국내에서는 (스마트폰이 낳은 신인류) '포노 사피엔스'라는 제목의 책이 2019년에 발행됐다.

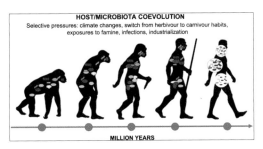

[그림11] 인간 진화와 '메타 사피엔스'를 나타내는 그림
(출처 : https://url.kr/pxgar6 / https://url.kr/qulehx)

Epilogue : 세상을 바꾸는 메타 사피엔스로 거듭나야

'메타버스 트랜스포메이션'을 잘 하고 세상을 바꾸는 '메타 사피엔스'로 거듭나야 한다.

'디지털 트랜스포메이션'(디지털 전환, Digital Transformation: DT)에 이어 '메타버스 트랜스포메이션'(메타버스 전환, Metaverse Transformation, MT) 시대가 오고 있다. '디지털 트랜스포메이션'은 디지털화(化)를 통해서 산업·경제·사회를 혁신하는 것이며, '메타버스 트랜스포메이션'은 메타버스화(化)를 통해서 산업·경제·사회를 혁신하는 것을 의미한다(저자의 정의). 저자는 '메타버스 트랜스포메이션'이라는 용어를 만들어서 강의와 칼럼 등을 통해 강조하고 있다.

아직 메타버스 트랜스포메이션이라는 용어가 널리 사용되고 있지는 않은데 메타버스와 각 산업이 융합한 단어들이 생겨나듯이 메타버스 트랜스포메이션이라는 용어도 곧 널리 쓰일 것으로 예상한다. 4차 산업혁명을 디지털 트랜스포메이션이라고 한다. 메타버스혁명을 4차 산업혁명의 부분으로 볼 수 있지만 메타버스 혁명이 4차 산업혁명의 대부분을 차지할 정도로 커질 것으로 본다.

넓은 의미의 디지털 트랜스포메이션에는 메타버스 트랜스포메이션이 포함될 수도 있지만 좁은 의미의 디지털 트랜스포메이션과 메타버스 트랜스포메이션은 좀 다르다고 볼 수 있다. 디지털 트랜스포메이션 다음 단계로 메타버스 트랜스포메이션 또는 '메타버스 혁신'(메타버스를 활용한 혁신)을 적극 추진해야 한다. 이제는 기업, 학교, 기관, 정부 등이 디지털 트랜스포메이션을 넘어 메타버스 트랜스포메이션 또는 메타버스 혁신을 도입하고 적극 활용해야 한다. 또한 우리 모두는 '메타버스 트랜스포메이션'을 잘 하고 현실세계와 메타버스 세계를 자유자재로 드나드는 '메타 사피엔스'로 거듭나야 한다. 그래서 우리나라가 메타버스 강국이 돼야 한다.

[참고문헌]

• 대한민국 정책브리핑, www.korea.kr

• 위키백과, http://ko.wikipedia.org

• 위키피디아, http://www.wikipedia.org

메타버스 산업이 가져올
미래와 기회

김수연

메타버스 산업이 가져올 미래와 기회

Prologue

지금 대한민국은 메타버스 열풍이 불고 있다. 2019년 전국적인 유튜브 열풍에 이어 2021년은 '메타버스의 해'라고 해도 과언이 아니다. 이제는 정부와 기업을 넘어 개인들까지 큰 관심을 가지며 더욱더 폭넓은 산업으로 부상하고 있다. 이렇게 메타버스 산업이 급부상하게 된 가장 큰 이유는 코로나 19로 인해 일상생활 자체가 변했기 때문이다.

코로나 19로 오프라인 모임이 자제되면서 온라인에서 만남, 회의, 일 처리 등을 하게 됐다. 처음에는 불편함을 느꼈던 사람들은 점차 온라인의 편한 시스템에 적응했고 새로운 문화가 생겼다. 이렇게 모든 경제의 흐름이 오프라인에서 온라인으로, 그중에서도 메타버스로 흐르고 있다.

메타버스 플랫폼은 시공간을 초월하며 전 세계를 무대로 한다. 5천만 대한민국이 아니라 78억 세계 인구와의 만남이 이뤄진다. 이는 내 비즈니스 시장이 그만큼 커진다는 것을 의미한다. 잠재 고객에게 내 브랜드를 홍보하거나 광고를 통해 수익을 창출할 수도 있다.

나이, 학력, 경력에 대한 제한도 없다. 메타버스 세계 속에서는 아바타로 등장해 동등한 위치로 서로를 대한다. 이런 장점 때문에 미래에 가장 큰 잠재 고객인 MZ 세대들의 활발한 활동이 이뤄지고 있다. 우리는 직접 크리에이터가 되거나, 크리에이터를 양성하는 강사가 될 수도 있다. 이제 무궁무진한 메타버스 산업의 미래와 기회에 대해 알아보자.

1. 메타버스 세계에서 돈을 번다고?

메타버스 세계에서 돈을 번다고 얘기하면 "어떻게?", "누가 그걸 사?"라고 말한다. 물론, 이전에는 마니아층들이 게임과 같은 메타버스 플랫폼을 즐기며 소비를 했다. 그러나 코로나 19로 온라인에서 활동이 늘어나면서 억압됐던 욕구가 여기서 표출되는 것이다.

그들은 비용을 지불하고 자신들이 원하는 옷을 사 입고 온라인으로 좋아하는 가수의 콘서트에 간다. 가상세계의 나의 아바타도 현실의 나처럼 똑같이 밥을 먹고 옷을 입고 문화생활을 즐긴다. 바로 대리만족이다. 특히나 메타버스를 주도하는 MZ 세대들은 실제 소유보다 경험에 많은 소비를 한다. 단순히 가상세계에서 게임을 즐기는 것이 아니라 그 속에서 경험을 통해 다양한 경제 활동이 이뤄지고 있다. 그럼 이제 플랫폼별로 수익 창출 구조를 알아보자.

1) 마인크래프트(Minecraft)

'마인크래프트(Minecraft)'는 Mojang 스튜디오에서 2011년 정식 발매한 샌드박스 형식의 비디오 게임이다. 이름처럼 '채광(Mine)'과 '제작(Craft)'을 하는 게임이다. 마인 플레이어의 가장 큰 특징은 어떤 목표가 따로 설정돼 있지 않다는 것이다. 플레이어가 스스로 목적과 스토리를 설정해 게임을 진행한다.

[그림1] 마인크래프트 공식 홈페이지 화면(출처 : 마인크래프트 홈페이지)

플레이어는 혼자, 혹은 여럿이 생존하면서 다양한 체험을 즐긴다. 농사를 짓고 사냥을 할 수도 있고, 원하는 건물을 세우며 회로를 설계하기도 한다. 이렇게 자유롭게 만들어 낸 맵을 탐험한다. 정해진 목표 없이 게임 자체를 직접 제작하고 자유롭게 즐기며 자신의 상상력을 마음껏 발휘할 수 있다. 창의적인 게임 콘텐츠를 만들 수 있다는 장점이 있다.

[그림2] 마인크래프트 공식 홈페이지 화면(출처 : 마인크래프트 홈페이지)

2020년 기준 모든 플랫폼에서 2억 장 이상 판매된 기록을 세우며 역대 가장 많이 팔린 비디오 게임으로 등극했다. 2020년 5월 기준으로 활동하는 평균 이용자 수가 1억 2,600만 명을 넘어서면서 전 세계 최고의 인기 게임이 됐다. 미국 TIME지 선정 최고의 비디오 게임 10선과 50선에 이름을 올렸으며, 메타크리틱 선정 최고의 비디오 게임에 뽑히는 등 세계적으로 인정 받았다. 자유로움과 다양성으로 유저들의 상상력을 마음껏 발휘했기에 가능한 성과이다.

[그림3] 마인크래프트의 게임 둘러보기(출처 : 마인크래프트 홈페이지)

국내에서는 초등학생들이 가장 좋아하는 게임으로 유명하다. 그중에서도 6세~12세 연령대의 아이들에게 큰 인기를 누리며 해외 게임 중 가장 긴 사랑을 받은 게임이기도 하다. 아이들은 이 게임 속에서 자기가 원하는 모든 것을 만들 수 있다. 건물도 짓고, 놀이도 만들며 함께 노는 것이다. 자기 마음대로 월드를 만들고 친구를 초대해서 놀 수 있기 때문에 초등학생들에게는 자신의 상상력을 마음껏 발휘할 수 있는 자유로운 공간 그 자체이다.

[그림4] 마인크래프트 사용자들이 직접 만든 맵(출처 : 마인크래프트 홈페이지)

마인크래프트 상점에서는 직접 서버 팩을 제작하고 업로드 해 판매할 수 있다. 사람들은 마음에 드는 팩을 구매한다. 나이와 학력에 상관없이 어린 친구들도 리소스 팩을 개발하는 개발자가 될 수 있는 것이다. 디지털 건축업자라는 새로운 직업이 탄생할 수도 있다.

[그림5] 마인크래프트의 특징인 다양성을 보여주는 영상들(출처 : 네이버 나무위키)

2) 로블록스(Roblox)

'로블록스(Roblox)'는 2006년 9월에 정식 발매됐다. 사용자가 직접 콘텐츠를 만드는 방식으로 롤플레잉 이외에도 FPS, 탈출, 레이싱 등 다양한 유저들이 만든 게임을 플레이할 수 있다.

[그림6] 로블록스 대표 영상(출처 : 로블록스 공식 유튜브)

　캐릭터가 블록의 형태를 하고 있어 마인크래프트 같아 보이지만 로블록스에는 마인크래프트 처럼 직육면체의 블록만 있는 것이 아니라 다양한 크기와 모양의 블록이 존재한다. 초창기에는 [그림7]과 같이 캐릭터와 맵은 단순한 블록 모양으로 구현됐다.

[그림7] 로블록스 캐릭터(출처 : 로블록스 공식 유튜브)

[그림8] 로블록스 맵(출처 : 로블록스 공식 유튜브)

그동안 로블록스에서 사용자들이 쓰는 캐릭터 모델이나 게임 그래픽은 투박하고, 상대적으로 질도 떨어진다는 지적을 많이 받았다. 이에 로블록스는 플레이어 아바타들과 그래픽을 좀 더 현실감 있게 만들도록 노력했다. 그래서 유저들의 요구에 따라 캐릭터와 맵이 점점 고도화됐다. 실제처럼 보이도록 하기 위한 작업을 진행해왔고 이번 개발자 콘퍼런스에서 결과물을 풀어놨다.

[그림9] 로블록스 캐릭터의 성장(출처 : 로블록스 공식 유튜브)

최근에는 블록 형태를 벗어나 실제 사람과 같은 높은 구현력을 보였다. 더욱 사실 같은 그래픽과 기능을 제공하는 플레이어 아바타와 개발자들이 수익 모델을 강화할 수 있도록 하는 데 초점이 맞춰졌다.

[그림10] 최근 로블록스 캐릭터들의 모습(출처 : 로블록스 공식 유튜브)

그중에서도 가장 눈에 띄는 변화는 레이어드 의상(layered clothing)이다. 데이비드 바수츠지 로블록스 CEO는 이번 콘퍼런스 기조연설에서 "자기 정체성은 메타버스의 핵심적인 기둥이다. 당신의 고유한 아바타에 의상을 정확하게 최적화시키는 능력은 자기표현에서 가장 중요하다"라고 강조했다.

이렇게 로블록스가 게임 아이템에 집중하는 이유는 아이템 자체가 큰 수익모델이 되기 때문이다. 기업의 입장에서 게임 속에서 아이템을 파는 것은 큰 수익 모델이다. 로블록스노이에 주목하는 모습이다.

브론스테인 CPO는 "메타버스는 완전히 사용자 제작기반이 될 것이다. 모두기 그리에이터가 되도록 함으로써 우리는 보다 몰입 적이고 다양한 경험을 플랫폼에서 얻을 수 있을 것이다"라고 말했다.

[그림11] 보다 현실감 있는 로블록스 캐릭터들(출처 : 디지털 투데이)

미국 10대들이 주로 사용하던 로블록스는 2019년 초~중반 경부터 MeepCity를 시작으로 Roblox 홈페이지와 클라이언트가 한글화되기 시작했다. 그에 발맞춰 한국어가 지원되는 게임들도 늘어나는 추세였다가 2020년 후반부터는 자동 번역기능이 업데이트 됐다. 현재 대부분의 게임이 부족하지만 자동으로 한글화된 상태이다.

[그림12] 로블록스 홈페이지 한국어 번역

요즘은 우리나라 초등학생들도 많이 이용한다. 그 이유는 유저 중심의 다양한 창작 활동을 지원하기 때문이다. 유저들은 자기가 원하는 것들을 로블록스 가상세계 속에서 만들어내고 게임까지 제작할 수 있다. 이용자들이 제작한 맵에 들어가 게임을 즐길 수도 있다. 실제로 로블록스 맵 제작자 수익이 1억 원이 넘는 것을 보며 국내에서도 많은 사람이 로블록스에 관심을 두게 됐다.

이 속에서 크리에이터들은 자기가 원하는 나만의 맵을 만들 수 있다. 유저들은 그 맵에서 게임을 즐긴다. 미국 CNB뉴스에 따르면 1,200명의 개발자가 지난해 로블록스에서 벌어들인 수익이 평균 1만 달러라고 한다. 상위 300명의 경우 10만 달러(1억 100만원)를 벌었다고 한다. 이 또한 한번 맵을 만들어 놓으면 자동으로 수익이 들어오는 것이다.

[그림13] 로블록스의 개발자 수와 개발자 수입(출처 : 로블록스 홈페이지)

이처럼 확장성, 자유도가 높은 메타버스 플랫폼들은 앞으로 폭발적인 성장을 할 것이다. 또 다양한 분야와 연계가 쉽기 때문에 일명 '초딩게임'으로 불리던 로블록스는 이제 연령과 관계없이 확장됐고, 단순한 게임이 아니라 교육과 엔터테인먼트에도 활용되고 있다. 아래 오징어 게임 맵이 로블록스에 만들어진 모습이다.

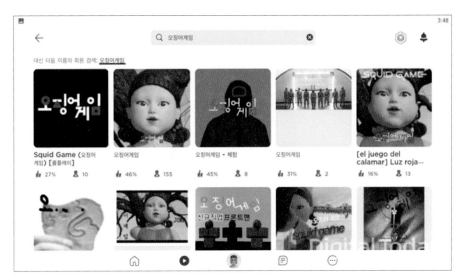

[그림14] 로블록스의 오징어 게임 맵(출처 : 디지털 투데이)

[그림15] 로블록스의 오징어 게임 맵(출처 : 디지털 투데이)

3) 제페토(Zepeto)

네이버 Z의 '제페토(Zepeto)'는 2018년 출시된 국내 메타버스 플랫폼이다. 원래는 대부분 10대 유저들이 많았지만 최근 들어 20대 30대들도 많은 관심을 보이면서 연령층이 확대됐다. 나만의 아바타를 꾸미고 다양한 월드에서 소통할 수 있다.

[그림16] 내 아바타로 즐기는 또 다른 세상 제페토(출처 : 제페토 홈페이지)

제페토는 크리에이터 중심의 플랫폼을 유지하기 위해 아바타 의상부터 월드를 직접 제작할 수 있도록 한다. 스튜디오 아이템 판매량 5,000만, 스튜디오 크리에이터 150만, 가입자 수 2억 5,000만 명을 자랑한다.

[그림17] 제페토 아이템 판매량, 크리에이터 수, 가입자 수(출처 : 제페토 홈페이지)

이렇게 제페토에 많은 유저가 몰리는 이유는 직접 옷이나 아이템을 제작하고, 맵을 만들 수 있는 특징 때문이다. 누구나 디자이너가 되고 건축가가 될 수 있다. 이들은 자기가 원하는 대로 땅, 물, 흙 등을 배치하고 조경을 하고 건물을 올린다. 자신의 상상 속에 있던 공간을 만들어낼 수도 있고 실제 현실세계에 있는 공간을 그대로 구현할 수도 있다.

[그림18] 제페토 월드를 구현하고 있는 아바타(출처 : 제페토 홈페이지)

그래서 '제페토 크리에이터'라는 새로운 직업이 생겨날 정도이다. 그들은 제페토 스튜디오에서 자신의 아이템을 만들어 판매한다. 포토샵을 활용해 직접 옷을 디자인하고 업로드한다. 원하는 사람이 아이템을 구매하게 되면서 자동화 수익이 만들어진다.

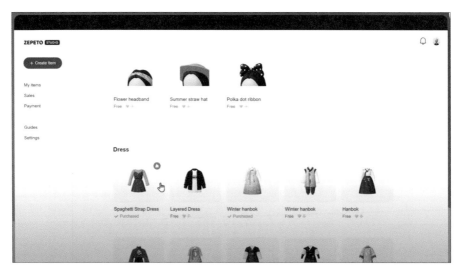

[그림19] 제페토 스튜디오(출처 : 제페토 유튜브)

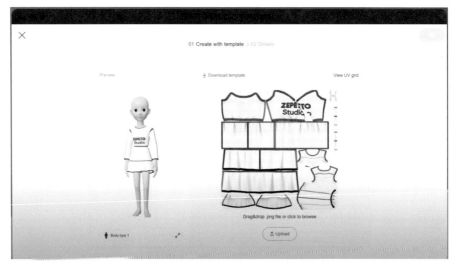

[그림20] 제페토 스튜디오에서 옷 제작하기(출처 : 제페토 유튜브)

개인의 크리에이터로서 활동을 넘어 글로벌 기업의 성공사례가 돋보인다. 전 세계 2억 5,000만 명 유저를 보유하고 있는 제페토에서 다양한 아이템들을 출시하는 것이다. 이는 제페토 크리에이터들의 활동 영역이 더욱 넓어지고 있음을 뜻한다.

글로벌 스포츠 브랜드인 나이키는 시그니처 슈즈와 스포츠웨어 아이템 72개를 출시했다. 디즈니는 의상, 액세서리 등을 포함한 56개의 아이템으로 구성된 미키마우스 컬렉션을 출시했다. 또 미녀와 야수 51개 아이템과 애니메이션 속 장면을 그대로 3D 가상 월드로 구현했다.

미니언즈는 42개의 아이템 컬렉션과 5개의 창의적인 포토 부스를 동시에 런칭했다. 두꺼운 마니아층을 가진 헬로키티도 제페토 세계로 들어왔다. 1974년 탄생한 헬로키티 캐릭터는 제페토를 통해 세련되고 힙한 패션 아이템으로 재탄생했다.

이렇게 캐릭터를 활용한 다양한 아이템들을 런칭하는가 하면 요즘 떠오르는 웹툰을 활용한 사례도 돋보인다. 웹툰 원작인 '유미의 세포들'의 패션 아이템을 구현하고, 3D 가상월드를 동시에 런칭했다. 웹툰을 본 팬들은 열광하며 아이템을 구매하고 월드에 입장했다.

[그림21] 제페토 비즈니스 성공 사례(출처 : 제페토 홈페이지)

2. 메타버스에 가게, 사무실, 회사를 열다

　요즘 어렵지 않게 오프라인의 상점과 사무실이 문을 닫는 모습을 볼 수 있다. 코로나 19로 손님이 줄고 직원을 감축해도 가게와 사무실을 유지하기가 힘들어졌기 때문이다. 오프라인에서 소리 없이 사라진 가게와 사무실은 두 가지 노선을 타고 있다. 영영 사라지거나, 온라인에서 다시 문을 열거나.

　그중에서도 가장 효율적으로 활용이 가능한 메타버스 플랫폼은 실리콘밸리 스타트업인 '게더타운(Gathertown)'이다. 게더타운은 창업 1년 만에 기업가치 2조 원에 달하는 평가를 받고 있다. 사람들은 오프라인 사무실에 출근하지 않고 재택근무를 하며 온라인 게더타운으로 출근한다. 정치권, 기업, 기관 등에서도 발 빠르게 메타버스 속 사무실을 활용하고 있다. 그 예를 살펴보자.

1) 민주당, 대선 후보들에게 '메타버스 사무실' 임대

　대선 경쟁이 한창인 정치권에서는 효율적으로 많은 유권자들을 만나는 것이 중요하다. 메타버스는 효율적 만남을 위한 최적의 공간이다. 이에 더불어민주당이 3차원 가상공간인 '메타버스'에 조성된 사무실을 6명의 대선 경선 후보들에게 임대하기로 했다. 시공간의 한계가 없이 많은 사람을 만날 수 있고 그중에서도 젊은 세대와의 소통이 가능하기 때문이다.

[그림22] 더불어민주당 의원들의 메타버스 사무실 활용(출처 : 경향신문, 연합뉴스)

민주당은 부동산 중개업체 '직방'이 개발한 메타버스 공간 '메타폴리스'의 건물 7개 층을 임대했다. 이 중 1개 층은 중앙당사로 활용하고, 나머지는 6개는 대선 경선 후보들의 캠프 사무실로 운영한다. 함께 토론을 할 수 있는 회의실도 마련돼 있다. 이뿐만이 아니라 메타버스 공간에서 설명회와 간담회, 기자회견 등 다양한 비대면 행사를 진행할 수 있다.

[그림23] 더불어민주당 대선 경선 후보자들의 메타버스 입주식 생중계 모습
(출처 : 델리민주 유튜브 채널)

2) 서울시설공단, 공기업 최초 '가상 오피스' 도입

이제는 막히는 출근길과 퇴근길에서 시간을 낭비할 일도 줄어든다. 출퇴근을 가상 오피스로 하기 때문이다. 서울시 산하 기관인 서울시설공단이 공기업 최초로 게더타운에 가상 오피스를 도입했다. 공기업은 보수적일 것이라는 틀을 깨고 시대의 흐름에 따라 게더타운에 가상 오피스를 열었다.

온라인 가상공간에 실제 사무실과 같은 개인 책상과 회의실, 휴게 공간 등을 만들어 놓고 아바타가 이 공간에서 근무한다. 서울시설공단은 전략 데스크 회의, 코로나 19 대책 회의, 임원회의 등을 가상 오피스에서 진행했다. 또한 80여 명이 참석한 사내 교육도 여기서 열렸다.

[그림24] 서울시설공단 게더타운 가상오피스 회의 영상(출처 : 서울시설공단 제공)

게더타운은 줌(Zoom)처럼 자신의 얼굴을 띄울 수 있어서 오피스 활동에 적합하다. 또 화면 공유를 통해 자료를 공유하고, 스피커와 채팅으로 원활한 의사소통이 가능하다. 코로나 19로 재택근무가 활발해졌지만 소통의 한계와 업무 몰입이 부족하다는 단점이 있었다. 게더타운은 이런 단점을 보완하며 오피스형 메타버스 플랫폼으로 급부상하고 있다.

3) 하나은행 연수원, 하나글로벌캠퍼스

하나은행은 제페토 속에 연수원을 만들었다. 각자의 아바타와 닉네임으로 연수에 참여했다. 아바타로 참여한 직원들은 대면에서보다 서로 좀 더 자유롭게 소통하고 함께 셀카를 찍는 등 적극적으로 여수에 참여했다.

[그림25] 하나은행 신입행원 수료식(출처 : 하나은행 제공)

코로나 19로 대면접촉이 많은 은행의 영업시간이 단축되면서 고객들의 불만이 많아졌다. 이에 투자 설명회도 가상공간에서 진행한다. 은행원 자체를 메타버스 디지털 사무실 인공지능(AI)으로 대체해 대출 심사와 투자 상담을 맡기기도 한다.

라이브 방송을 넘어 메타버스에서 직접 방송을 진행하는 사례도 있다. 하나은행은 메타버스 플랫폼을 통해 MZ 세대를 위한 맞춤형 금융교육 콘텐츠 방송을 진행했다.

금융교육 콘텐츠는 총 3편으로 제작되며 '첫차 구매 상식', '미리 보는 근로소득 및 절세방법', '부린이(부동산+어린이)를 위한 주거 지원 혜택'을 주제로 아바타 은행원이 메타버스 플랫폼을 통해 MZ 세대에게 금융정보를 재미있게 전달하고 참여자들에게 자신의 아바타를 통해 자유롭게 소통할 기회를 마련했다.

은행들은 이렇게 메타버스 공간에서 MZ 세대들과 소통하며 미래 고객을 확보한다. 메타버스 주 사용자인 10~20대를 아바타로 만나며 친근하게 다가가는 전략을 내세우고 있다.

[그림26] 하나은행 투자 설명회(출처 : 데일리팝 신문사 하나은행 제공)

4) 직방, 강남구 사옥 사무실 메타버스로 이사

부동산 스타트업인 직방은 최근 서울 강남구 사옥에서 운영했던 사무실을 메타버스로 이사했다. 이전 사옥과 동일한 구조의 35층 건물을 가상공간인 '메타폴리스'에 그대로 구현했다. 팀별 자리와 회의실까지 마련돼 효율적인 업무를 가능하게 했다. 직원들은 각자의 아바타로 근무하고 팀원들과 실시간 대화를 나누며 오프라인 근무와 동일하게 일을 하고 있다.

[그림27] 직방 직원들의 메타버스 근무(출처 : 직방 제공)

3. 가상 부동산으로 땅 부자가 되는 길

이제는 메타버스 가상 공간에서 땅을 사고파는 시대가 왔다. 가상 부동산에서 땅을 거래하는 일이 어떻게 이뤄지는지 알아보자. 가상 부동산 플랫폼인 '어스2(Earth2)'는 2020년 11월에 출시됐다. 이 플랫폼에서는 가상 지구를 만들어 그곳에서 땅을 사고 건물을 짓는다. 가상의 지구를 10X10cm 크기의 타일로 팔 수 있는 형태로 구성돼 있다. 구글 어스 지도를 기반으로 실제 지명을 검색하면 그 지도가 나오는 시스템이기에 현실감 있게 느껴진다. 이는 메타버스 세계 중 거울 세계와 같이 현실세계를 그대로 가상세계에 구현해 놓은 것이다.

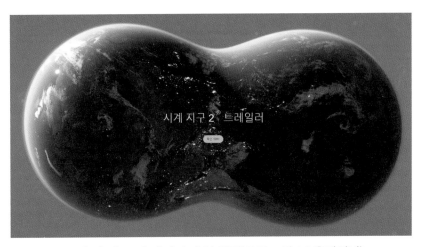

[그림28] 어스2 홈페이지 메인 화면(출처 : 어스2 홈페이지)

사람들은 이 플랫폼에서 토지를 구매하고 건물을 매매하며 수익을 얻는다. 그 수익을 페이팔을 통해 현금화할 수 있기에 단순히 우리가 예전에 생각했던 게임머니와는 차원이 다르다. 최근 많은 사람이 관심을 가지면서 수익률이 엄청나게 상승하고 있다.

[그림29] 어스2에서 토지를 구매하는 화면(출처 : 어스2 홈페이지)

가상화폐에 이어 가상 부동산 플랫폼이 많이 등장하고 있다. 그중에서 어스2는 출시된지 얼마 되지 않았지만 전 세계적인 관심이 쏠리고 있다. 제2의 비트코인과 같은 시장으로 여기며 선점하고자 하는 것이다.

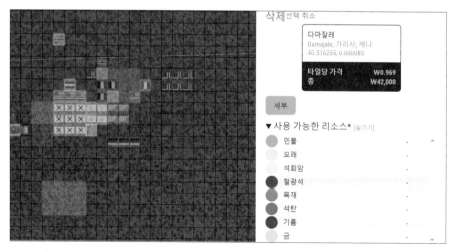

[그림30] 어스2에서 땅을 구매한 유저들의 국기(출처 : 어스2 홈페이지)

청와대 인근의 종로구 일대를 중국인들이 대거 사들이면서 가격이 껑충 뛰기도 했다. 현실과 가상의 경계가 허물어지고 있는 사례이다.

[그림31] 청와대 인근 종로구 일대 부동산을 구매한 중국인들(출처 : 어스2 홈페이지)

어스2에서 수익을 내는 방법은 두 가지이다. 내가 산 땅을 다른 유저들에게 더 비싸게 판매하는 방법과 토지세금(LIT)을 받는 것이다. 토지세금은 땅을 소유하고 있을 시 그 국가의 신규 타일을 유저들이 사게 되면 토지 클래스에 따라 차등 지급된다.

가상 화폐와 마찬가지로 아직 완벽하게 안정적이지는 않은 것으로 보인다. 그러기에 관심이 있는 사람들은 처음부터 크게 투자를 하기보다는 소액 투자로 익혀가는 것을 추천한다. 아래에서 그들의 이념, 접근 단계를 살펴보자.

1) 사명 선언문(Mission Statement)

우리의 미래는 가상입니다. 정보화 시대는 전례 없는 속도로 기술을 가속화하고 있습니다. 이미 오늘날 우리 중 많은 사람이 온라인으로 생활하고 있으며, 해가 지날수록 Ready Player One과 Snow Crash의 환상적인 공상과학 메타버스는 그다지 현실적이지 않은 것 같습니다.

새로운 가상 미래가 서서히 논픽션이 됨에 따라 우리 앞에는 긴 길이 있습니다. 하지만 많은 사람이 생각하는 것만큼 길지 않을 수도 있습니다. Earth 2 ®는 이 세상의 기초를 조각하는 것이 향후 10년과 그 이후의 가장 중요한 지속적인 기술 개발 중 하나가 될 수 있다고 믿습니다.

Earth 2 ®는 강력한 가상 커뮤니티와 경제를 지원하는 위치 기반 게임 및 기술 플랫폼을 만들어 사람과 기술을 하나로 모으는 것을 목표로 합니다. Earth 2 ®는 사람들과 그들을 하나로 모으는 장소의 가상 표현에 관한 것입니다. 이러한 이유로 초기 단계부터 커뮤니티 및 팔로워와 함께 목표, 계획 및 접근 방식에 대해 투명하게 공개하는 것이 중요하다고 생각합니다.

Mission Statement

Our future is virtual. The information age is accelerating technology at an unprecedented speed, as we see more and more science fiction realised. Already today many of us live half online, and with every passing year the fantastic sci-fi metaverses of Ready Player One and Snow Crash seem less far fetched.

There's a long road ahead of us, as a new virtual future slowly becomes non-fiction, but it may not be as long as many think. Earth 2® believes that carving out the foundations of this world may be one of the most important ongoing technical developments of the next decade, and beyond.

Earth 2® aims to bring people and technologies together by creating a robust location-based games and technologies platform, which supports strong virtual communities and economies. Earth 2® will be about people and the virtual representations of places which bring them together. For this reason, we believe it's critical to be transparent about our goals, plans, and approach with our community and followers from an early stage.

[그림32] 어스2의 사명 선언문(출처 : 어스2 홈페이지)

2) 접 근

Earth 2 ®는 시간이 지남에 따라 모든 주요 VR, 햅틱 및 이와 유사한 관련 최신 기술을 함께 제공하는 중앙 플랫폼이 있어야 하므로 만들어졌습니다.

Earth 2 ⓡ에 대한 우리의 핵심 접근 방식은 장기적인 지속 가능성이며, 초기 단계부터 올바르게 접근하는 것이 장기적 성공에 가장 중요하다고 믿습니다. 이를 달성하기 위해 우리는 다른 어떤 것과도 비교할 수 없는 방대한 온라인 VR 세계 경험을 제공한다는 최종 Earth 2 ⓡ 목표에 점진적으로 기여하는 다양한 단계를 출시하는 것을 목표로 합니다.

이러한 단계는 흥미롭고, 진보적이며, 매력적이고 미래의 Earth 2 ⓡ 시스템 및 진화와 관련되는 것을 항상 목표로 삼을 것입니다. 또한 기술 발전 및 게임 개발이 가능해지면 동시에 진행하면서 Earth 2 ⓡ 커뮤니티 내에서 목적과 소유권을 구축하는 데 도움이 됩니다.

Approach

Earth 2® was created because there needs to be a central platform which, over time, brings together all key VR, haptic and similar, relevant emerging technologies for use and enjoyment by people within an open world that is massive, magical and familiar.

Our key approach to Earth 2® is long term sustainability, we believe that approaching this correctly from an early stage is paramount to its success long term. In order to achieve this we aim to roll out various phases that progressively contribute toward the final Earth 2® goal of providing a massive online VR world experience unlike any other.

These phases will focus on being interesting, progressive, engaging and will always aim to be relevant to future Earth 2® systems and evolution. They will also help build purpose and ownership from within the Earth 2® community while running parallel with technological advances and game development as they become available.

[그림33] 어스2의 접근(출처 : 어스2 홈페이지)

3) 단 계

때때로 우리는 다가오는 단계에 대한 정보를 발표할 것입니다. 기밀 유지 및 상업적인 이유로 여기에 나열되지 않은 내부 단계가 많이 있습니다.

우리가 말할 수 있는 것은 Earth 2 ⓡ의 Virtual Land 이면의 목적을 확장하고 궁극적으로 해당 토지에 대한 수요와 가치를 높이는 데 크게 전념하고 있다는 것입니다.

(1) 1단계 – 토지 소유권 주장

이 단계에는 청구, 구매, 거래, 입찰, 토지 거래 가격 분석 등의 기능이 포함됩니다. 여기에서 1단계에 대한 자세한 내용을 읽고 1단계를 지원하는 웹 앱의 일부 기능에 대해 자세히 알아볼 수 있습니다.

(2) 2단계 – 리소스

리소스는 가능한 한 빨리 2021년에 출시됩니다. 그것은 Virtual Land가 Earth 2 ®의 건설 및 경제적 목적에 필수적인 다양한 유형의 자원을 생성하기 시작할 수 있는 능력을 포함할 것입니다. 이러한 자원은 다른 자원이나 크레딧으로 사용자 간에 거래할 수 있습니다. 미래에 건설이나 다른 목적을 위해 리소스가 필요한 사용자는 리소스를 생성 또는 수집하거나 재고가 있는 사용자의 크레딧으로 구매해야 합니다. 또한 다양한 리소스의 일반적인 용도에 대한 세부 정보도 공개할 예정입니다. 앞으로 더!

(3) 3단계 – 지형

3단계에서는 사용자에게 Earth 2 ® 지형 시스템에 대한 첫 번째 액세스 권한이 부여됩니다! 앞으로 더.

Phases

From time to time we will release information about upcoming Phases. There are a number of internal Phases which are not listed here due to confidentiality and commercial reasons.

What we can say is that we are heavily committed to expanding the purposes behind Virtual Land in Earth 2® and ultimately increasing demand and value for that land.

Phase 1 - Claim Land

This phase involves the ability to claim, buy, trade, bid, analyse land trade prices and more. You can read more about Phase 1 here and more about some of the features on the web app supporting Phase 1 here.

Phase 2 - Resources

Resources will be released in 2021 as early as possible. It will involve the ability for Virtual Land to begin generating different types of resources that will be vital for building and economic purposes in Earth 2®. These resources will be tradable between users for other resources or credits. In the future users requiring resources to build or for other purposes will need to generate or gather resources or buy them with credits from users who have stock. We will also be releasing details about general uses for the varying resources. **More to come!**

Phase 3 - Terrain

In Phase 3, users will be given first access to the Earth 2® terrain system! **More to come.**

[그림34] 어스2의 단계(출처 : 어스2 홈페이지)

4. 마케팅, 가상공간으로 스며들다

　메타버스 시장이 커지면서 그 속에서 이뤄지는 마케팅 또한 확장되고 있다. 특히나 소비의 주체인 MZ 세대들을 잡기 위한 기업들의 선점이 눈에 띈다. 그중에서도 최근에 성공적으로 마무리된 현대자동차의 예를 살펴보자.

　현대자동차는 제페토 가상공간에서 쏘나타 N라인을 시승할 수 있도록 했다. 차를 구현하고 플랫폼 내 인기 맵(공간)인 다운타운과 드라이빙 존에서 아바타가 직접 시승할 수 있도록 만들었다.

　제페토는 자신의 아바타를 이용해 영상과 이미지를 제작할 수 있는 장점이 있기에 쏘나타를 활용해 그들이 직접 콘텐츠를 생산할 수 있도록 경험을 제공한 것이다. 이에 그치지 않고 쏘나타와 함께한 콘텐츠를 포스팅 한 고객들을 대상으로 경품 증정 이벤트도 진행했다. 유저들은 아바타로 차를 시승해보고 사진도 찍으며 이벤트를 즐겼다.

[그림35] 현대자동차 소나타 N 라인 시승 현장(출처 : 현대자동차 제공)

　현대자동차는 이렇게 MZ 세대가 중요시하는 경험 마케팅을 진행하면서 참여까지 유도했다. 고객 경험을 확장해 신기술을 선도하는 브랜드 이미지를 구축한 좋은 예이다. 제품을 메타버스 플랫폼에 노출해 앞으로의 잠재 고객인 MZ 세대와 소통을 활발히 하고자 하는 노력이다.

5. NFT가 열어준 무한한 거래의 장

'NFT(Non-Funsible Token)'의 사전적 의미는 '대체 불가능한 토큰'이다. 쉽게 말해서 온라인상의 나의 저작권이라고 볼 수 있다. 위·변조가 불가능한 블록체인 기술로 원본을 증명하는 보증서와 같다. 디지털로 만들어 낸 음원이나 그림에 블록체인 기술을 활용해 토큰을 만든 것이다. 그 토큰을 소유한 사람이 판매할 수 있는 소유권을 갖는다.

코로나19를 계기로 활동반경이 오프라인에서 온라인으로 이동하면서 디지털 자산의 소유권을 갖고자 하는 투자자가 급증했다. 대표적으로 1년 반 만에 '텐베거(10배 오른 주식)'가 된 위메이드가 있다. 위메이드 '미르4'는 게임 내에서 캔 흑철을 토큰으로 바꾼 뒤 암호화폐 지갑에 넣으면 위믹스 코인으로 바꿀 수 있다. 이용자는 암호화폐거래소에서 위믹스를 현금화할 수 있다. 최근 위믹스를 기축통화로 사용하는 '위믹스 플랫폼'을 운영하겠다는 계획을 발표했고 주가는 161%가 올랐다.

NFT는 예술 분야에서 가장 활발히 적용되고 있다. 국내 경매 회사인 서울옥션 자회사 서울옥션블루는 두나무와 NFT 사업 업무협약(MOU)을 맺었으며 주가도 59%가 올랐다.

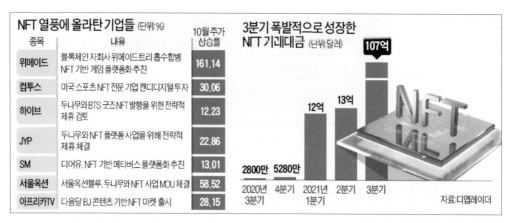

[그림36] NFT열풍에 올라탄 기업들과 주가 상승률(출처 : 디앱레이더)

페이스북은 회사명을 '메타(Meta)'로 바꾸고 메타버스 플랫폼인 '호라이즌(Horizon)'을 선보였다. 사용자는 이 공간에서 자신의 아바타로 업무나 미팅을 진행하고 게임을 할 수 있다. 또 문화생활을 누리고 공연이나 쇼핑도 즐길 수 있다.

호라이즌에는 다양한 공간이 있다. 개인 공간을 직접 꾸미며 친구 아바타를 초대하고 소통하는 '호라이즌 홈'과 게임을 만들고 파티를 개최할 수 있는 더 넓은 세상인 '호라이즌 월드'가 있다. 머지않은 미래에는 협업과 공동작업이 가능한 '호라이즌 워크룸'으로 출근을 할지도 모른다.

또한 사용자가 직접 자신의 소품을 제작할 수 있도록 소프트웨어를 제공한다. 크리에이터와 개발자들이 디지털 상품을 사고팔 수 있는 공간인 '호라이즌 마켓플레이스'에서는 NFT를 활용해 디지털 상품을 전시하고 판매할 수 있다.

[그림37] 페이스북 커넥트 행사에서 공개한 데모 영상(출처 : 페이스북)

비샬 샤 페이스북 메타버스 제품 책임자는 "사람들은 NFT와 같은 한정판 디지털 상품을 더 쉽게 판매하고 디지털 공간에 전시하며 다른 사람에게 안전하게 재판매할 수 있게 될 것"이라고 말했다.

마크 저커버그 CEO는 "우리는 새로운 아이디어로 더 큰 물결을 만들 것이다. 이는 단순히 기술에 대한 이야기가 아니다. 메타버스는 개인, 창작자, 개발자, 기업 등 모든 분야에서 우리 삶을 바꿀 것"이라고 말했다.

6. 위기 속 기회, 메타버스 속 대학

코로나19로 가장 큰 타격을 입은 것은 바로 교육 분야, 특히 대학이다. 학생들의 입장에서는 비싼 학비를 부담해야 하지만 캠퍼스의 낭만도 없고 대면 수업도 듣지 못해 불만이 쌓였다. 그런데 아이러니하게도 처음에는 불만이 있었던 비대면 수업의 편리함을 알아버렸다.

이에 어떤 학생들은 여전히 대면 수업을 갈망하는가 하면 어떤 학생들은 비대면 수업의 장점을 고수하기를 기대하고 있다. 대학은 자연스럽게 대면 수업과 비대면 수업의 장점을 적용할 수 있는 메타버스에 올라타게 됐다. 이제는 메타버스 속에서 입학식과 행사를 진행하고 강의실을 만들어 수업한다.

1) 순천향대학교 입학식, 광운대학교 강의실을 메타버스에 마련

순천향대학교는 세계 최초로 메타버스에서 입학식을 진행했다.

[그림38] 순천향대 버추얼 입학식(출처 : 순천향대 유튜브)

대학의 신입생들은 메타버스 플랫폼에 빠르게 적응하는 Z세대이기에 입학식을 마음껏 즐겼다. 총장님의 인사말을 듣고, 서로 궁금한 점을 묻고 소통하며 셀카를 찍기도 했다.

[그림39] 입학식에 참가 중인 신입생들(출처 : 순천향대 유튜브)

광운대학교는 캠퍼스 강의실을 메타버스에 구현했다.

[그림40] 메타버스에 캠퍼스 강의실을 구현한 광운대(출처 : 한국대학신문)

2) 영진전문대학교 메타버스 도서관

영진전문대는 제페토를 통해 메타버스 세계에 도서관을 오픈했다. 코로나19로 도서관 이용이 제한되면서 학생들이 책을 빌려볼 기회가 크게 줄었다. 이에 영진전문대는 비대면으로 도서관을 이용할 수 있도록 제페토에 도서관을 만들고 참여를 독려하기 위해 여러 이벤트를 진행했다.

도서관 전경뿐만 아니라 자기주도 학습공간과 정보검색실 등의 모습을 구현했다. 영진전문대는 메타버스 도서관 오픈을 기념해 문화행사인 '제8회 책맹탈출클럽'을 진행하기도 했다. 이 행사는 학생 3명이 한 팀을 구성, 도서관에서 추천한 책 3권을 읽고 메타버스 도서관에서 제시한 독서 관련 퀴즈를 풀고 방을 탈출하는 게임으로 학생들에게 큰 호응을 얻었다.

[그림41] 영진전문대학교 도서관(출처 : 파이낸셜뉴스)

이처럼 대학에 불어온 메타버스의 바람은 전국적으로 확산할 것으로 보인다. 그에 따라 메타버스 관련 전공 수업과 전문 인력의 확보가 중요해지고 있다.

7. 미래의 잠재고객 MZ 세대를 잡아라

결국 메타버스는 하나의 공간이다. 그것이 현실이든 가상이든 우리는 그 공간 속에서 소통하기를 바란다. 메타버스 공간에서는 세대 간의 격차를 줄이고 MZ 세대와 적극적으로 소통할 수 있어야 한다. 가상공간에서는 아바타로 소통하기 때문에 수직적 관계가 아니라 수평적 관계가 된다.

1) 파주시의 MZ 세대공감 간담회

파주시는 메타버스 공간에서 MZ 세대와의 적극적인 소통을 위해 'MZ 세대 공감 통(소통·상통·형통) 큰 간담회'를 개최했다. 최종환 파주시장과 20~30대 젊은 공직자들이 함께 참여해 아바타로 소통하는 시간을 가졌다.

전 참여자들은 각자 개성 있는 아바타를 만들어 형식에 구애 없이 자유롭게 질문하고 답변하는 방식으로 진행했다. 직원들은 평상시 쉽게 대화할 수 없는 시장과 비교적 자유롭게 소통하고 메타버스라는 공간에서 모두 평등하게 만날 수 있어 신선하다는 반응을 보였다.

[그림42] 파주시 MZ 세대 공감 간담회(출처 : 이데일리)

2) 롯데 홈쇼핑, MZ 세대 타깃 커머스 플랫폼 Wyd(와이드)

롯데홈쇼핑은 가상인간 '루시(Lucy)'를 직접 개발해 자사의 장보기 행사인 '대한민국 광클절' 홍보 모델로 '루시'를 선정하고 홍보했다.

그 외에도 미국 버거 브랜드 '쉐이크쉑'과 귀금속 전문 브랜드 'O.S.T'의 제품을 광고했다. 롯데홈쇼핑은 루시를 내세워 MZ 세대의 지갑을 여는 데 성공했다. 루시는 롯데홈쇼핑의 핵심 인플루언서로 자리매김하고 있다.

[그림43] 롯데홈쇼핑 가상모델 루시(출처 : 롯데홈쇼핑)

롯데홈쇼핑은 국내 대표 클라우드 기업인 메가존 클라우드와 손을 잡고 메타버스 시장을 선점하고자 한다. 이번 메가존과의 협업 이후로 자사의 MZ 세대 타깃 커머스 플랫폼 'Wyd(와이드)', 개인 큐레이션 서비스 기반 쇼핑 플랫폼 'iTOO(아이투)' 등과 시너지를 내는 디지털 혁신을 도모하고 있다.

[그림44] 롯데홈쇼핑 메가존클라우드 업무협약식(출처 : 매일경제, 롯데홈쇼핑)

3) 카이스트의 '거꾸로행정위원회'

카이스트는 수평적인 행정문화 조성을 위해 MZ 세대를 위원장으로 세우며 '거꾸로행정위원회'를 만들었다. 거꾸로행정위원회는 사회적 요구에 발맞춘 정책과 제도 발굴, 직원 의견 수렴, 공감대 형성 등의 역할을 한다. 젊은 세대가 위원장을 맡으며, 원급 50%, 선임급 20%, 책임급 20%의 비율로 위원을 구성해 MZ 세대를 중심으로 위원회를 이끌어 간다.

[그림45] 카이스트 유튜브 채널아트(출처 : 카이스트 유튜브)

젊은 후배 직원이 처장·부장 등 선배 보직자들의 멘토가 되는 '거꾸로멘토링'도 시행한다. MZ 세대의 여가생활, 문화, 직업관 등을 비롯해 최신 애플리케이션과 SNS 활용법, 메타버스 등 IT 기술을 공유한다. SNS와 메타버스에 빠르게 적응하는 MZ 세대를 멘토로 삼으며 적극적인 소통을 하고자 하는 카이스트의 행정을 본받아야 할 것이다.

이처럼 메타버스는 가상세계의 개념을 넘어 우리가 살아갈, 살아가고 있는 세계이다. 어쩌면 이 공간은 현실세계에서 어쩔 수 없이 존재하는 세대 간의 경계를 허무는 곳이다. 메타버스에서는 직급도, 계급도 없다. 우리는 무엇이든 될 수 있고 무엇이든 할 수 있다.

현실세계의 불평등을 해소하고 새로운 기회로 다가오는 메타버스. 아직도 망설이고 있는가? 변화를 두려워 말고 변화의 흐름을 타라. 곧 당연한 일상으로 다가올 것이다.

Epilogue

코로나19 이후 세상은 급격하게 변하고 있다. 8년 전 미국 실리콘밸리에 있을 때 친구들이 재택근무를 하고 화상회의로 일하는 모습을 보며 놀랐었다. '저렇게 해서 일이 될까?', '출근을 안 하면 나태해지지 않을까?' 하며 반신반의했다. 그 이유는 나는 경험해보지 않았기 때문이다.

우리는 코로나19로 반강제적으로 비대면의 세계에 입문했지만 오히려 그 편리함을 알았다. 사람들은 한번 편리함을 알게 된 이상 절대 그 이전으로 돌아가지 않는다. 이처럼 비대면은 우리에게도 일상이 됐다. 없던 미래가 생긴 것이 아니라 있는 미래가 앞당겨진 것이다.

코로나19를 겪으며 우리나라는 정치, 경제, 문화, 교육 등 모든 분야에서 누구보다 빠르게 변화에 적응하고 있다. 한국은 이처럼 적응이 빠른 나라다. 지금 전반적인 산업의 흐름이 메타버스 속으로 오고 있다. 새로운 흐름이 시작된 것이다. 지금 이 책을 읽고 있는 당신은 이 흐름을 타서 위기 속의 기회인 메타버스를 절대 놓치지 않기를 바란다.

PART **2**

실전

우리의 놀이터
이프랜드(ifland)

고연심

Chapter
01

우리의 놀이터 이프랜드(ifland)

Prologue

이제는 메타버스 시대. 세계 최대 소셜미디어 기업 페이스북 창립자 마크 저커버그는 "페이스북 명칭을 '메타(Meta)'로 변경하며 5년 내에 메타버스 기업으로 완벽하게 변신하겠다"라고 선언했다. 최근 리움미술관을 운영하는 삼성문화재단도 메타버스관 개관을 추진하며 가상현실(VR)기기 등을 이용해 관람할 수 있도록 하기 위해 '메타리움(meta. LEEUM)' 상표권을 특허청에 출원 중이다.

이제는 물리적 공간의 활동과 메타버스 플랫폼을 통해 또 다른 세상과의 연결이 빠르게 일상 속으로 들어오며 상호작용의 새로운 가치가 창출되고 있다. 교육, 경제, 문화, 사회 전반의 일상으로 확장되면서 소비와 생산이 선순환 돼가고 있는 메타버스 플랫폼으로 발전하고 있는 것이다.

미래학자인 로저 제임스 해밀턴(Roger James Hamilton)은 "2024년에 우리는 현재의 2D 인터넷 세상보다 3D 가상세계에서 더 많은 시간을 보낼 것"이라고 예측했다. 이어 "현실의 더욱 많은 경제, 사회적 활동들이 가상과 연결되거나 융합하는 메타버스 전환이 가속화될 것으로 전망된다"라고 했다.

올해 미국 타임지가 선정한 '가장 영향력 있는 인물 100인'에 선정된 엠비디아이 젠슨 황 또한 "앞으로 20년은 공상과 다름없을 것이며 메타버스 시대의 도래로 인해 발생하게 될 변화의 폭과 깊이는 우리가 상상할 수 없을 만큼 클 것이며 이에 따른 준비가 필요하다"라 며 메타버스의 영향력에 대해 전망했다.

우리는 이미 디지털 화 된 지구에 살며 스마트폰, 컴퓨터, 인터넷 미디어의 세상에 익숙 해져 있다. 여기에는 SK텔레콤이 진행하고 있는 메타서비스 플랫폼 중 '이프랜드(ifland)' 를 집중적으로 옮기고자 한다.

SK텔레콤은 'Virtual Meetup, Jump AR, Jump Studio' 메타서비스를 진행하고 있다. 'Virtual Meetup'은 여러 사람들이 가상공간에 모여 대화도 나누고 토론도 할 수 있으며 나 만의 아바타를 꾸미고 가상공간에서 아바타로 소통하고 활동하는 모바일 VR 서비스이다. 'Jump AR'은 연예인이나 가수, 운동선수들을 초대해서 함께 일상에서 만날 수 있고 쥬라 기공원에 나오는 공룡들도 현실에서 만나볼 수 있다. 'Jump Studio'는 2020년 4월 오픈 이 후, 스포츠 스타, 인플루언서, 국내 아이돌 그룹들과 다양한 작업을 진행하고 있다. 그럼 지 금부터 이프랜드 세계로 함께 떠나보자.

1. 이프랜드란?

이프랜드는 2021년 7월 14일 SK텔레콤이 출시한 메타버스 플랫폼이다. 메타버스가 가 진 초현실적인 이미지를 직관적이고 감성적으로 표현한 SKT의 새로운 메타버스 브랜드로 '누구든 될 수 있고, 무엇이든 할 수 있고, 언제든 만날 수 있고, 어디든 갈 수 있는 곳, 수많 은 가능성(if)이 현실이 되는 공간'으로 새로운 세상이라는 의미를 담고 있다.

1) 이프랜드 특징

이프랜드는 프로세스 간소화로 사용이 편리하다. 이프랜드 앱을 실행하게 되면 즉시 화 면 상단에 본인의 아바타를 꾸밀 수 있고 누구나 쉽고 간편하게 이용 가능하다.

2) 800여 종의 아바타 코스튬 소스, 감정표현 모션 이모지 66종

새로운 모습의 나, 또 다른 나로 살아갈 수 있는 가상공간에서 자신만의 독창적이고 개성 넘치는 아바타를 꾸밀 수 있는 헤어스타일과 의상 등 800여 종의 아이템이 있다. 감정표현이 다양한 66종의 모션을 통해 춤을 추고, 손뼉을 치며 하트를 보낼 수 있는 다양한 모션이 있다.

3) 소셜(social) 기능으로 친구와 소통

네트워크 형성이 가능하도록 팔로우, 팔로잉이 원활하며 본인을 소개할 수 있는 프로필 기능이 있고 상대에 대한 정보도 파악할 수 있다.

4) land 공간 - 20개의 테마룸

이프랜드를 구성하는 중요한 공간, land로 들어가면 루프탑, 콘퍼런스홀, 공연장, 별빛캠핑장, 센트럴파크 등 다양한 테마룸이 제공돼 있어 테마 중 하나를 선택해 활동할 수 있다. 공개와 비공개 설정이 있고 공개하면 누구나 들어올 수 있지만 비공개로 설정하면 초대자만 들어올 수 있다.

랜드에 초대돼 들어오는 참여 인원은 131명이나 아바타의 모습을 볼 수 있는 인원은 30명이며 회의나 발표를 위해 자료공유를 할 때 PDF 파일, 영상(MP4)을 사용할 수 있다.

2. 이프랜드 시작하기

1) 이프랜드 앱 설치 및 회원가입

플레이스토어에서 이프랜드를 검색 후 설치한다. 이프랜드(ifland)는 모바일에서만 가능하다. 안드로이드폰은 [그림1]처럼 구글 플레이스토어에서 아이폰은 [그림2]처럼 앱스토어에서 어플을 설치하면 된다.

[그림1] 이프랜드 앱 설치-안드로이드폰   [그림2] 이프랜드 설치- 아이폰 앱스토어

필수적 접근 권한 안내 팝업창이 뜨면 확인을 누른다.

[그림3] 접근 권한 안내

이프랜드에서 기기의 사진, 미디어, 파일 엑세스 및 오디오 녹음 허용을 한다.
다른 기기로 로그인하는 경우 권한 동의를 다시 해줘야 한다.

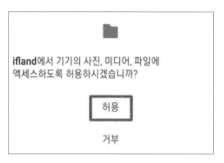
[그림4] 기기의 사진, 미디어 허용

[그림5] 오디오 허용

회원가입은 T아이디, 페이스북, Google 계정 중 하나를 이용하면 된다. 지금까지 잘 따라왔다면 서비스 이용 안내에 따라 동의하고자 하는 곳에 체크를 하고 '동의하고 시작하기'를 누른다.

[그림6] 로그인 선택

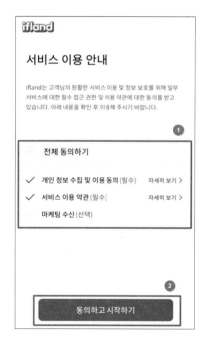
[그림7] 동의하고 시작하기

2) 이프랜드 시작하기

동의하고 시작하기를 하면 이제 아바타가 나를 반갑게 반겨준다. 이제 아바타를 설정하고 닉네임을 입력한 후 '이프랜드 시작하기'를 클릭한다.

[그림8] 첫 화면

[그림9] 닉네임 입력하고 시작하기

3) 프로필 설정

이프랜드로 들어오면 홈 화면이 보이다 홈 화면에서 닉네임을 선택해 다른 닉네임으로 변경할 수 있다. 프로필 설정을 하려면 홈 화면에서 닉네임을 선택한다.

[그림10] 홈 화면   [그림11] 홈 화면에서 닉네임 선택

    프로필 화면에서 닉네임, 자기소개, 관심태그, 내 SNS 링크를 설정할 수 있다. 닉네임은 언제든 바꿔 사용할 수 있으며 최대 16자까지 가능하다.

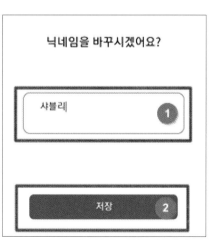

[그림12] 프로필 화면 닉네임   [그림13] 닉네임 변경

프로필 화면에 '자기소개를 등록하세요'를 클릭해 내가 누구인지 무엇을 좋아하는지 메시지를 넣는다.

[그림14] 자기소개 등록

자신이 어떤 사람인지 관심사, 취미 좋아하는 영화 등을 소개할 수 있는 소개 글은 300자까지 가능하다. 특수문자나 이모지는 사용할 수 없으며 메시지를 남긴 후 저장을 누른다.

[그림15] 자기소개 입력

'#관심 태그 추가'를 클릭해 관심 있는 주제를 골라본다.

[그림16] 관심 태그 추가

관심 있는 주제는 3개까지 선택이 가능하며 선택 후 확인을 누른다.

[그림17] 관심 주제 선택

SNS 링크 등록은 '내 SNS링크를 등록하세요'를 클릭해 SNS 주소를 등록한다.

[그림18] SNS 링크 걸기

SNS 주소는 2개까지 등록 가능하다. 입력한 후 '저장'을 누른다.

[그림19] SNS 주소 등록

SNS 주소를 넣으면 프로필 화면에 내 SNS가 링크돼 있는 것을 확인할 수 있다. 링크 주소를 누르면 링크된 사이트로 바로 연결된다.

[그림20] 변경된 프로필

4) 아바타 꾸미기

이번에는 나를 꾸며보는 시간을 가져 본다. 여러 가지 다양한 모습으로 나를 변신시켜보는 재미가 쏠쏠하다. 평소에 내가 꿈꿔 오던 모습으로 나를 변신시켜 보자.

①을 선택하면 전신의 모습을 볼 수 있다.
②는 아바타를 꾸밀 수 있는 소스가 다양하게 준비돼 있어서 내 취향에 맞는 아바타로 변신시킬 수 있다.
③은 상반신만 나오는 모습이다.
④을 누르면 다시 홈 화면으로 이동한다.

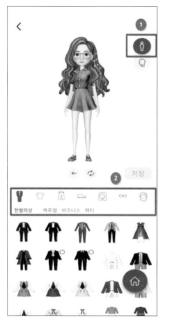

[그림21] 아바타 전신 모습　　　[그림22] 아바타 상반신 모습

　　소스들에는 800여 종의 각종 다양한 소스들이 있어 취향에 따라 얼마든지 선택이 가능하고 변경도 가능하다. 한 벌 의상, 캐쥬얼, 비즈니스, 신발, 헤어, 안경, 얼굴형, 눈 모양, 아이섀도우, 립스틱, 볼터치, 수염 등 소스들을 이용해 자유롭고 멋지게 나만의 독특함을 강조한 아바타를 꾸밀 수 있다.

[그림23] 각종 아이템 카테고리

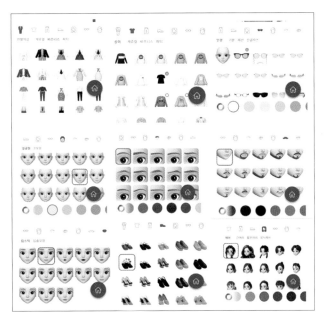

[그림24] 각종 꾸미기 아이템

3. 이프랜드의 land 공간 사용 및 활용법

1) 이프랜드의 다양한 기능

① 알림 : 팔로워/ 팔로잉 친구들의 모임을 알려준다.

② 친구들(팔로워, 팔로잉) : 팔로워, 팔로잉 친구들의 목록이다.

③ 내 프로필 설정 : 나만의 프로필 설정을 할 수 있다.

④ 현재 개설된 land : 모임 리스트를 통해 탐색도 가능하며 링크를 클릭 후 접속이 가능하다.

⑤ 예약된 land : 예정된 모임이 확인 가능하다.

⑥ land 리스트 : 클릭하면 입장이 가능하다. 비공개방은 초대링크로 입장이 가능하다.

⑦ land 들어가기 : 테마 공간으로 들어갈 수 있다.

[그림25] land 입장 전 메인 화면

2) 랜드(land) 만들기

이제 위 [그림25]의 ⑦을 눌러 'land 만들기'로 들어가 본다. land로 들어가면 [그림26]과 같은 화면 창을 만난다.

①은 원하는 테마 공간의 이름을 입력한 후 저장한다.

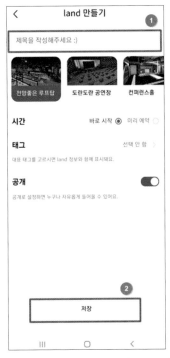

[그림26] 테마 공간 이름 입력 후 저장

현재 개설된 메타버스 테마 룸이 20여 종이 리스트 업 돼 있어 어느 룸이든 원하는 대로 활용할 수 있다. 개설된 룸들은 사용자의 관심 영역별로 검색해 볼 수 있다. 지속적으로 테마 공간은 늘어날 전망이다.

[그림27] 테마 공간

테마 공간 중 한곳인 '센트럴파크 land'로 들어가 본다.

[그림28] 랜드 입장

3) land 안에서의 기능 익히기

land에 들어와 사용할 기능들을 알아본다.

(1) 참석한 인원 확인 및 전체 음소거 기능

사람 모양과 '1/131' 숫자는 131명 중 1명이 들어왔다는 표시이다. 최대 참여 인원은 131 명이며 아바타로 등장해 모습을 보일 수 있는 인원은 31명이다. 나머지 인원 100명은 숫자로 확인되며 음성으로만 이곳에 동참하고 있다는 것을 알 수 있고 자신의 아바타는 화면에 보이지 않는다.

[그림29] 참석 인원 확인

방을 만든 호스트는 ①의 창을 터치해 다수의 ②전체 마이크 음소거를 할 수 있다. 또한 특정 아바타 마이크만 끌 수도 있는데 이 경우 해당 아바타는 마이크를 켤 수가 없다.

[그림30] 음소거 확인

(2) 랜드 정보

'느낌표'를 누르면 내가 만들었던 방 이름이 나오고 호스트, 태그, 만든 날짜, land의 링크를 확인할 수 있다. 초대하고 싶은 대상에게 링크를 보내 이 방에 초대할 수 있다.

[그림31] 랜드 정보

링크를 보낼 대상을 선정해 '보내기'를 하면 초대된 사람은 링크를 열어 내가 만든 랜드 방에 들어올 수 있다.

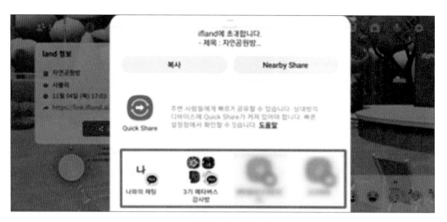

[그림32] 초대하기

[그림33]은 카카오톡으로 보낸 초대장이다. 여러 채널을 이용한 초대도 가능하다.

[그림33] 상대방에게 카톡으로 보낸 링크

(3) 20여 종의 다른 land 탐색

지구 모양 아이콘을 선택하면 다른 모임의 탐색이 가능하다. 이곳에서 다른 방 방문은 불가능하며 홈 화면에서만 다른 방 방문이 가능하다.

[그림34] 다른 land 탐색

(4) 초대링크 공유

여기에서도 ④의 아이콘을 누르면 공유 창이 뜨며 다른 친구에게 링크를 보낼 수 있다. 복사해서 붙여넣기를 해도 되고 바로 원하는 대상을 선택하면 링크 전달이 된다.

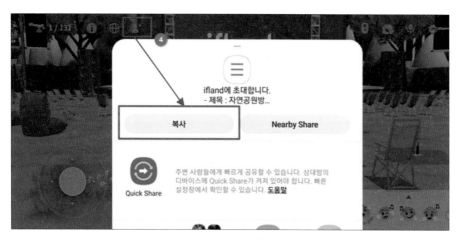

[그림35] 링크 공유

(5) 리모컨

리모컨 모양은 정보를 공유할 수 있는 기능으로 리모컨을 누르면 참가자들과 공유할 수 있도록 '자료공유'기능과 '누구나 제어기능'이 있다.

[그림36] 리모컨 기능

여기서 누구나 제어를 터치하면 다시 '내가 제어'도 할 수도 있다. 다시 자료공유를 클릭해보자.

[그림37] 자료공유 및 제어기능

자료공유에는 PDF나 MP4 영상만 가능하다. 영상은 Full HD 해상도까지 가능하다. 영상이 상영되면 사용자 마이크는 꺼두는 게 좋다. 사용자 마이크가 켜져 있을 경우 영상에서 나오는 소리가 자동적으로 작아진다.

[그림38] 자료공유

영상을 상영하면 방에 들어온 모든 참여자들이 함께 볼 수 있다. 상영이 끝난 후 공유 중지 버튼을 누르면 된다. 돌아가기는 [그림39]에서 오른쪽 위 박스안의 기호를 누르고 나가기 하면 된다.

[그림39] 자료 영상 보기

(6) 사진 촬영

카메라 아이콘을 누르면 사진이 캡처돼 내 갤러리에 저장된다.

[그림40] 사진 캡처 기능

(7) 마이크 기능

마이크 아이콘을 누르면 음성 채팅 마이크를 켜고 끄기가 가능하다.

[그림41] 마이크 제어

* 이모티콘 및 모션

60여 개의 이모티콘에는 각각의 표정과 제스처가 담겨 있다. 하트에서부터 박수치기, 음표를 누르면 다양한 춤동작으로 분위기를 한껏 돋우며 흥이 나게 한다. 친구들을 초대해 이곳에서 즐거운 댄스파티를 하는 것도 묘미가 있다.

[그림42] 각종 이모티콘 활용

(8) 설정 기능

설정을 클릭하면 소리듣기, land 수정, 공지 등록, 마이크 권한 설정, 참여모드 설정, 호스트 변경 등이 있다.

[그림43] 설정 기능

① 소리 듣기

아래의 그림처럼 소리 듣기가 활성화돼 있는지 확인해 본다. 소리가 들리지 않는다면 활성화를 시키면 된다.

[그림44] 소리 듣기

② land 수정

랜드 수정을 눌러 시간 변경을 할 수 있다. 여기에서 태그도 3개까지 선택이 가능하며 공개, 비공개 선택이 가능하다. 수정이 끝난 후 저장을 누르면 변경된 것을 확인할 수 있다.

[그림45] land 수정

③ 공지 등록

필요한 안내사항이나 중요한 메시지를 최대 40자까지 넣을 수 있다. 작성 후 저장을 눌러준다.

[그림46] 공 지

위의 공지 창에 메시지를 넣고 저장을 하면 '랜드 정보' 별 아이콘으로 표시된다.

[그림47] 공지 확인 방법

④ 마이크 권한 설정

마이크 사용은 호스트에게만 권한을 줄 수도 있고 전체에게 줄 수도 있다. 하지만 많은 인원이 참석해 행사하는 경우 호스트만 마이크 사용을 하도록 하는 것도 방법이다.

[그림48] 마이크 권한 설정

⑤ 참여 모드 설정

- 참여자 : ON Stage 직접 참여해 소통하는 사용자의 입장을 허용한다.
- 참여자 : OFF Stage 아바타가 보이지 않는 오디오 중심으로 참여하는 사용자의 입장을 허용한다(31명 이후부터는 아바타 안 보임).

[그림49] 참여 모드 설정

⑥ 호스트 변경

호스트 변경을 누르고 호스트가 될 사람을 선택하고 저장하기를 누르면 호스트가 바뀐다. 호스트가 바뀌면 공지등록 및 마이크 권한설정 등은 호스트에게 넘어간다.

[그림50] 호스트 변경

(9) land 종료

land 종료를 누르면 현재 진행 중인 land를 종료할지에 대한 팝업 창이 뜬다. '예'를 누르면 이 방은 종료된다.

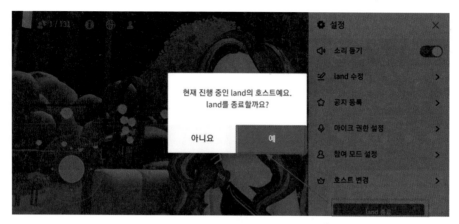

[그림51] land 종료

Epilogue

이프랜드 활용 지침서를 만드는 동안 탐색을 통해 여러 명의 방문자가 나만의 공간으로 들어와서 궁금한 것들을 물어와 신기했다. 참여자는 9살 어린 친구, 아이와 함께 들어온 엄마, 고등학생 등 다양한 층이 방문해줬다. 메타버스 플랫폼인 이프랜드가 일반인들에게도 관심이 증폭되고 있다는 느낌을 받으며 홍보대사가 된 듯 알고 있는 것들을 소상히 말해줬다.

메타버스 플랫폼인 이프랜드에서는 사용자들이 주체적으로 다양한 활동을 할 수 있는 새로운 공간이자 능동적이고 주체적으로 공간을 이끌어가며 활용을 할 수 있다는 점이 큰 장점이다. 메타버스 플랫폼의 활성화에 맞춰 개인과 기업들 또한 홍보의 공간으로 활용하며 가상공간에서의 경제활동이 가능함을 보여주고 있다.

이프랜드가 앞으로 다양한 국적, 다양한 디바이스 환경에서도 활용할 수 있도록 메타버스 플랫폼으로 발전해 나간다고 한다. 메타버스에 체류하는 시간이 유튜브에 육박하는 시간까지 이르렀으며 현재 800~1,000 개 넘는 파트너가 이프랜드에 입점하기를 대기하고 있다. 메타버스 플랫폼에 이제 우리도 디지털 환경에 익숙한 MZ 세대들처럼 시공간에 구애받지 않는 가상공간에서 자유롭게 경제활동 및 놀이문화로 이용할 수 있도록 노력과 관심이 필요하다고 본다.

제페토 사용법 따라하기

한수희

Chapter
02

제페토 사용법 따라하기

Prologue

제페토는 네이버Z에서 2018년 8월 출시한 메타버스의 대표적인 플랫폼이다. 3D 아바타로 즐기는 사용자가 2억 명이 넘어가고 있다. 특히 MZ 세대들은 아바타의 외모를 꾸미고 의상을 바꾸며 월드에 놀러 다니며 게임을 즐기기도 한다. 포토 부스에서는 다양한 사진들을 찍어 SNS에 올리며 현실이 아닌 또 다른 세상에서 마음껏 즐기고 있는 것이다.

제페토 내 한강공원 CU편의점에서 물건을 주문하고 구찌 빌라에서 명품가방을 구경하고 패션 아이템을 착용해 볼 수 있다. 이에 엔터테인먼트, 자동차, 유통, 통신사 등도 제페토에 입점하고 있다. MZ 세대와 소통하며 기업의 이미지 브랜드를 굳혀나가고 있는 것이다. 그렇다면 제페토의 어떤 부분들이 많은 사람들을 끌어당기고 있는지 알아보기 위해 먼저 제페토를 설치하고 가입해서 활용방법을 알아보자.

1. 제페토 시작하기

1) 제페토 회원가입과 캐릭터 만들기

(1) 제페토 설치하기

스마트폰의 종류에 따라 플레이스토어(안드로이드폰)나 앱스토어(ios폰)에서 제페토를 검색해 설치한다.

[그림1] 제페토 앱 설치

이용 약관을 읽어보고 '모든 약관에 동의합니다'에 체크 후 '동의합니다'가 활성화되면 누른다. 다음으로 본인이 원하는 캐릭터를 살펴보고 선택한다. 손가락으로 좌우로 움직여 보면 제페토에서 제공하는 남녀 캐릭터에서 선택할 수 있다.

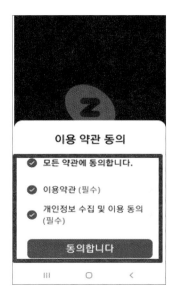

[그림2] 약관 동의와 캐릭터 선택하기

캐릭터 이름을 지어준다. 캐릭터 이름은 프로필 편집에서 언제든 바꿀 수 있다. 생년월일은 하단에서 손가락으로 움직여 입력하면 상단에 표시되고 다음을 누른다. 다음으로 제페토에 가입하기 위해 원하는 방법으로 계정을 선택한다. 카카오톡으로 가입하기를 하면 편리하게 가입이 가능하다.

[그림3] 캐릭터 이름 설정 및 생년월일 입력 후 제페토 가입하기

아이디를 설정하고 다음을 누른다. 아이디는 프로필 편집에서 30일마다 한 번씩 변경할 수 있다. 마지막으로 비밀번호를 설정하고 가입이 완료되면 [그림4]의 마지막 사진처럼 캐릭터가 만들어지고 제페토 홈 화면이 나온다. 여기서 우측 '캐릭터' 아이콘을 눌러 캐릭터 꾸미기를 할 수 있다.

[그림4] 아이디와 비밀번호 설정 후 제페토 가입 완료

(2) 캐릭터 꾸미기

지금부터 캐릭터를 나만이 원하는 모습으로 다양하게 꾸며보자. 평소에 해보고 싶었던 헤어 스타일이나 패션스타일이 있다면 제페토에서 과감하게 꾸며보길 바란다. 아이템은 코인이나 젬으로 구매할 수 있다. [그림5]의 첫 번째 사진처럼 우측 상단의 티셔츠모양 아이콘을 터치해서 의상을 선택한다. 의상은 세트, 상의, 하의, 양말, 신발 등 다양하다. 원하는 디자인의 의상 아이템을 선택한 후 구매하기를 눌러 구매를 한다.

[그림5] 의상 구매하기

각 아이템은 내아이템순, 높은가격순, 낮은가격순의 3가지 방법으로 검색하면 빠르게 선택할 수 있다.

[그림6] 아이템 검색순

첫 번째 사진처럼 우측 상단의 얼굴모양 아이콘을 터치해서 헤어, 얼굴, 눈썹, 입술, 안경 등을 선택한다. 평소 해보지 않았던 모습으로 꾸며 새로운 캐릭터로 변신해 본다면 제페토에서 멋지게 활동할 수 있을 것이다. [그림7]의 캐릭터는 필자가 만든 최종 캐릭터의 모습이다.

[그림7] 캐릭터 꾸미기

(3) 방 꾸미기

방 꾸미기 방법도 캐릭터 꾸미기와 같은 방법으로 아이템을 구매해 꾸미면 된다. 첫 번째 사진처럼 전등모양 아이콘을 선택하면 방 꾸미기에 쓰이는 아이템이 나타난다. 방 곳곳에 표시된(+) 모양을 터치하면 동그란 모양으로 변하고 원하는 아이템을 고르면 방에 설치할 수 있다. 캐릭터 꾸미기와 마찬가지로 구매 후 저장한다. 구매하지 않으면 자동으로 삭제된다.

[그림8] 방 꾸미기

(4) 프로필 편집하기

하단의 '프로필'을 선택하고 중앙에 '프로필 편집'을 터치하면 프로필을 수정하는 화면이 나타난다. 이름, 아이디, 직업, 국가, 상태메시지를 작성할 수 있다. 직업과 국가는 따로 입력하지 않아도 된다. 이름은 언제든지 변경가능하고 아이디는 30일마다 변경가능하다.

[그림9] 프로필 편집하기

프로필에서 캐릭터 추가는 캐릭터를 초기화하거나 남자로 바꿀 수 있는 캐릭터 관리를 할 수 있다. 또한 친구추가나 내 QR코드를 만들어 공유도 할 수 있다.

[그림10] 캐릭터추가 친구추가 내 QR코드

(5) 카메라로 사진 찍기

제페토 홈 화면 '캐릭터' 아래에 있는 '카메라'를 터치하면 사진과 동영상을 찍을 수 있는 화면이 나온다. 사진을 찍고 저장을 누르면 공유[그림11 네 번째 사진]하거나 이야기를 작성해 게시[그림11 마지막사진]도 할 수 있다. 프로필에서 사진과 영상을 촬영하는 방법도 있고, 월드에 입장해서 촬영하는 방법도 있으니 다양하게 활용해 보길 바란다.

[그림11] 카메라로 사진 찍기

(6) 게시물 올리기

캐릭터 꾸미기도 하였고 카메라로 사진과 영상을 찍을 수 있으니 이제는 게시물에 사진을 올려서 본격적으로 다른 캐릭터들과 교류를 해 볼 수 있다. 다양한 방법으로 사진과 영상을 편집해 올려보자.

[그림12] 게시물 올리기

화면 화단의 만들기를 누르면 다양한 포즈가 나타난다. 신상포즈, 트렌드 포즈 등에서 원하는 포즈를 선택한다. 키워드로 검색해 포즈를 선택할 수도 있다. 각 포즈의 오른쪽 상단에 비디오가 보이는 것은 동영상으로도 게시할 수가 있다. 포즈를 선택하면 우측의 네 가지 버튼을 하나씩 눌러 비율, 필터, 스티커, 텍스트를 적용한 후 게시하면 피드에서 볼 수 있다.

[그림13] 포즈 바꿔서 게시하기

　캐릭터를 꾸미기 위한 코인은 무료로 얻을 수 있다. 퀘스트와 럭키에서 미션을 수행하고 받을 수 있다. 매일 출석체크로 받을 수도 있다. 연속으로 출석할 때 마다 받는 코인은 늘어나기도 한다.

[그림14] 코인 얻기

2) 월드에서 놀기

(1) 월드 선택하기

캐릭터를 완성하고 나면 본격적으로 제페토 월드에서 즐길 차례이다. 일종의 놀이 공간인 제페토 월드에서 많은 공간으로 갈 수 있고 다른 캐릭터와 상호 교류하면서 즐길 수 도 있다. 일상에서 외출할 여건이 안 될 때 월드로 가서 제페토 친구들과 즐겁게 놀아보자.

화면 하단의 월드를 터치하면 많은 월드를 볼 수 있다. 추천, 빠른 입장, Let's play! 중에서 원하는 월드를 선택하면 된다. 여행을 가지 못한 지지는 캠핑장을 선택해 힐링 캠프를 즐겨보겠다.

[그림15] 월드 입장하기

　만들어진 월드에 참가해도 좋지만 나만의 방을 별도로 만들 수도 있다. 우측상단의 (+)버튼을 누르고 원하는 방 템플릿을 선택한다. 하단의 주제, 키워드, 최대인원, 친구 초대를 설정한다. 비밀방 만들기를 활성화하면 초대된 사람들만 입장해 함께 즐길 수 있다.

[그림16] 방만들기

월드에 입장하면 가장 먼저 안내와 기능을 설명하는 화면이 나온다. 설명대로 방 공지를 확인하고 에티켓을 지켜 놀아보자. 캐릭터 이동과 점프기능이 많이 쓰이니 꼭 읽어보고 참여하면 즐겁게 놀 수 있다.

[그림17] 월드 입장 시 안내와 기능설명

좌측상단에는 방 공지를 볼 수 있고, 초대링크를 누르면 우측 사진과 같이 초대링크를 복사해 초대도 할 수 있다. 제페토를 모르는 사람에게도 보내어 월드에서 만나면 훨씬 즐겁게 교류할 수 있을 것이다.

[그림18] 방 공지와 초대링크

화면좌측에는 채팅창이 있어 대화를 나눌 수 있다. 채팅창은 열고 닫을 수 있다. 화면 아래쪽 메시지 입력란에서 내용을 적을 수 있다. 그 옆에는 가로/세로 전환하는 버튼과 마이크가 있다. 방장이 마이크를 켜고 직접 노래를 불러주거나 음악을 들려주기도 해 가끔 힐링되는 캠핑장이 되기도 한다. 특히 필자는 모닥불 앞에서 불멍을 하거나 해먹에 누워 간식 먹기를 좋아한다.

[그림19] 채팅창과 마이크 기능

화면 오른쪽 아래에는 탈거, 아이템, 놀이도구 등을 살 수 있는 상점과 캐릭터가 다양한 제스처와 포즈를 취할 수 있는 기능이 있다. 또한 카메라로 월드 내에서 사진과 동영상도 찍어서 피드에 게시할 수 있다.

[그림20] 상 점

월드 안에서 다양한 제스처와 포즈를 취할 수 있고 음표가 붙은 경우에는 춤을 출 수 있다. 막춤밖에 못 추는 필자도 여기서는 완벽한 댄서가 되기도 한다. 자주 사용하는 제스처와 포즈는 퀵슬롯에 저장해두고 이용할 수 있다.

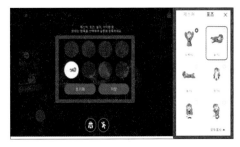

[그림21] 제스처와 포즈 취하기

①은 상점으로 다양한 아이템을 구매할 수 있다. ②는 도감 ③은 월드퀘스트로 미션 수행을 해 코인을 받을 수 있다. ④는 초대를 할 수 있고 ⑤는 다양한 설정을 할 수 있다. 캐릭터 머리에 붙어있는 이름 표시유무도 설정할 수 있다. ⑥의 문 모양을 누르면 방나가기, 방 만들기도 할 수 있다. 월드에서 놀기가 끝나면 언제든 '방나가기'를 할 수 있다.

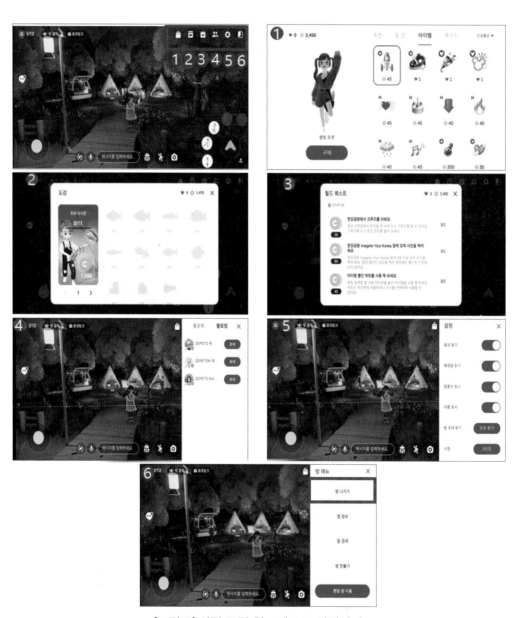

[그림22] 상점 도감 월드퀘스트 설정하기

2. 제페토 스튜디오

1) 제페토 스튜디오 시작하기

제페토에서는 직접 아이템을 제작할 수 있다. 직접 만들 아이템을 출시해 판매도 가능하다. 제페토 스튜디오는 모바일 버전과 PC버전 두 가지가 있다. 이미지 편집은 PC에서만 가능하지만 여기서는 모바일 버전으로 누구나 사용할 수 있는 플랫폼을 이용해 아이템을 만드는 방법을 소개하고자 한다. PC버전은 '미리캔버스'로도 간단하게 제작을 할 수 있다. 제페토 스튜디오에서 여러분도 제페토 1호 크리에이터 렌지처럼 아이템 판매로 수익을 얻을 수 도 있으니 잘 따라해 보길 바란다.

(1) 제페토 스튜디오 가입하기

제페토 스튜디오는 크롬에서 적합하므로 먼저 크롬 앱을 설치한다. 구글에서 검색 창에 '제페토 스튜디오'를 검색해 그림과 같이 '제페토 스튜디오'사이트를 선택한다. 제페토 스튜디오에서 들어가면 시작하기를 누르고 제페토 계정을 눌러서 '로그인'한다. 카카오톡으로 가입했다면 카카오톡으로 간편하게 로그인할 수 있다.

[그림23] 제페토 스튜디오 설치와 가입하기

가장 먼저 화면 가운데 (+)아이템 만들기를 눌러 만들고 싶은 아이템을 선택한다. 템플릿 도안과 착용모습을 보고 난 뒤 아래쪽 편집을 누른 뒤 다음 화면에서 '다운로드'를 누른다.

[그림24] 내 아이템 만들기 시작

아이템 만들기를 위해 두 번째 앱인 '이비스 페인트'를 설치한다. 플레이스토어에서 검색해 설치를 할 수 있다. '이비스 페인트'는 모바일 전용 그래픽 앱이다. 설치된 앱을 열면 인사말과 여러 가지 설명들이 나오니 잘 읽어보고 우측상단의 '완료' 버튼을 누른다. '이비스 페인트'의 첫 화면이 나오면 '나의 갤러리'를 선택한다. 빈 아트워크가 나오면 좌측하단의 (+)버튼을 누르면 새 캔버스에 다운받은 아이템 도안을 불러올 수 있다.

[그림25] 이비스 페인트 설치와 가입하기

사진을 가져오기 전에 새 캔버스의 크기를 정한다. 이미지 사이즈는 256×256 픽셀에서 512×512 픽셀까지 가능하다. 이미지 사이즈를 지정한 후 상단의 '사진 가져오기'를 누른다. 그러면 저장된 갤러리가 열리고 PNG로 저장된 템플릿을 선택한다. 선 드로잉 추출 팝업이 뜨면 '취소'를 누른다.

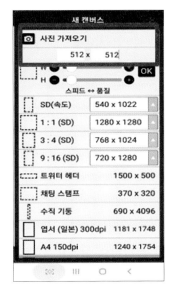 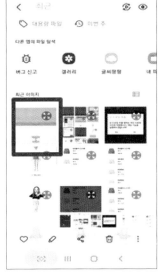 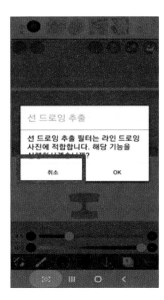

[그림26] 새 캔버스 설정하기

이비스 페인트에서 제공하는 다양한 템플릿을 이용해 아이템을 디자인하게 된다. 우측상단의 '사진' 아이콘을 누른다. 화면에 나타나는 패턴 중에서 마음에 드는 테마를 선택하고 마음에 드는 패턴 하나를 선택한다.

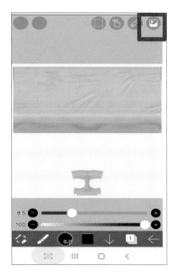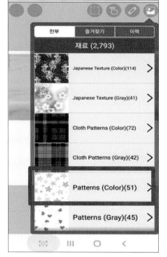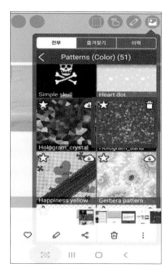

[그림27] 패턴 템플릿 선택

선택한 패턴 위에 손가락으로 드래그해서 움직이면 패턴 모양의 사이즈를 키우거나 줄일 수도 있다. 알맞은 크기가 되면 하단의 확인(√)을 누른다. 화면 우측하단의 화살표(→)를 누르고 'PNG로 저장하기'를 눌러 저장한다.

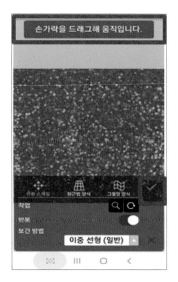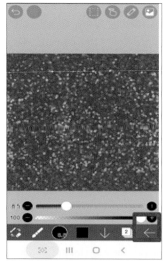

[그림28] 패턴 선택하기

업로드하기 위해서 다시 크롬 앱을 연다. 편집을 누르면 '업로드하기'가 나오고 이것을 누르고 만들어둔 패턴을 체크해 우측상단의 '완료'를 누른다. 다음화면에서 캐릭터에 착용 모습을 볼 수 있으므로 '다음'을 누른다.

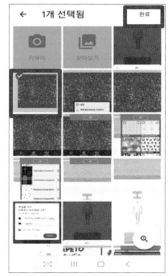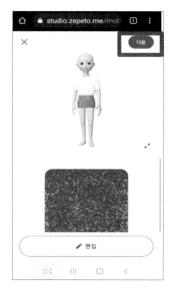

[그림29] 업로드하기

아이템의 이름을 입력하고 태그는 최대 5개까지 입력한다. 가격은 최소 3젬으로 설정 가능하다. 고급설정에서는 '승인되면 바로배포'에 체크하고 위치는 '모든 국가'를 선택한다. 내용을 모두 작성하고 나서 '저장'을 누른다.

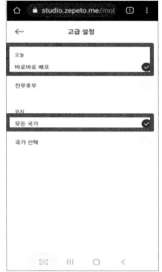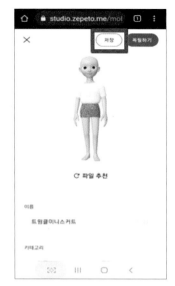

[그림30] 아이템 이름과 태그 입력

저장하고 나면 '내 아이템'에서 확인할 수 있다. '휴대폰에서 미리보기'를 선택하면 제페토 홈 화면에 알림이 온다. 알림을 열어서 선택하면 캐릭터가 만든 아이템을 착용한 모습을 볼 수 있다.

[그림31] 완성된 아이템 미리보기

아이템을 착용한 채 다양한 포즈를 취해보며 디자인을 점검할 수 있다. 손가락으로 캐릭터를 360도 돌려가며 볼 수 있어서 꼼꼼하게 체크할 수 있다. 제출은 크롬 앱을 다시 열어서 임시 저장된 아이템을 선택해 '제출하기'를 누른다. 제출하고 나면 '임시저장'에서 '제출됨'으로 바뀐다. 아이템 승인이 날 때 까지 약 2주 정도 소요되니 천천히 기다리면 된다.

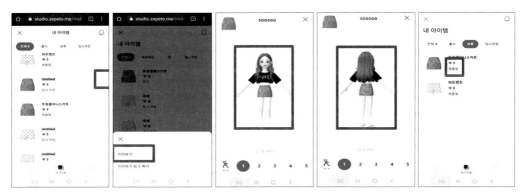

[그림32] 미리보기로 살펴보고 제출하기

3. 제페토 빌드잇

1) 빌드잇 설치와 로그인하기

크롬에서 '제페토 빌드잇'을 검색한다.

[그림33] 제페토 빌드잇 다운받기

본인의 컴퓨터에 맞는 운영체제를 선택해 다운받는다. 빌드잇은 현재 PC에서만 사용 가능하고, 모든 것은 무료로 제공된다.

[그림34] 제페토 빌드잇 다운로드

빌드잇이 설치되는 창이 뜨면 다음을 눌러 설치를 시작하고 설치가 완료되면 '마침'을 누른다.

[그림35] 빌드잇 설치

제페토 계정을 입력해 로그인 한다.

[그림36] 계정 로그인

2) 빌드잇 시작하기

우선 '새로 만들기'를 선택하면 기본적으로 주어지는 템플릿이 있다. 여기서는 텅 빈 공간인 'Plain'을 선택해 맵을 제작해보겠다.

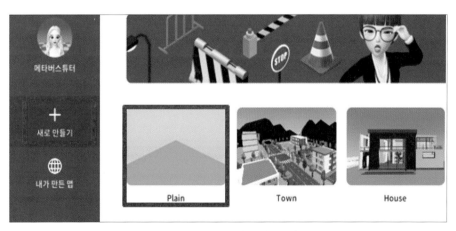

[그림37] 빌드잇 시작 화면

Plain맵은 초록색 지형으로 돼 있고 이것이 맵의 가장 아래층 레이어이다.

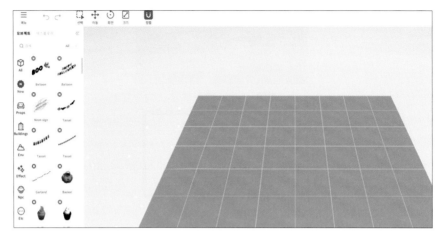

[그림38] Plain 화면

화면에서 맵을 이동시키려면 '스페이스바'를 누른 채 왼쪽 마우스를 클릭해 드래그하면
상하좌우로 이동할 수 있다. 마우스 휠을 누른 채 롤링을 해도 같은 효과가 나타난다.

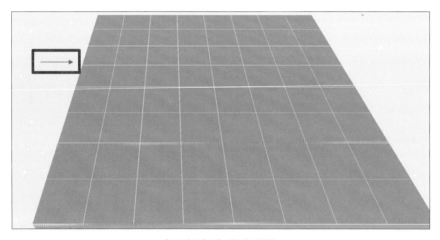

[그림39] 맵 화면 이동

맵을 제작하기 위해서는 여러 각도로 볼 필요가 있다. 우측상단에 여러 방향을 클릭하면 다양한 각도에서 보기가 가능하다. [그림41]은 'TOP'에서 내려다본 맵의 모습이다.

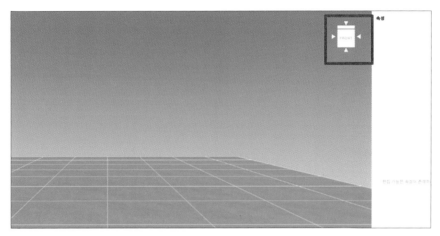

[그림40] 다양한 각도에서 보기가능

[그림41] 위에서 내려다 본 모습

3) 오브젝트

(1) 오브젝트 설치하기

좌측 상단의 '오브젝트'를 클릭하면 다양한 '오브젝트' 사용할 수 있다. 먼저 [그림42]는 건물(Buildings) → 집(House01)을 선택했다. 선택한 오브젝트를 맵으로 가서 설치할 곳에서 왼쪽 마우스를 클릭한다.

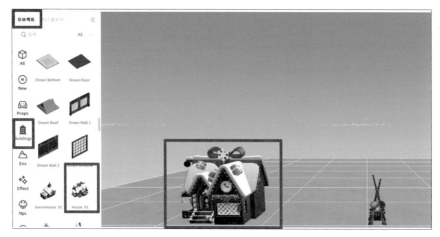

[그림42] 오브젝트 설치

맵의 오브젝트를 선택하면 오른쪽에 속성이 나타난다. 이름을 변경하고 위치, 회전, 크기를 변환할 수 있다. [그림43]은 크기를 기본값1에서 3으로 변경해 확대된 모습이다.

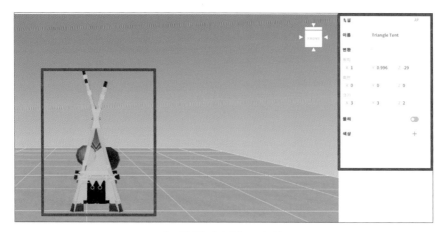

[그림43] 오브젝트 속성

(2) 오브젝트 상위기능

상위 메뉴 중 선택을 클릭하고 맵의 오브젝트를 클릭하면 그림처럼 파랗게 변한다. 이를 통해 맵에서 오브젝트의 지형 아래로 내려간 것도 알 수 있다.

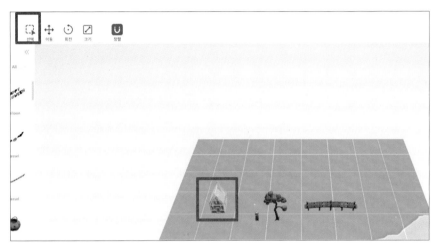

[그림44] 상위메뉴에서 선택

상위 메뉴 중 이동을 클릭하고 맵의 오브젝트를 클릭하면 그림처럼 세 가지 색깔의 화살표가 나타난다. 화살표를 클릭한 채 드래그하면 상하좌우로 움직일 수 있다.

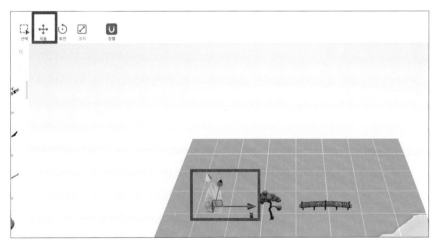

[그림45] 상위메뉴에서 이동

상위 메뉴 중 회전을 클릭하고 맵의 오브젝트를 클릭하면 그림처럼 세 가지 색깔의 동그란 모양의 구가 나타난다. 구를 클릭한 채 드래그하면 오브젝트를 여러 방향으로 회전시킬 수 있다.

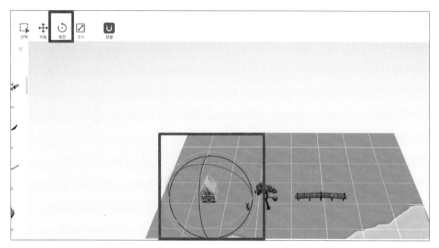

[그림46] 상위메뉴에서 회전

상위 메뉴 중 크기를 클릭하고 맵의 오브젝트를 클릭하면 그림처럼 세 가지 색깔의 상자모양이 나타난다. 상자모양을 클릭한 채 드래그하면 크기를 변경할 수 있다. 가운데 흰색의 상자모양으로 전체 크기를 확대, 축소하거나 X, Y, Z축 중의 하나만 변경할 수도 있다.

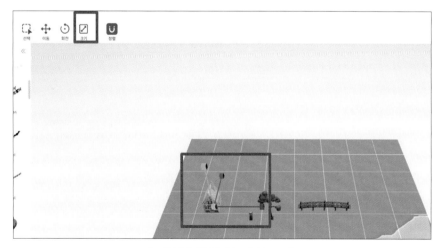

[그림47] 상위메뉴에서 크기

정렬을 활성화시키면 수직, 수평 안내선이 나타난다. 정렬이 비활성화일 때는 오브젝트를 매끄럽게 이동시킬 수 있다. 활성화일 때는 오브젝트의 이동이 매끄럽지는 않지만 여러 개를 복사해서 사용할 때 일정한 간격으로 배치할 수 있다.

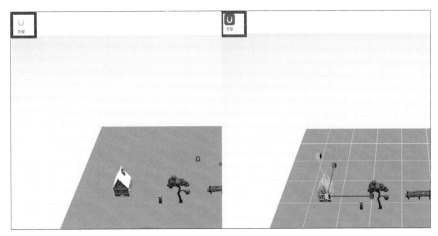

[그림48] 상위메뉴에서 정렬

4) 익스플로러

'익스플로러'를 선택하면 '월드'메뉴가 나온다. '월드'는 지형, 하늘, 배경음악, 플레이어를 변경할 수 있는 기능이다. 지금부터 기능들을 하나씩 알아보자.

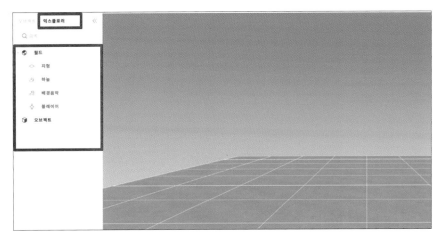

[그림49] 익스플로러

월드에서 지형은 바닥 유형이다. 지형을 클릭하면 화면 우측에 속성이 나타난다. 지형을 풀, 도로, 바위, 물, 늪, 용암, 고체용암, 눈, 모래로 표현할 수 있다. 기본적으로 바닥은 풀로 깔려있고 [그림50]은 물을 적용한 것이다. 브러쉬의 크기를 키워서 드래그하면 지형을 쉽게 그릴 수 있다. 지형을 지울 때는 지우개 모양의 초기화를 선택해 왼쪽 마우스를 클릭한 채로 드래그하면 된다.

[그림50] 월드 지형 선택

월드에서 하늘은 하늘의 색상을 변경할 수 있다. 속성에서 하늘색상 바를 드래그 해 낮과 밤을 표현할 수 있다. [그림51]은 붉은 색상을 적용해 저녁 노을색을 표현했다.

[그림51] 월드 하늘

월드에서 배경음악은 맵에 음악을 넣을 수 있다. 현재는 두 가지의 음악을 적용할 수 있다.

[그림52] 월드 배경음악

월드에서 플레이어는 캐릭터의 이름도 바꿀 수 있고 캐릭터의 속도와 점프정도를 조절할 수 있다. 숫자가 클수록 빨리 뛰고 높이 점프할 수 있다.

[그림53] 월드 플레이어

5) 메뉴 및 테스트

화면 상단의 메뉴를 클릭하면 '홈, 저장, 새로 만들기, 내 정보, 설정, 종료' 기능이 있다. '홈'을 선택하면 빌드잇 홈 화면으로 갈 수 있다. '설정'에서는 언어 변경과 맵에서 사용하는 단축키를 알려준다.

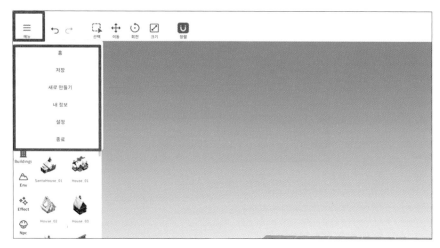

[그림54] 메 뉴

맵이 완성되면 제대로 설치됐는지 알아보기 위해 테스트를 해야 한다. 우측상단의 '테스트'를 클릭하면 제페토 앱에서 만든 내 캐릭터가 월드에 입장한 모습이 보인다. 맵 제작 과정에서 보이지 않던 문제들이 나타나므로 캐릭터를 이동시켜가며 찾아낼 수 있다. 종종 바닥에 설치돼야 할 건물이나 나무 같은 오브젝트들이 공중에 떠 있는 경우가 있으므로 잘 살펴보고 다시 맵에서 고쳐야 한다. 다시 맵으로 돌아가려면 'ESC키'를 누르면 된다.

[그림55] 테스트하기

완성한 맵은 우측상단의 공개를 클릭해 심사를 거쳐서 월드에 공개가 될 수 있다. 오브젝트가 20개 이하이거나 타인 저작물을 무단 사용할 경우에는 심사를 통과하지 못하므로 주의해야 한다. 또한 특정한 홍보를 목적으로 만들었을 경우에는 신청 전에 사전 문의를 해야 심사통과에 도움이 된다. 심사기간은 1~2주 정도 소요되고 공개가 완료되면 제페토 앱에서 알림으로 알려준다.

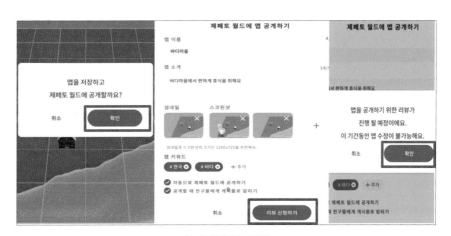

[그림56] 맵 공개

메타버스 플랫폼에는 제페토, 이프랜드, 게더타운 등이 있지만 제페토는 네이버제트에서 만들 국내산이다. 제페토는 오락과 재미가 있고, SNS활동으로 다양하게 교류할 수 있는 메타버스 공간이다. 그러나 제페토를 알면 알수록 단지 MZ 세대들의 전유물이 아니라는 생각이 든다.

나만의 캐릭터를 꾸미고 월드에 입장해 게임도 하고 노는 것은 기본이지만 '제페토 스튜디어'에서 의상을 제작하고 월드를 직접 만들어 다양한 활동을 통해 수익을 올릴 수 있기 때문이다. 물론 쉽게 접근할 수 있는 플랫폼이지만 수익과 연결하기 위해서는 좀 더 심도 있는 공부를 해야 할 것이다.

현재 수익을 내고 있는 크리에이터들은 이것을 모델로 해 강의나 전자책도 판매하는 등 부가적인 수익도 올리고 있다. 기존의 홍보수단의 SNS에서 벗어나 이제는 제페토를 본인의 홍보수단으로도 만들 수도 있다. 사람들은 새로운 이슈가 떠오르면 많은 관심을 갖는다. '물들어 올 때 노 저어라'는 말이 있듯이 여러분도 이제는 제페토에 관심을 갖고 적극적으로 배워 보기 바란다.

Chapter

3

현장에서 바로 활용할 수 있는
게더타운(Gather Town)
간편 사용설명서 (기초편)

이경화

Chapter
03

현장에서 바로 활용할 수 있는 게더타운(Gather Town) 간편 사용설명서 (기초편)

Prologue

코로나19(COVID-19)로 인한 여러 현장은 약 2년간 혼란의 상태였다. 코로나로 인해 각종 회의와 모임 그리고 교육, 행사 등 다양한 영역에서 모든 모임에 제한이 생겼고 이를 대체할 수 있는 것은 없다고 생각됐다. 조금씩 줌(ZOOM)을 이용해 그것을 대체하고 있는 시점이 생겼고 차츰 사람들도 익숙해져 가고 있었다. 비대면(UNTACT) 학습과 회의, 모임까지도 줌을 통해서 진행됐지만 그것 또한 한계가 있었다. 온라인 학습의 단점도 많이 부각되기 시작한 것이다.

최근에는 메타버스(Metaverse)의 등장으로 인해 실제 현실과 같은 사회적이고 문화적인 활동을 할 수 있는 다양한 플랫폼이 생겨났고 이런 제한들에 도움이 되고 있다. 사람들은 처음 들어보는 단어에 관심을 갖게 되면서 점차 이용하는 사람들이 늘어나기 시작했다. 이것이 바로 메타버스라는 가상공간의 플랫폼들이다.

가상공간이라는 단어가 멀리 느껴졌을 때 한국 메타버스의 새로운 역사를 쓰고 있는 한국메타버스연구원들의 활동은 이미 여러 방면으로 각 기업과 관공서, 학교까지 메타버스를 알리는데 맹활약을 펼치고 있었다. 필자는 본문을 통해 이렇게 여러 방면에서 활용하고 있는 메타버스 플랫폼을 현장에서 바로 적용할 수 있는 방법을 알아보고자 한다.

서울시에서는 메타버스 플랫폼 중 '게더타운(Gather Town)'을 통해 '서울시립과학관'을 개관했다. 여름방학을 맞이해 코로나19의 거리두기 및 관람 인원 제한, 물리적 공간의 제약 등을 극복하기 위한 방침으로 메타버스의 게더타운을 활용해 다양한 프로그램 운영에 나섰다. 가상공간에서 O,X 퀴즈와 보물찾기 등 다양한 활동을 통해서 서울시립과학관을 체험하고 조별 활동도 할 수 있도록 진행했다.

코로나19로 인해 대부분 학교수업은 비대면으로 이뤄졌고 여름방학을 했지만 모이지 못하거나 체험관, 과학관 등을 쉽게 찾지 못한 학생들에게 유용했을 것이다. 코로나19는 교육, 학습현장의 모습을 변화시켰고 비대면, 온라인 수업의 대중화를 거의 10년 이상이나 앞당겼다. 이제 일선 교사들과 학부모, 학생을 비롯한 교육 당국 등 모두의 노력을 거쳐 메타버스 교육이 많은 교육현장에 적용되고 있다.

전라남도교육청에서도 교감연수를 통해 메타버스를 알게 됐고 이것을 활용한 교육방법에 대한 변화를 학습했다. 실제 교육현장에서 직접 활용할 수 있는 것들을 함께 학습하며 대화를 나누며 고민한 것이다. 교육 현장에서의 메타버스도 이제 점점 더 발전하고 그 영역이 커지고 있다.

순천시에서는 시립도서관에 메타버스를 적용할 수 있는 워크숍을 개최해 단순히 책을 읽는 곳이 아니라 복합 문화 공간으로 발전하고 있는 도서관의 발전에 더욱 박차를 가하기 위한 시도를 시작했다. 메타버스뿐만 아니라 블록체인, 드론을 활용해 코로나 시대에 도서관을 다양하게 활용할 수 있는 사례와 적용 방안에 대해서 관심을 갖고 실행여부를 검토한 것이다. 국내외로 도서관에 메타버스를 적용한 사례가 늘어남에 따라 순천시에서도 그를 적용하기 위한 노력을 기울이고 있다.

장기화한 코로나19로 인해 이제 비대면이 익숙해진 요즘 온라인 수업은 단순히 영상을 보여주고 설명만 하는 것이 아니다. 먼저 수업의 내용을 인지힐 수 있는 커리큘럼(Curriculum)을 제공해준다. 줌과 함께 게더타운에서 실제 수업처럼 출석체크와 조별활동을 하고 화면공유를 통해 발표까지 할 수 있도록 함에 큰 관심을 갖고 실행여부를 검토하고 있다.

메타버스의 게더타운, 이프랜드 등 가상공간 안에서 학습이 진행되고, 조별활동을 했을 때 현장의 교사들에 따르면 조금 더 편하게 발표를 하거나 의견을 나눌 수 있는 학생들이 많아졌다고 한다. 가상의 캐릭터를 갖고 나를 조금 더 적극적으로 만들 수 있는 계기가 된 것이다.

또한 업무 차 진행했던 회의의 제약도 없어졌다. 회사에서 진행해야 할 미팅에 코로나19로 인해 모임 제한이 큰 제약이 됐다. 이제 게더타운 공간 안에서 각 소모임으로 그룹 미팅이 가능하며, 전체 인원이 모여서 그룹별 활동내역을 공유하거나 발표할 수 있게 됐다. 오히려 이동거리나 시간, 지류 자료 준비 등의 번거로움이 사라지고 집중해서 회의를 진행할 수 있으며 효율적인 시간운영이 가능해졌다.

각종 행사 진행도 게더타운 안에서 이뤄지고 있다. 강당의 공간 안에서 모여서 발표도 하고 토론을 하며 각자의 의견을 나누고 강연도 들을 수 있다. 여러 기업들 및 관공서에서도 현재 메타버스의 가상공간 안에서 교육, 회의, 강연 등 다양한 방법으로 활동을 계획하고 있다.

최소 인원의 오프라인 집합 교육을 중심으로 동시에 실시간 온라인 송출을 접목하는 방식과 다양한 온라인 교육전략에 오프라인을 접목하는 방식 등 다양한 방법으로 활동할 수 있는 가능성을 검토하고 있다. 메타버스의 게더타운 안에서 쉽고 즐겁게 할 수 있는 방법을 찾고 있다고 한다.

코로나 팬데믹으로 인해 모두 취소되거나 계획되지 못했던 축제나 행사 등도 메타버스 게더타운를 통해 진행함으로써 공간의 제약이나 또 다르게 즐길 수 있는 것들도 많이 생겨난 것이다.

이렇게 메타버스의 메타사피언스(Metasapiens)가 되기 위해서는 메타버스의 플랫폼을 잘 활용할 수 있어야 하는데 국내에서는 줌의 시장이 대부분을 차지하고 있었다. 대부분의 사람들은 온라인 참여 방식에서 줌을 활용했었을 것이다.

필자는 그중에서 현장에서 누구나 바로 활용이 가능한 '게더타운(GatherTown)'을 소개하고 간단한 회원가입 방법과 기초 메뉴 설명을 알아보고자 한다. 게더타운은 누구나 쉽게 이용할 수 있다는 장점을 갖고 개발된 메타버스 플랫폼이다.

전국에서 메타버스 유저들은 어느 때 보다 빠르게 게더타운에 빠르게 입성하고 있으며 여러 곳에서 이미 게더타운에 대한 관심도가 높아지고 실행성 여부를 여러 행사 템플릿 (Template)이 있음으로 다양한 방면으로 유용하게 쓰일 수 있을 것이다. 더 편리하고 쉬운 그리고 즐거운 온라인 플랫폼으로 활용하길 바란다.

1. 게더타운(GatherTown)이란?

게더타운(GatherTown)은 미국 스타트 업(Start-up) 회사인 게더가 만든 클라우드 2D 기반 영상채팅서비스이다(Video chat in 2D customizable spaces).

게더타운의 특징은 프로그램을 설치하거나 특정 어플리케이션의 설치 없이 쉽게 구글 검색을 통해서 사이트로 접속해서 활용할 수 있다. 또한 참여자는 별도의 회원가입 없이 받은 초대링크를 이용해 참여가 가능하다.

현재 PC 기반의 게더타운은 웹브라우저 크롬, 파이어폭스에서 접속해 사용하면 이용할 수 있고 사파리(BETA)로도 접속할 수 있으며, 크롬에서 가장 접속이 잘 되고 있다. 현재 모바일 환경을 지원하지만 베타 버전으로 기능이 제한적이고 PC에서 활발히 서비스를 이용할 수 있다.

2. 게더타운(Gathertown.com) 회원가입

게더타운을 이용하기 위해서 링크를 받은 참여자는 가입이 필요 없이 이용이 가능하지만 운영자는 가입해야 한다. 공간을 구성하고 필요에 따라 비밀번호도 설정해야 하기 때문이다. 먼저 크롬에 접속하고 검색 창에서 Gather.town을 검색한다. [그림1] 처럼 첫 화면이 나오게 되면 게더타운에 접속한 것이다.

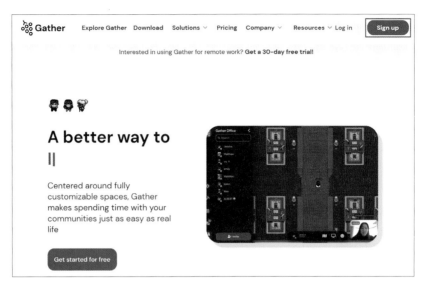

[그림1] 게더타운 첫 화면

오른쪽 상단의 Sign up을 클릭하고 회원가입을 시작한다. 회원가입은 2가지의 방법이 있다. [그림2]와 같이 구글 회원으로 등록하거나 이메일로 가입할 수 있다.

[그림2] 게더타운 회원 가입하기

구글 회원으로 가입 시 한 번 등록으로 크롬 접속 시 계속 사용할 수 있다. 이메일로 가입 시에는 해당 이메일로 본인 인증코드번호를 전송해준다. 해당 코드번호 6자리를 입력하면 회원가입을 할 수 있다. 또한 로그인을 할 때마다 코드번호를 입력해서 로그인해야 한다.

[그림3] 코드 번호 입력

3. 캐릭터(Character) 설정 방법

1) 캐릭터 설정

게더타운에서는 나만의 캐릭터를 만들 수 있다. 회원 가입이 끝나면 캐릭터를 만들 수 있는 창이 뜬다. 메뉴별로 얼굴, 옷, 액세서리를 꾸밀 수 있는데 원하는 대로 설정하면 된다. [그림4]와 같이 먼저 베이스(Base)를 선택한다.

[그림4] 나만의 캐릭터 만들기 (Base)

[그림5]와 같이 Clothing 중에서 내가 원하는 옷을 선택할 수 있다.

[그림5] 나만의 캐릭터 만들기 (Clothing)

[그림6]과 같이 모자나 리본, 안경 등 액세서리를 꾸밀 수도 있다. 다양한 색상의 버튼을
눌러서 색을 바꿀 수 있다. 다 구성한 후 Nest Step 버튼을 눌러 다음 단계로 간다.

[그림6] 나만의 캐릭터 만들기(Accessories)

캐릭터 만들기가 끝나면 내 캐릭터의 이름을 지을 수 있다. [그림7]처럼 ① 부분에 별명
이나 닉네임을 넣어도 되고 본인의 이름을 넣어도 된다. 현장에서 사용한다면 실명으로 하
는 것이 좋다. 이름을 적은 후 ② Finish 버튼을 누르면 캐릭터가 완성된다.

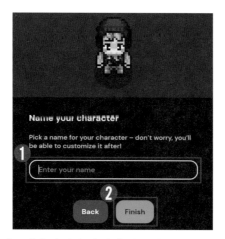

[그림7] 나만의 캐릭터 만들기(이름 지정)

2) 공간 선택

　캐릭터를 완성 후 공간을 선택할 수 있다. [그림7]의 Finish 버튼을 누르면 [그림8]과 같은 화면이 뜬다. 당신은 어떤 공간도 방문하지 않았으니 탐색 탭으로 이동해 일부항목을 확인하라는 메시지이다. 이제 처음 가입해 게더타운 맵 방문이나 새롭게 만든 적이 없기 때문이다. 오른쪽 상단의 Create Space 버튼을 눌러서 새로운 공간을 만든다.

[그림8] 게더타운 새로운 공간 만들기

　[그림8]의 Create Space를 누르면 [그림9]처럼 어떤 공간을 만들 건지 물어보는 데 필요에 따라 선택할 수 있다.

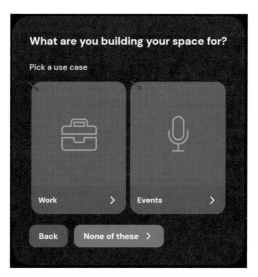

[그림9] CASE 선택

게더타운에서는 공간을 만들 수 있는 [그림10]과 같은 기본 템플릿이 제공되는데 사무실과 회의실, 강의실 등 다양한 가상공간을 선택할 수 있고 비어있는 템플릿을 이용해 직접 새로운 공간을 만들 수도 있다.

각 탭을 누르고 왼쪽의 바를 이용해 밑으로 내리면서 다양한 맵을 선택할 수 있다. 수용 인원과 용도에 따른 제목이 함께 제공된다. 상단의 초록색 Filter 버튼을 통해 내가 필요한 템플릿의 옵션 범위를 설정할 수도 있다.

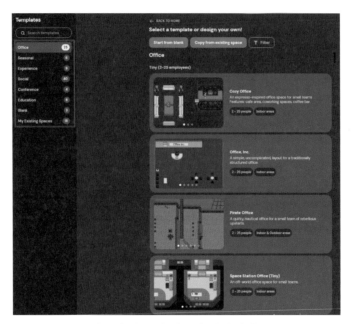

[그림10] 공간 템플릿 선택하기

[그림10]에서처럼 공간을 살펴보고 정한 후 ① 공간을 클릭하게 되면 [그림11]처럼 오른쪽 하단에 이름 등 설정할 부분이 나온다. ② 부분에 공간의 이름을 지어서 적어주면 되는데 단, 이름은 영문으로만 가능하다. 한글로 작성 시에는 오류가 발생한다. 모든 사람에게 오픈할 공간이 아니라면 비밀번호도 옆으로 밀어서 지정해 줄 수 있다.

또한 [그림11]의 ③과 같이 공간을 만드는 이유를 선택해야 하는데 친목용, 교육용 등 여러 가지 이유 중 하나를 선택하면 된다. 선택이 끝났으면 ④의 'Create Space'를 클릭한다.

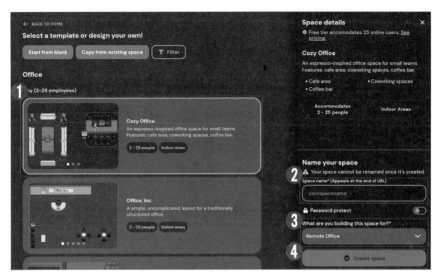

[그림11] 공간 이름 정하기

3) 공간 입장

[그림11]에서 넘어오면 [그림12]와 같이 입장할 수 있는 화면이 보인다. ①은 화면에 얼굴이 나오는 것을 확인할 수 있고, 마이크와 카메라를 연결할 수 있다. 마이크 모양과 캠코더 모양을 클릭하면 음소거와 얼굴화면 꺼짐/켜짐 여부가 바뀐다. ②의 Edit Character를 통해서 여기서도 캐릭터를 바꿀 수 있다. 확인 후 ③의 Join the Gathering을 누른다.

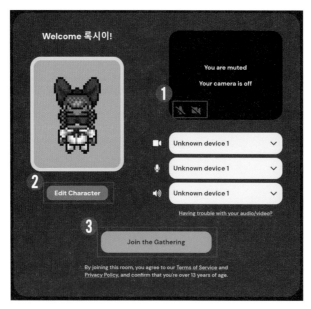

[그림12] 입장하기 및 설정

[그림12]에서 Join the Gathering을 누르면 [그림13]의 화면이 뜨는데 100%가 되면 공간으로 입장할 수 있다.

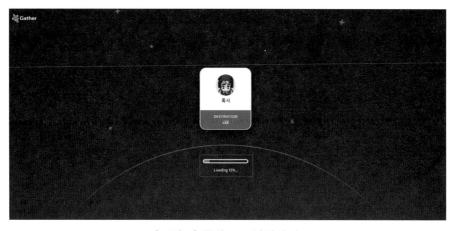

[그림13] 공간으로 입장하기

[그림14]는 이렇게 가입을 하고 캐릭터를 설정한 후 공간을 고르고 들어가서 완성된 모습이다. 기본 템플릿에서도 이렇게 필요한 것들이 세팅이 돼 있으니 기본 템플릿을 활용하는 것도 좋다. 다양한 요소들을 갖고 공간을 목적에 맞게 구성할 수 있고 삭제 및 수정도 가능하니 다양하게 꾸며보는 것을 추천한다.

①은 들어온 맵이 내 공간이라는 이름과 Search를 할 수 있는 공간, 이 공간에 참여하고 있는 참여자의 닉네임, 그리고 손님과 접속했던 오프라인의 사람들의 닉네임을 확인할 수 있다. ②는 내 캐릭터와 내 닉네임이 맵 안에 있는 것을 확인할 수 있다. ③은 이 공간 안에서 내가 참여하고 있는 상태를 알 수 있다. 내 닉네임이 있는 화면이 내가 다른 사람에게 비추어지는 화면이라고 볼 수 있으며 이 곳에서는 마이크와 비디오 모양을 눌러서 ON/OFF를 할 수 있다.

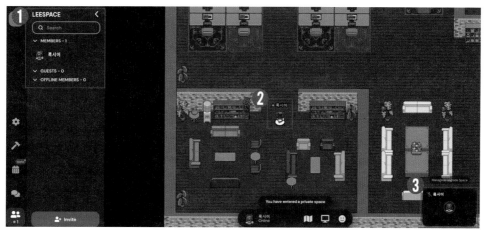

[그림14] 완성된 공간 모습

4. 활용가능 게더타운(GatherTown Space) 공간 탐색 및 만들기

게더타운 안에는 다양한 공간이 있는데 그 공간들을 탐색하고 내가 활용 가능한 공간을 선택해 여러 번의 과정을 통해 만들어 볼 수 있다. 공간 구성은 여러 공간을 구성할 수 있으며 이름 지정 및 저장 그리고 수정도 가능하다.

1) 공간 선택 및 만들기(build)

[그림10], [그림11], [그림14]를 통해 공간을 선택하고 만들어 보았다. 하나의 공간만 만드는 것이 아니라 여러 개의 공간을 만들 수 있고, 용도에 따라 이용할 수 있으니 다양한 공간을 제작하고 수정하는 과정을 거쳐서 나만의 공간을 만들 수 있다.

2) 공간 메뉴 알기

공간을 만들었으니 이제 공간에 대한 간단한 메뉴에 대해서 알고 익혀서 게더타운을 이용할 수 있어야 한다.

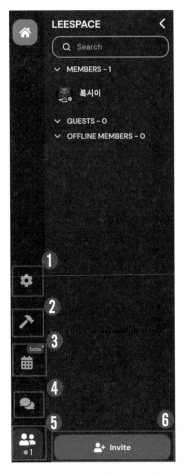

[그림15] 게더타운 공간 메뉴

[그림15]처럼 게더타운 왼쪽에는 게더타운의 공간 설정 및 할 수 있는 메뉴가 있다. ①의 톱니바퀴 모양을 누르면 오디오 및 비디오 기기설정과 계정 로그인, 공간 기본 설정과 접근, 사용자의 역할 등을 설정할 수 있다. 비밀번호를 설정하거나 이 공간에 새로운 구성원을 추가해 멤버 구성을 할 수 있다. 같이 관리할 사람을 지정해서 설정할 수도 있다.

②의 망치 모양을 누르면 '만들다'라는 의미의 Build 기능을 이용할 수 있는데 공간 안에 있는 동안 실시간으로 편집이 가능하다. 오브젝트라는 이 공간 안에서 사용할 모든 아이콘 모양을 설치할 수도 있고, 사진 이미지를 넣을 수도 있다.

다양한 오브젝트를 상황에 맞게 배치해 이용할 수 있으며 Edit In Mapmaker를 이용해 조금 더 자세히 다양한 공간을 설정할 수도 있다. 물론 Erase 기능을 이용해 삭제도 가능하다.

③의 달력 모양을 누르면 캘린더 기능을 이용할 수 있다. 구글로 로그인해 구글 캘린더를 연결하면 게더타운 안에서도 보인다.

④의 말풍선 모양을 누르면 [그림16]과 같이 다른 사람과 실시간 채팅으로 대화를 나눌 수 있다. TO를 지정해 특정인이나 모두에게 보내는 메시지를 입력해 이용할 수 있다.

'Nearby', 'Everyone', '참여자 이름' 중 선택할 수 있는데 'Nearby'는 내 가까운 주변에 있는 사람들에게만 전달이 되고, 'Everyone'은 모든 사람이 받을 수 있다. '참여자 이름'을 선택하면 특정인에게만 보낼 수 있어서 비공개로 특정인에게 메시지를 보내고 싶을 때 사용하면 좋은 기능이다.

[그림16] 상대방과의 MESSAGE

⑤는 이 공간 안에 어떤 사람이 몇 명이 있는지 알 수 있다. 사람 모양 밑에 보이는 숫자가 접속해 있는 사람의 숫자이고 클릭하면 어떤 사람이 접속해 있는지 닉네임도 알 수 있다.

⑥은 초대기능이다. 다른 사람을 이 공간 안에 초대할 수 있는데 [그림17]처럼 Invite를 누르면 다른 사람을 이 공간 안에 초대할 수 있는 창이 뜨고 링크 만료 기간(1시간~무제한)을 정할 수 있다.

지정 후 초대링크를 이메일(Send Invite)과 링크를 복사(Copy Link)할지 선택할 수 있다. 이메일은 직접, 이 공간 안에서 보내기가 가능하지만 한 번에 한 명에만 보낼 수 있다. Copy Link 기능을 이용해 공간의 주소를 복사해서 단체에 전달하는 방법도 있다.

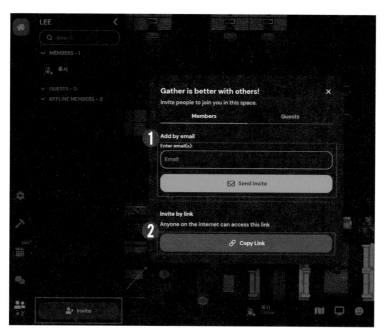

[그림17] 초대하기

5. 게더타운의 다양한 기능 활용법

게더타운 안에서는 공간 메뉴 설정 이외에 알아야 할 다양한 기능이 있다. 다양한 기능의 기초 활용법을 설명하고자 한다.

1) 캐릭터 무빙(Moving)

나만의 캐릭터를 움직이는 방법은 2가지가 있다. [그림18]과 같이 방향키를 이용하거나 키보드에서 A, W, S, D를 누르면 된다. A = (←), W = (↑), S = (↓), D = (→)와 같다.

[그림18] 캐릭터 이동하기

2) 오디오 및 비디오

공간 안에서도 자유롭게 오디오와 비디오 화면을 on/off 할 수 있다. [그림19]에서 보이는 것처럼 자신의 캐릭터 화면에서 빨간색으로 금지 표기가 되면 내가 말하는 오디오는 들리지 않고, 하얀색으로 표기가 되면 말하는 것을 상대방이 들을 수 있다. 비디오도 마찬가지로 설정할 수 있다.

[그림19] 오디오 및 비디오

[그림20] 오디오 및 비디오 활성화/비 활성화

　오디오 설정은 그 공간의 관리자와 본인이 설정할 수 있다. 회의를 진행하거나 행사를 진행할 때 오디오를 꺼달라고 요청을 했는데 듣지 못하고 계속 켜 놓는 경우가 있다. 이럴 때는 관리자가 임의로 끌 수 있다.

　그 해당 참여자의 창에서 마이크 모양 버튼을 클릭하면 오디오를 끌 수 있다. 관리자가 설정하면 본인의 창에서는 마이크가 켜져 있는 상태로 알고 있어서 본인은 상황을 알 수 없다, 게더타운에서 활동 시 관리자의 진행상황과 채팅창을 잘 살펴보아서 회의, 행사 등의 진행에 잘 참여해야 한다.

3) 물체와 상호작용하기

　공간을 다니다 보면 놓여있는 물체(오브젝트)와 상호작용을 할 수 있는 기능도 있다. 이 물체와 상호작용하면 물체에 걸려있는 다양한 메시지를 확인해 볼 수 있다.

[그림21]에서처럼 물체 가까이 가면 'Press X to view message'라는 문구가 뜨는데 그때 X를 누르면 물체에 있는 링크로 연결이 된다. 이 링크에는 방명록, 영상, 사진 등 다양한 활동이 설정돼 있다.

[그림21] 물체와 상호작용

4) 미니맵(Minimap)

게더타운 공간이 넓어서 전체 공간을 볼 수 없을 때는 미니맵을 이용할 수 있다. 공간의 중앙 하단에 내 캐릭터 이름과 함께 3가지 메뉴가 있는데 이 중 [그림22]에 표기된 미니맵 모양을 클릭하면 전체 공간을 작은 그림으로 확인해 볼 수 있다. 이 미니맵을 이용해 공간 전체를 보면 현재 내가 어느 위치에 있는지 알 수 있고 공간의 크기도 알 수 있다.

[그림22] 미니맵(Minimap)

5) 화면공유

게더타운 안에서는 서로 화면을 공유할 수 있다. 공간의 중앙 하단 부분에 위치한 ① 모니터 모양(Screen share)을 클릭한다. 그러면 [그림23]과 같이 화면 위에 공유를 설정할 수 있는 창이 뜬다.

화면이 뜨면 공유할 수 있는 창을 선택할 수 있게 메뉴가 나온다. ② 공유 할 수 있는 창의 종류는 전체화면과 창, Chrome 탭으로 나눠진다. 전체화면은 내 모니터 화면에 보이는 것을 다 공유할 수 있고, 창은 모니터에 보이지 않지만 열려 있는 창들을 선택해서 공유할 수 있다. 마지막으로 Chrome 탭은 크롬에서 열려 있는 모든 사이트를 공유할 수 있는 메뉴이다.

공유할 창 선택을 끝내고 내 컴퓨터의 시스템 오디오도 함께 공유하기 위해서는 ③의 시스템 오디오 공유도 함께 선택해줘야 한다. 모두 다 선택이 끝났으면 공유를 클릭하면 게더타운 안의 상대방에서 나의 화면을 공유할 수 있다.

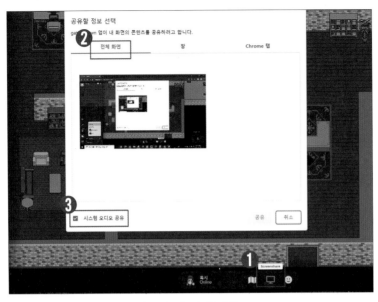

[그림23] 화면 공유

6) 이모티콘 사용 방법

게더타운 안에서는 대화하기도 하고 채팅창을 통해서 메시지를 보낼 수도 있지만 그럴 수 없거나 간단한 상황에서는 이모티콘을 사용할 수 있다. [그림24]와 같이 공간의 중앙 하단에 웃는 모양의 이모티콘 모양을 클릭하면 6가지의 이모티콘을 볼 수 있다. 6가지 모양 중에 해당하는 모양을 클릭하면 실제 공간에서 내 캐릭터 위에 이모티콘이 표현돼서 상대방이 볼 수 있다.

아래 숫자 키는 해당 이모티콘의 단축번호이므로 번호를 눌러도 편리하게 이용할 수 있다. 다시 이모티콘을 삭제하고자 할 때는 처음과 눌렀던 것을 한 번 더 누르면 삭제할 수 있다. 강연할 때는 1번을 많이 사용하고 질문이 있을 때는 6번을 많이 사용한다.

이모티콘은 사용 후 3초 이내에 사라지지만 6번의 이모티콘은 자신이 다시 한 번 더 눌러 삭제하기 전까지는 그대로 있다. 왼쪽의 참여자 목록에 손을 든 참여자는 상단으로 올라가기 때문에 편리하게 쓸 수 있다. 이용 후 6번은 꼭 다시 눌러서 선택 해제를 해줘야 한다.

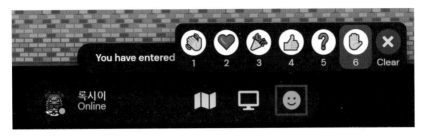

[그림24] 이모티콘 사용방법

7) 나의 상태 표현하기

게더타운 안에서는 다른 사람이 나의 상태를 표현할 수 있도록 이모티콘 이외에 글로도
표현할 수 있다. 공간의 중앙 하단에 나의 캐릭터 모양 옆 ①의 나의 이름을 클릭하면 표현
할 수 있다.

메뉴 창이 나오면 ②의 'Add text status'에서 글을 작성하면 된다. 왼쪽 이모티콘을 선택
하면 감정을 표현하는 것도 가능하다. 회의 중에 전화가 와서 나의 상태를 표현할 때 이용
하면 좋다.

이 메뉴에서는 게더타운 안에서 내 이름을 바꾸거나 'Sing out'을 할 수도 있다.

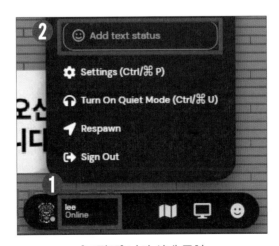

[그림25] 나의 상태 표현

8) 캐릭터 무빙 2(moving)

게더타운 안에서는 화살표와 A, S, W, D를 이용하는 방법 이외에도 캐릭터를 이동할 방법이 있다. 바로 마우스 '더블클릭'을 하면 되는 것이다. 내가 원하는 장소로 바로 이동을 하고 싶으면 그 장소에다 마우스를 더블클릭하게 되면 캐릭터가 자동으로 그쪽으로 걸어서 이동하게 된다. 캐릭터를 조종하지 않고 빠르고 쉽게 이동시킬 수 있는 방법이다.

내가 가고자 하는 위치에 마우스를 더블클릭하면 흰색 점이 생기고 그쪽으로 캐릭터가 이동하게 된다. 단, 화면에 보이지 않는 위치에서는 할 수 없다.

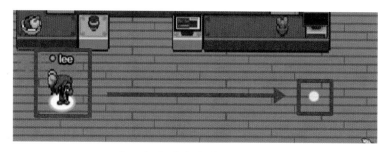

[그림26] 캐릭터 마우스 이동

9) 상대방 위치 찾기

게더타운 공간이 넓거나 다른 포털로 이동해 방안에서 상대방이 어디 있는지 모르는 경우가 있다. 그때 쉽게 상대방을 찾아서 이동할 방법이 있다. 공간의 왼쪽 메뉴에서 사람 모양을 누른 후 찾고 싶은 상대방의 이름을 누르면 메뉴가 뜬다.

[그림27]과 같이 상대방을 눌러서 나오는 메뉴 중 'Follow'를 선택하면 자동으로 상대방 위치까지 내 캐릭터가 이동해서 계속 따라다닐 수 있다. 아무리 사람이 많거나 복잡하더라도 알아서 찾아가는 기능이므로 쉽게 찾을 수 있다.

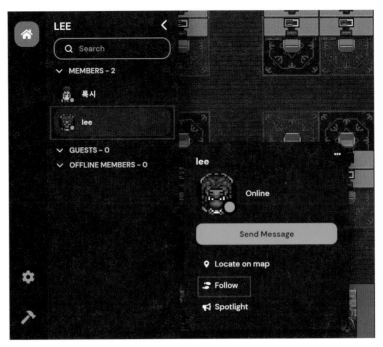

[그림27] 상대방 위치 찾기 (Follow)

상대방을 찾아서 'Follow' 기능을 이용해 상대방에게 찾아갔을 경우에는 계속 상대방 캐릭터가 움직이는 대로 내 캐릭터도 함께 움직이게 돼 있다. 그렇기 때문에 더 'Follow'를 하지 않고 단독으로 움직이고 싶다면 취소하면 된다.

[그림28]과 같이 공간의 중앙 하단에 'Stop following'를 누르면 팔로우가 취소되면서 단독적으로 움직일 수 있다.

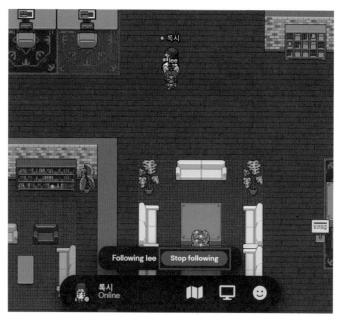

[그림28] 상대방 찾기 취소

10) 상대방과의 대화

(1) 상대방에 가깝게 갔을 때 대화하기

게더타운 공간은 넓기 때문에 상대방에 어느 정도는 가깝게 가야 그 상대방의 비디오 화면이 보이고 목소리가 들린다. [그림29]와 같이 상대방에 가깝게 갔을 때 캐릭터 화면 창에 오디오와 비디오가 표시되고 같이 상대방의 오디오와 비디오를 볼 수 있고 들을 수 있다.

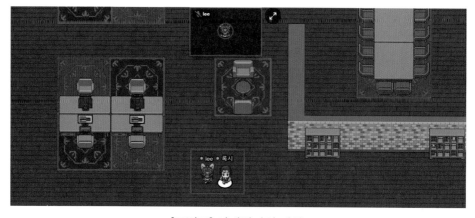

[그림29] 상대방과의 대화

(2) 둘이서 조용히 이야기하고 싶을 때

게더타운 공간에서 대화하려면 위와 같이 상대방 가까이에 가야 가능했다. 그러나 [그림30]과 같이 'Start bubble' 기능을 쓰면 멀리 있어도 상대방 가까이에 갈 수 있다. 상대방의 캐릭터에 오른쪽 마우스를 누르면 [그림31]과 같이 기능의 메뉴가 보이는데 ① 'Start bubble'을 누르면 상대방 위치로 이동한다. 그때 캐릭터 아래에 색이 나타나는데 연결이 되었다는 표시이다. 다른 사람은 지정한 상대방과의 대화를 듣지 못하고 자동으로 다른 사람의 목소리가 작게 들리는 기능이다. ② 'Send chat'을 이용하면 메시지도 비공개로 할 수 있다. ③ Move here 기능을 누르면 옆으로 갈 수 있다.

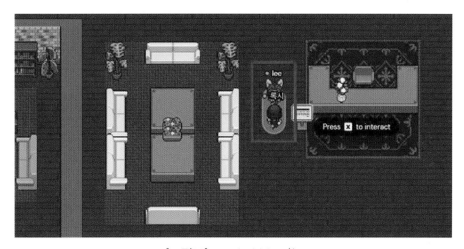

[그림30] start bubble 기능

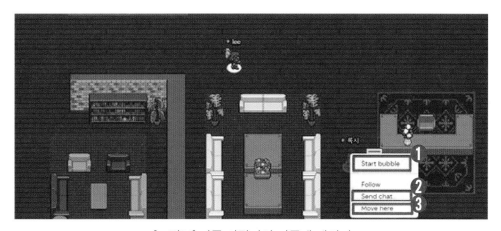

[그림31] 다른 사람과의 비공개 메시지

11) 춤추기

게더타운 안에서 활동하는 캐릭터는 이동뿐만 아니라 춤을 출 수 있는 기능도 있다. 바로 단축키 'Z'를 길게 누르면 된다. 'Z'를 눌러서 캐릭터가 춤을 추고 있으면 [그림32]와 같이 캐릭터 위로 하트가 나타난다. 상대방과 만났을 때 기쁨의 표시로 활용하거나 다 같이 활동 시 이용할 수 있다.

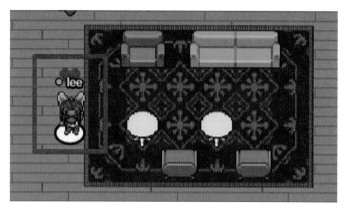

[그림32] 캐릭터 춤추기

12) 고스트(Ghost) 모드

게더타운 안에서 행사를 진행했을 때에는 접속자가 많아서 복잡한 상황이 생기기도 한다. 이럴 때 사람들을 피해서 캐릭터를 이동해야 하는데 캐릭터를 이동하는 방법인 방향키나 A, S, W, D을 이용해 그냥 이동하게 되면 이리저리 움직여야 할 상황이 생긴다.

그래서 게더타운 안에서 길이 막혀 있을 때 캐릭터를 통과시킬 때 이용할 수 있는 고스트 기능이 있다. 앞에 사람이 있어 막혀 있을 때 쉽게 통과하기 위해서 단축키인 'G'와 방향키를 함께 누르면 나의 캐릭터 모습이 [그림33]과 같이 흐려지면서 통과해 빠져나올 수 있다. 주변에 사람들이 많을 때 이용하면 쉽게 이동할 수 있다.

[그림33] 고스트 모드

Epilogue

필자는 이렇게 본문을 통해 메타버스의 플랫폼인 '게더타운(GatherTown)'을 만들고 간단한 기능들을 활용하는 방법을 소개하며 함께 알아보았다. 방법은 간단하지만 실제로 이러한 기능들을 잘 몰라서 이용할 때 어려움을 겪는 사람들도 많다는 것을 필자 또한 교육을 받으면서 느꼈다.

그래서 조금 더 다양한 기초 기능들을 최대한 자세히 기술하고 싶었으며 이 책을 통해 게더타운의 기초를 마스터하기를 바라는 마음이 크다.

실제로 플랫폼에 접근하고 활용하기가 쉽다는 장점이 있는 게더타운은 점차 발전하고 있는 모습을 보인다. 더 다양한 요소들이 추가되고 있고 그 요소들을 점차 익히면서 이용하게 되면 분명 가상공간 안에서 많은 사람이 그 가상공간을 활용하는데 높은 만족도를 갖게 될 것이다.

또한 영어로 제작돼 있어 한국에서 사용하기 불편한 점도 있지만, 필자의 설명서를 읽어보면 기초 활용 방법을 알수 있고 쉽게 게더타운을 이용할 수 있을 것이다.

현재 게더타운은 베타 버전으로 25명까지 무료로 이용이 가능하다. 점차 진화되는 게더타운의 플랫폼 안에서 더 많은 기능과 활용할 수 있는 방법이 무궁무진하리라 생각한다. 오프라인 안에서 할 수 없는 것들을 이 공간 안에서 이룰 수 있길 바란다.

그리고 아직 2D 형식의 게더타운이지만 더 많은 변화가 예상된다. 이렇게 편리한 가상공간을 갖고 나만의 오피스를 제작하거나 각종 회의와 모임, 그리고 교육, 행사 등 다양한 영역에서 이용할 수 있는 공간을 잘 활용할 수 있을 것이다.

메타버스는 이제 우리 현 상황 속에 녹아들고 있다. 여러 설명회, 교육과 회의 그리고 다양한 행사까지 게더타운을 활용하는 곳들이 많아지고 있다.

코로나19의 끝나지 않는 확산과 맞물린 비대면 교육의 한계를 뛰어넘어 교육의 효과적 측면에서 욕구를 충족시키기 위한 메타버스 게더타운(Gather Town). 이를 통한 활동들은 계속될 것으로 보인다. 게더타운을 더 잘 활용할 수 있는 다양한 아이디어와 그에 최적화된 기술력도 갖춰져야 하며 이와 관련한 교육 또한 필요할 것이다.

이것이 바로 또 하나의 메타버스 시대 가상공간의 패러다임을 바꿔 놓을 변화가 될 것이다. 한국에서도 이와 같은 메타버스 플랫폼이 나와서 쉽고 편하게 접근해 많은 사람이 활용할 수 있길 바란다. 이제 게더타운의 기초 활용법은 다 마스터했으니 더 많은 제작 기능들을 실제로 하나씩 눌러보고 경험해 보면서 손에 익히고 현장에서 유용하게 활용할 수 있길 바란다.

코로나19로 인해 국민들이 디지털 기술에 관한 습득력이 향상된 지금 메타버스 기술을 이용한 플랫폼들을 활용해 공간적, 시간적 제한을 벗어나 새로운 활동들을 시도해 볼 적절한 시기가 됐다. 특히 MZ 세대와 모든 세대를 아우를 수 있는 메타버스 게더타운 플랫폼을 활용하기 위해 메뉴 파악과 기술 등을 잘 학습해 활용해야 할 것이다.